왜 우리는 더 이상 껌을 씹지 않을까

초판 1쇄 발행 | 2024년 4월 12일

지은이 | 최상학, Team RED PILL
펴낸이 | 이원범
기획 · 편집 | 김은숙
마케팅 | 안오영
표지 · 본문 디자인 | 강선욱

펴낸곳 | 어바웃어북 **about a book**
출판등록 | 2010년 12월 24일 제313-2010-377호
주소 | 서울시 강서구 마곡중앙로 161-8 C동 1002호 (마곡동, 두산더랜드파크)
전화 | (편집팀) 070-4232-6071 (영업팀) 070-4233-6070
팩스 | 02-335-6078

ⓒ 최상학 · Team RED PILL, 2024

ISBN | 979-11-92229-37-9   03320

최상화 · Team RED PILL 지음

스타벅스에서 인생네컷까지 소비자와 브랜드의 사랑, 집착, 이별의 이유

왜 세상은 우리 이 껌을 더 씹지 않을까

어바웃북

미적분보다 풀기 어려운
소비자의 마음

모든 건, 유튜브 알고리즘에서 시작되었다!

2022년 6월, 우연히 유튜브에 '업계 사람들도 모른다는 껌이 팔리지 않는 이유(채널 '14F'의 '돈슐랭' 코너)'라는 제목의 영상이 뜨길래 눌러봤다. 확실히 요즘 주변에서 껌을 씹는 사람을 쉽게 찾아보기 어려워졌다. 필자부터도 예전보다 껌을 훨씬 덜 소비하는 것 같아서 '대체 왜 그럴까?' 하는 궁금증에 영상을 끝까지 집중해서 보았다.

영상은 껌의 역사와 성공 원인을 설명한 후, 요즘 제과 업계에서 생각하는 예전만큼 껌이 잘 팔리지 않는 이유 네 가지를 소개하고 있었다.

| 업계에서 생각하는 껌이 안 팔리는 이유 |

1 시대가 변했다

전성기 시절 껌은 반항 · 저항 · 자유로움 등 젊음을 표현하는 수단이었지만, 지금의 트렌드와 맞지 않는다.

2 인공성분

건강한 식생활을 강조하는 요즘 시대에 인공성분은 거부감을 일으킨다.

3 스마트폰

충동구매를 유도하기 위해 주로 계산대 앞에 껌을 배치했는데, 계산을 기다리며 스마트폰을 보는 사람들이 늘어 구매가 감소했다.

4 귀찮다

요즘 소비자들은 계속 씹어야 하고 뒤처리가 필요한 껌을 번거롭게 느낀다.

유튜브 진행자는 2번 '인공성분'과 3번 '스마트폰'은 조건이 동일한 '젤리'가 잘 팔리고 있는 것을 예로 들며, 동의할 수 없는 이유라고 했다. 그러면서 진행자가 생각하는 껌이 팔리지 않는 두 가지 이유(가설)를 이야기했다. 하나는 "인스타그래머블하지 않다"는 것이고, 다른 하나는 "전자담배의 영향(껌은 구취 제거 목적으로 담배와 함께 구매했는데 - 향이 첨가된 다양한 선택지가 있는 - 전자담배의 확산으로 껌의 필요성 감소)"을 꼽았다.

껌이 '인스타그래머블'하지
않아서 안 팔린다?

껌이 '인스타그래머블'하지 않아서 안 팔린다고?

전자담배 가설은 지엽적인 부분(흡연자 시장보다 비흡연자 시장이 더 클 것으로 예상)을 과장했다고 하더라도, 논리적으로는 말이 될 수 있다고 생각했다. 그런데 '(경쟁제품이라 할 사탕과 젤리에 비해서 껌의 색상과 모양이) 인스타그래머블하지 않아서 껌을 씹지 않는다'는 가설은, 필자의 고개를 갸우뚱하게 했다.

인스타그래머블은 사진 기반의 SNS인 인스타그램(Instagram)과 '할 수 있는'이라는 뜻의 영단어 'able'의 합성어다. 시각적으로 독특하고 트렌디해서 인스타그램에 올릴 만하다는 의미로 사용된다.

진행자의 주장에 따르면 - 뒤집어 말하면 - 젤리와 사탕은 인스타그래머블해서 껌보다 더 많이 사랑받는 게 된다. 즉 우리가 젤리와 사탕을 소비할 때 어딘가에 예쁘게 펼쳐놓고 사진을 찍어서 인스타그램에 올린 후에 먹는다는 뜻이기 때문이다.

물론 아주 드물게 누군가는 형형색색의 젤리가 예뻐서 사진을 찍어 인스타그램에 올릴 수도 있다. 그러나 다수의 소비자가 젤리와 사탕을 그런 이유와 방식으로 소비한다는 이야기는 도저히 수긍할 수 없었다.

영상을 본 후 필자는 '왜 더 이상 우리가 껌을 소비하지 않는지' 곰곰이 생각해 보았다. 분명히 어딘가에 그 이유가 있을 것이고, 언젠가 기회가 닿는다면 꼭 답을 찾아보고 싶다고 생각했다.

사각턱, 젤리 대체, 디저트 폭발 가설
'멋짐 vs. 안 멋짐' 가설

생각보다 빨리, 궁금증을 해결할 동지들을 만났다. 겸임교수로 출강하고 있는 한양대학교 광고홍보학과에서 2022년 2학기에 '소비자 조사 프로젝트'라는 강의를 맡아 달라고 요청해 왔다. 강의 첫 시간에 필자는 학생들에게 그때 본 유튜브 영상을 보여준 후 요즘 사람들이 껌을 잘 씹지 않는 이유에 관해 물었다.

먼저 한 여학생은 "껌을 씹으면 턱 근육이 발달해 사각턱이 된다는 이야기가 있어서, 껌에 손이 잘 안 간다"고 이야기했다. 이어 남학생은 "껌을 소비해야 하는 TPO(Time, Place, Occasion)에 추잉 푸드(chewing food : 씹을 수 있도록 만든 먹거리)이면서 맛과 향에서 더 우위에 있는 젤리를 선택하기 때문에 껌 소비가 줄어들고 있는 것 같다"고 설명했다.

 VS.

세 번째 학생은 "식사 후 입안의 텁텁함을 없애기 위해 입가심 혹은 후식으로 무언가를 먹는 게 식습관의 일부다. 선택지가 많지 않았던 과거에는 저렴하고 맛도 있는 껌이 좋은 선택이었다. 그러나 소득 수준이 향상되고 식생활이 변화하면서 커피 등의 음료나 아이스크림, 과일, 젤리 등 선택지가 많이 늘어났다. 그래서 상대적으로 껌을 덜 찾게 된 것"이라는 의견을 냈다. 학생들의 의견을 쭉 들은 후, 필자는 영상을 처음 보고 나서 두 달간 나름대로 생각해 본 것을 학생들에게 이야기했다.

66 70~80년대에는 전 세계적으로 그리고 미국 문화의 영향을 강하게 받은
우리나라에서도 껌 씹는 행위와 껌 씹는 사람(남녀 모두)에 대한 대중의 인식이
'기성세대에 대한 반항', '독립적', '자기주장이 확실함' 등이었다고 생각합니다.
특히 미국 문화를 모방한 영화나 드라마 등에서 반항적이고 자기 목소리를
낼 줄 아는 캐릭터를 표현하는 소품으로 껌이 자주 사용되면서,
그런 인식이 강화되었습니다. 그걸 보고 자란 당시의 수많은 젊은이가
이들을 동경하면서 자연스럽게 껌을 '개성과 자기주장을 표현하는
멋진 도구'로 인식했던 것은 아닐지 싶습니다.
단지, 식후 구취 제거나 금연 목적의 소비 등 실용적인 이유만이 아니라
사회 저변에 깔린 당시 우리의 태도가 껌 시장을 성장시키는 데
큰 역할을 했을 것으로 보입니다. 그런데 어느 순간부터 '껌=반항의 상징'으로
표현되는 사례가 - 실제든 영화나 드라마에서든 - 눈에 띄게 줄어들었고,
간혹 미디어에 껌 씹는 모습이 등장하더라도
불량스럽거나 예의 없는 행동으로 그려지기 시작했던 것 같습니다.
이러한 인식 변화가 의식 · 무의식적으로 껌에 손이 덜 가게 한 이유가
아닐까 생각합니다. 이건 어디까지 제 의견일 뿐입니다.
제대로 된 소비자 조사를 거치지 않은 하나의 추론일 뿐이죠.
이번 학기에 저는 여러분들과 함께 '껌을 더 이상 씹지 않는 행동'처럼
그 이유가 너무나 궁금한 소비자의 행동을 정한 후, 그 이유를 수단과 방법을
가리지 않고 끝까지 찾아보았으면 합니다. 99

육하원칙 중 95%의 중요성을 차지하는 단 하나는?

광고, 마케팅 뿐 아니라 어떤 일을 할 때 우리는 육하원칙 중 어떤 것을 가장 중요하게 생각할까? 광고의 예를 들어보자. 어떤 내용을 담을지(What), 중요하다. 어떻게 차별화되게 표현할지(How)도 중요하다. 누구를 모델로 할지(Who)도 빼놓으면 안 된다. 광고를 언제 집행할지(When), 어느 미디어에서 노출할지(Where)도 아주 중요하다.

그런데 필자는 이 5가지 원칙의 중요도는 각각 1% 정도라고 생각한다(다 합쳐도 5%다). 그리고 마지막 남은 하나가 95% 정도로 중요하다고 생각한다. 맞다. 바로 'Why'다.

'언제 어디서 누구와 무엇을 어떻게'를 논하기 전에 가장 먼저, 가장 오래, 깊게 고민하고 답을 찾아야 할 것은 '대체 이걸 왜 하는지'에 관한 것이다. '왜 하는지'를 달리 말하면 '목적'이다. 우리가 하는 어떠한 일도 결국은 목적을 달성하기 위한 수단이다. 목적에 관한 제대로 된 고민이 없다면, 매 순간 방향을 잃을 것이 뻔하다.

그래서 필자는 소비자 조사 프로젝트 수업은 철저하게 '소비자 행동의 이유(Why)'에 천착해야 한다고 생각한다. 학생들은 수업을 통해 소비자 행동의 이유에 관한 나름의 답을 누구보다 깊이 고민하고 치열하게 탐색하는 경험을 하게 될 것이다.

5W1H

When(언제 할까) **Where**(어디서 할까)
Who(누구랑 할까) **What**(무엇을 할까)
Why(왜 할까)
How(어떻게 할까)

육하원칙의 중요도는 전부 같다고 볼 수 없다. 'When, Where, Who, What, How' 다섯 가지 원칙의 중요도가 각각 1% 정도이고, 나머지 95% 중요도를 점유하는 것이 'Why'다. '왜 하는지' 즉 '목적'에 관한 제대로 된 고민이 없다면, 매 순간 방향을 잃을 것이 뻔하다.

'너의 밀림'을 찾아라, 그리고 탐험을 시작하자!

필자는 강의를 수강하는 학생들에게 한 학기 동안 자신이 연구해 보고 싶은, '이유가 너무나 궁금한 소비자들의 행동'을 다음과 같이 정의해 오라는 과제를 내주었다.

> 66
> *'ABC 과제 정의법'이라고 명명하겠습니다.*
> *이 순서대로 궁금한 소비자 행동을 정리해 오기 바랍니다.*
>
> **나는 A(Who)가 B(What)라는 행동을**
> **C(How, When, Where)하는 진짜 이유(Why)가 궁금합니다.**
> 99

Example 1 대학생 김미영 씨(A)가 커피 음료 구매(B) 행위를 매일 스타벅스에서 하고 있으며, 골드 등급을 유지(C)하고 있는 진짜 이유가 궁금합니다.

Example 2 한국 사람들(A)은 라면 신제품이 나오면 한 번쯤 먹어(B)보지만, 이내 곧 다시 '신라면' '진라면' '안성탕면'으로 돌아가는(C) 진짜 이유가 궁금합니다.

Example 3 초등학생 자녀를 둔 주부들(A)은 식품이나 건강기능식품을 구매(B)할 때, 풀무원에서 만든 것이면 더 비싸도 일단 믿고 구매(C)하는 진짜 이유가 궁금합니다.

Example 4 우리 고객들 70%(A)가 우리 회사 제품을 구매할 때 (B) 할인행사를 할 때만 사고 아니면 구매하지 않지 않는(C) 진짜 이유가 궁금합니다.

학생들이 제출한 ABC 과제와 필자가 궁금했던 세 가지(껌, 아침햇살, 스타벅스) 중에서 최종적으로 총 열두 가지 소비자 행동(과제)을 선정했다. 그리고 한 학기 동안 필자는 열아홉 명의 학생과 두근거리는 마음을 안고 - 아마존 밀림보다 더 깊은 소비자의 마음속으로 - 탐험을 떠났다. 함께 탐험하는 동안 학생들은 새로운 길을 찾아냈고, 누구도 생각하지 못했던 방법으로 길을 만들어 내고, 무릎을 '탁' 치게 할 가설과 결론을 도출해 냈다. 필자의 역할은 학생들을 이끌고, 안내하고, 지쳐 포기하지 않도록 도와주는 셰르파이자 가이드였다. 그런데 솔직히 필자는 한 학기 내내 끝내주게 재미있는 영화를 보는 관객처럼 느껴지기도 했다.

모든 탐험이 끝난 시점에, 필자는 탐험 결과를 우리끼리만 보고 덮기에는 너무 아깝다는 생각이 들었다. 탐험 과정과 결과가 정말 흥미진진했으며, 각각의 주제가 한국인이라면 누구나 궁금할 만한 것이며, 기존에 없던 새로운 방식의 탐구 과정과 기법(심지어 새로운 조사방법을 만들기도 했다)이 가득했기 때문이다. 필자의 생각에 동조해 준 고맙고 기특한 학생들 덕분에 껌 · 스타벅스 · 일본 불매운동 · 아침햇살 · 원소주 · 올리브영 · 포토부스 · 음식배달서비스와 관련한 아홉 개의 여정을 이렇게 여러분께 보여 드릴 수 있게 되었다.

탐험일지를 본격적으로 공개하기에 앞서, 광고와 마케팅에서 '소비자 조사'란 어떤 의미가 있고(왜 해야 하는 지), 어떻게 해야 제대로 할 수 있 는지를(탐험 대원들에게 필자가 알려 준 항해술, 독도법, 등반 기술 등) 이 야기하려고 한다. 당장 아홉 개 의 탐험일지가 궁금한 독자는 1, 2장을 건너뛰고 3장부터 봐도 무방하다.

아침햇살

껌

음식배달
서비스

원소주

스타벅스

일본
불매
운동

포토
부스

올리브영

C O N T E N T S

Exploration 9

유니클로는 안 되고 닌텐도는 되는
'NO JAPAN' 운동의 아이러니 ···················· 322

Exploration 10

No Delivery, No Food : 달라진 식문화에 관해 ·········· 348

우리보다
우리 소비자를
더 잘 아는
사람

그랜저, 알피만두, 캐리어 에어컨에 대해 가장 잘 아는 사람은 해당 제품을 만들고 판매하는 광고주다. 광고주보다 해당 제품에 대해 잘 알기 어렵고, 경쟁사에 관해서도 마찬가지일 수밖에 없는 광고대행사가 그럼에도 광고주에게 돈을 받을 수 있는 이유는 무엇일까? 광고주를 앞에 두고 "캐리어 에어컨은 화장실용 두루마리 휴지다"라고 당돌하게 이야기할 수 있는 용기는 어디에서 비롯된 것일까? 이번 장에서 알아볼 광고대행사의 존재 이유에 답이 있다.

#1.
사실,
광고하는 제품에 대해
잘 모릅니다만……

클라이언트를 웃게 한 '무례한' 프레젠테이션

"회장님, 안타깝게도 현재 대한민국 소비자들에게
'캐리어 에어컨'은 한마디로 말하자면 '두루마리 휴지'입니다."

2020년 8월, 한국에서 캐리어 에어컨을 제조·판매하고 있는
오텍그룹 강성희 회장님께 캐리어 에어컨의 브랜드 컨설팅 결과를
보고하는 자리였다. 두 달간 인스타그램, 블로그, 카페, 유튜브에서
소비자들이 삼성·LG·캐리어·위니아 에어컨을 써보고 올린
솔직한 글과 사진 수천 건을 분석했다.
그리고 캐리어 에어컨을 사용 중인 고객,
알기는 하지만 써본 적 없는 일반인, 캐리어 대리점 관계자와 연구원,
가전제품 파워블로거 등 수백 명을 직접 만나 이야기를 듣고
온라인 조사플랫폼을 통해 조사한 결과를 정리하고 분석한 후
우리는 드디어 브랜드 관점에서 캐리어 에어컨의 핵심 문제를 찾을 수 있었다.

"
회장님,
캐리어 에어컨은
두루마리 휴지입니다.
"

우리가 찾은 캐리어 에어컨의 핵심 문제는 - 에어컨 시장의 여러 다른 브랜드와 비교해서 - 다음과 같았다. 캐리어 에어컨은 'Wanna Have Brand(더 큰 비용을 치러서라도 갖고 싶은 브랜드)'가 아니라 'Useful Brand(가성비가 좋다는 장점만 소비자에게 강력하게 남아 있어 단지 실용적인 브랜드)'로만 인식되고 있다는 것이었다. 비교 대상 브랜드 가운데 하나였던 삼성 무풍에어컨은 #인테리어에어컨 #혼수에어컨 #육아에어컨 #디자인에어컨으로 불리면서 'Wanna Have Brand'로 인식되고 있었다.

마치 민감한 얼굴 피부 때문에 유튜브에서 꼼꼼하게 수십 개의 후기를 찾아본 후, 올리브영에서 신중하게 테스트까지 해 본 후 고른 '클렌징 티슈'와 쿠팡에서 초특가 할인을 하길래 브랜드가 뭔지도 크게 신경쓰지 않고 구매한 화장실용 두루마리 휴지와 같다고 할까?

두 달간 캐리어 에어컨을 계속 생각하고 연구하다가 애정을 갖게 되었기에, 좋은 제품을 넘어 위대한 브랜드가 되었으면 하는 마음을 전하고자 감히 회장님 면전에서 무례하거나 과격해 보일 수도 있는 단어를 써서 말씀을 드렸다.

그런데 아무리 진심을 담았다고 해도 에이전시가 클라이언트 앞에서 이렇게 이야기할 수 있었던 이유는 무엇일까? 아니, 광고대행사라면 당연히 광고주에게 그렇게 이야기해야 하는 이유는 무엇일까?

광고대행사는 소비자 전문가

"그랜저라는 '자동차'에 대해서 가장 잘 아는 사람은 현대자동차 임직원 여러분이지만 그랜저의 '소비자' 즉, 그랜저 구매를 결정할 42세 김창수 씨에 대해 가장 잘 아는 사람은 저희라고 자신 있게 말씀드리고 싶습니다."

26년 전, 고려대 경영학과 수업에서 한 교수님에게 들은 절대 잊히지 않는 이야기가 하나 있다.

> 광고주(메이커)가 월급을 받는 이유는 그 회사에서 만들고 판매하는 '제품의 전문가'이기 때문입니다. 그러면 광고주보다 해당 제품에 대해 더 잘 알기 어렵고, 경쟁사에 관해서도 마찬가지일 수밖에 없는 '에이전시'가 광고주로부터 월급을 받아야 하는 이유는 무엇일까요?
>
> 그건 바로 '소. 비. 자.'입니다. 광고주의 제품을 구매할 소비자를 광고주보다 더 잘 아는 '소비자 전문가'로 인정받을 수 있을 때 비로소 에이전시는 존재 이유가 생깁니다. 광고주가 해당 '제품의 전문가'라면, 에이전시는 그 제품을 사는 '소비자 전문가'라야 합니다.

필자는 25년간 하우스에이전시, 외국계 광고대행사, 독립 광고대행사, 디지털 에이전시 등 다양한 광고대행사에서 백여 회사의 광고주를 만나고 수백 개 제품을 위해 광고를 만들고 집행하고, 브랜드 진단을 위한 조사를 하고 컨설팅을 해 오고 있다. 그리고 깨달은 바가 그때 그 교수님 말씀이야말로 광고대행사의 존재 이유에 대한 가장 명쾌한 설명이었다는 것이다.

사실 필자는 광고하는
제품에 대해 잘 모른다.
광고주에 비하면
앎의 깊이가 훨씬 얕다.

사실 필자는
광고하는 제품에 대해 잘 모른다.
광고주에 비하면 앎의 깊이가 훨씬 얕다.

그랜저의 새로운 파워트레인도,

풀무원 얄피만두의 0.7mm 만두피를 만드는 비법도,

숭실사이버대 강의시스템 작동방식도,

DB운전자보험의 보험료 산정기준도,

더블하트 유아용 세탁세제의 순비누 원료도,

세스코 푸드세이프티 서비스의 세부 사항도,

유한킴벌리가 몽골에 심은 나무의 수종에 대해서도

정확히 모른다.

하지만 필자는 그 제품을 살 수도,
사지 않을 수도 있는 소비자에 대해서는
누구보다 잘 안다고 자부한다.

그랜저와 폭스바겐 티구안을 놓고 고민하는 38세 김영수 씨,

이마트에서 얄피만두를 시식하고도

비비고와 얄피만두를 들었다 놨다 고민하는 35세 손영미 씨,

은퇴했지만 사회복지사로 제2의 인생을 살기 위해

사이버대학 입학을 고민 중인 65세 최철규 씨,

한문철 변호사의 유튜브를 본 후에

운전자보험 가입을 고려하게 된 27세 초보 운전자 박민영 씨,

6개월 된 아이 피부 걱정에 아기 옷은 꼭 손빨래해서

세제 잔여물을 확인하는 엄마 고민주 씨,

식당 직원들이 위생과 청결을 잘 유지하고 있는지

늘 걱정인 강남면옥 대표 최홍민 씨,

더 비싸도 유한킴벌리 화장지가 아니면

카트에 담지 않는 49세 이윤정 씨……

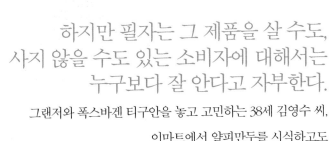

하지만 필자는
그 제품을 살 수도,
사지 않을 수도 있는
소비자에 대해서는 누구보다
잘 안다고 자부한다.

이들의 행동과 그렇게 행동한 이유, 그리고 행동 이면의 인식에 관해서는 누구보다 잘 알고 있고, 알 수 있다고 생각한다.

현대자동차 부회장님, 캐리어 에어컨 회장님, 풀무원 사장님, 세스코 사장님, DB손해보험 본부장님……. 25년간 어떤 사람 앞에서도 우리의 전략과 아이디어를 자신 있게 말하기 위해서 가장 필요한 것은 단 하나였다.

우리의 전략과 아이디어는 그저 '광고쟁이의 감(感)'에서 나온 게 아니다. 우리는 여러분 회사·제품의 소비자에 관해 그 누구보다 넓고 깊게 파 보았다. 따라서 우리가 제안하는 전략과 아이디어는 그 과정에서 얻은 새로운 '소비자 인사이트'에서 나온 것이다. 아직 필자가 광고 일하며 밥 먹고 살 수 있는 비결은, 소비자에 관해 클라이언트보다 더 깊이 알아오겠다는 약속과 그 약속의 결과물 때문이라고 생각한다. 당연하게도 이 과정에서 알게 된 '소비자에 관한 새로운 진실'은 회장님 앞이든, 본부장님 앞이든 있는 그대로 전달하는 것이 필자의 임무다.

#2.
Advertisement
vs.
Advertising

광고회사가 하는 진짜 일

많은 사람이 광고대행사가 하는 일에 관해 크게 오해하고 있다. 겉으로 보기에 광고대행사 일은 '멋진 영상광고를 만들고, 눈길을 잡아끄는 지면 광고를 만들고, 많은 사람을 모을 수 있는 이벤트를 기획 · 진행하는' 것으로 보이기 쉽다.

그래서 많은 사람이 이런 결과물(creative, IMC: Integrated Marketing Communication)을 만드는 일이 광고대행사의 업무라고 생각한다. 필자 또한 광고를 업으로 삼은 지 15년 정도 되었을 때까지는 그렇게 생각했다. 과연 이것이 광고회사가 하는 '진짜 일'일까? 애플, 삼성전자, 코카콜라, 현대자동차 등이 연간 수백억 원씩 쓰는 이유가 이런 일을 위해서일까?

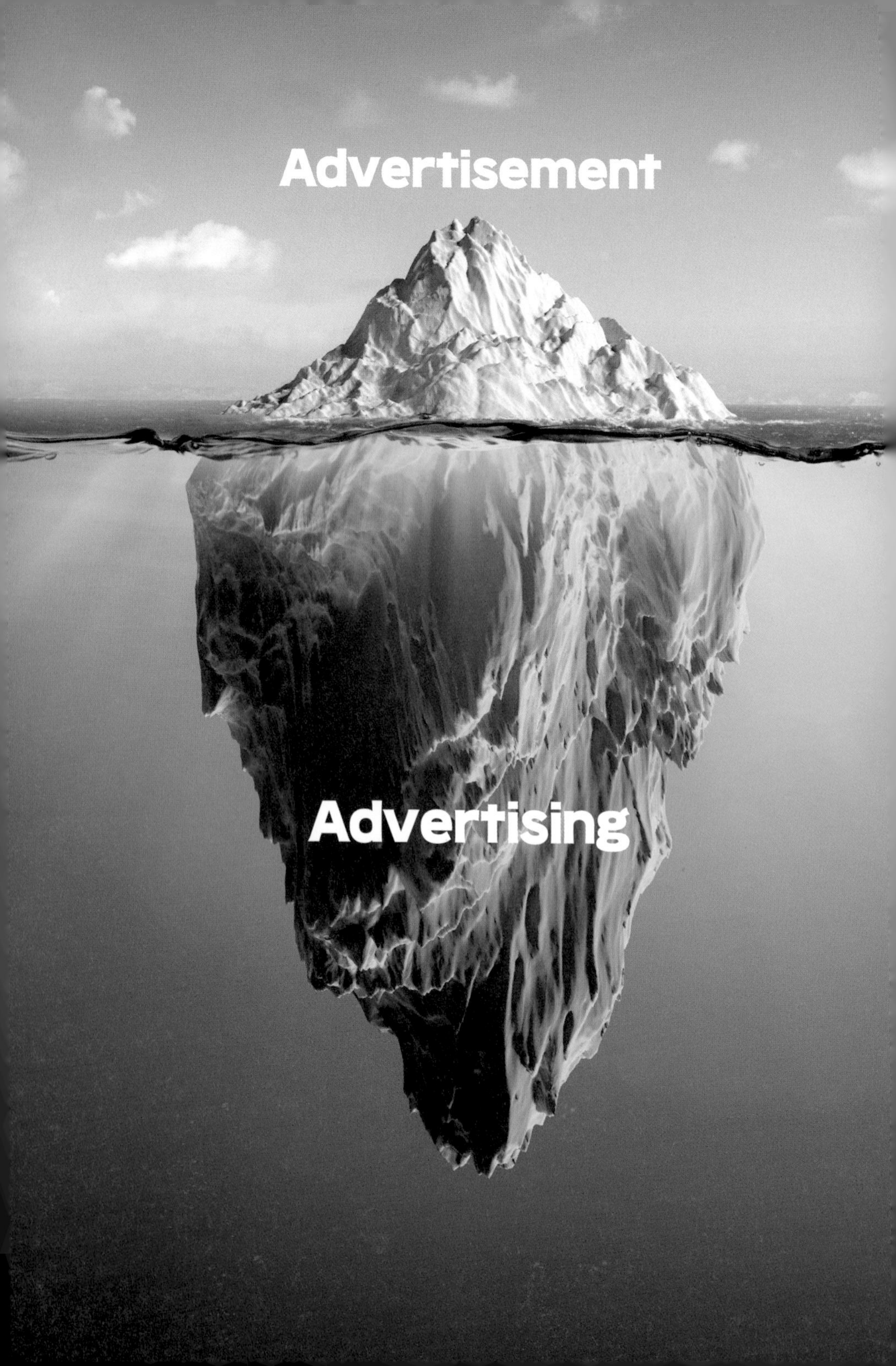
Advertisement
Advertising

> 만들어진 광고물을 뜻하는 'Advertisement'는 '협의(狹義)의 광고'이고, 'Advertising'은 광고를 기획하고, 만들고, 효과를 측정하는 전 과정을 가리키는 '광의(廣義)의 광고'라고 할 수 있다.

이 질문에 대한 답이 되어 줄 두 개의 단어가 있다. 바로 'Advertisement'와 'Advertising'이다. 둘 다 우리말로 옮기면 '광고'다. 그런데 좀 더 자세히 들여다보면 두 단어의 의미가 조금 다르다. 혹시 여러분은 두 단어의 차이가 무엇인지 짐작하겠는가?

Advertisement는 '만들어진 광고물'을 의미한다. TV 프로그램 전후에 나오는 CF, 신문이나 잡지를 넘기다 보면 볼 수 있는 지면광고, 버스 옆면에 부착된 외부광고, 유튜브 영상 시청 전 필수 관문인 동영상광고 등. Advertisement는 '협의(狹義)의 광고'라고 할 수 있다.

그에 반해 'Advertising'은 광고를 기획하고, 만들고, 효과를 측정하는 모든 과정을 통틀어 일컫는 말이다. '광의(廣義)의 광고'라고 할 수 있다.

Advertisement vs. Advertising, 어느 쪽이 진짜 광고 즉, 광고의 실체에 가까울까? 당연히 'Advertising'이다. 광고의 실체는 광고대행사를 뜻하는 영문으로도 알 수 있다. 전 세계 수많은 광고대행사 중 자신을 'Advertisement Agency'라고 표기하는 곳은 한 곳도 없다. 광고대행사는 'Advertising Agency'이다.

어쩌면 필자를 비롯한 많은 광고인이 'Advertisement'를 만드는 것이 가장 중요한 일이라고 생각하고 광고에 뛰어들었다가, 시간이 지나고 경력이 쌓이면 진짜 우리의 일은 'Advertising'이라는 것을 깨닫는 게 아닐지 싶다.

다이어터와 광고인이 가장 먼저 해야 할 일

그렇다면 Advertisement에는 없고 Advertising에는 있는 것은 무엇일까? 그것은 바로 '소비자'다. Advertisement에는 매력적인 모델과 중독성 있는 BGM, 기막힌 카피와 세련된 아트워크가 있다. 하지만 그런 요소들이 왜 있어야 하는지, 즉 광고의 목적성을 간과하기 쉽다.

반면 Advertising에는 '왜 이 광고를 해야 하는지, 왜 이렇게 광고해야 하는지, 왜 이 매체에 광고해야 하는지'에 대한 고민이 가득하다. 세트장에서 광고를 촬영하기 한참 전부터 수많은 '왜'에 대한 고민이 필요하다. 광고를 만들고 나서도, 매체를 통해서 소비자를 만난 후에도 광고 효과에 대한 측정을 통해 '왜'에 대한 답을 찾았는지 고민해야 한다. 그래서 다음 캠페인은 어떤 목적으로 펼칠지도 생각해야 한다.

이런 진짜 광고 즉, 세상의 모든 'Advertising'의 존재 이유는 오직 하나다. 소비자의 생각 또는 행동을 바꾸는 것이다. 삼성이 갤럭시 광고에 쿨하고 매력적인 모델을 등장시키고, 멋지고 세련된 CF를 만드는 이유는 무엇일까?

세상 모든
Advertising의
존재 이유는
오직 하나다.

Galaxy Z Flip5

Galaxy Z Flip5

소비자의
생각과 행동을
바꾸는 것이다.

삼성이
갤럭시 광고에
쿨하고 매력적인
모델을 등장시키는
이유는 무엇일까?

'무조건 다음
스마트폰은 아이폰'
이라고 생각하는
수많은 1020의
'생각과 행동'을
어떻게든
바꿔보려는 것이다.

Galaxy Z Flip5

맞다.
'무조건 다음 스마트폰은 아이폰'이라고
생각하는 수많은 십 대와 이십 대의
'생각과 행동'을 어떻게든 바꿔보려는 것이
유일한 목적이자 이유다.

'소비자의 생각 또는 행동을 바꾸는 것이 광고의 본질'이라는 이야기에 동의하는가? 그렇다면 소비자의 생각과 행동을 바꾸기 위해서 가장 먼저 해야 할 일은 무엇일까?

현대 경영학의 아버지로 불리는 피터 드러커Peter Ferdinand Drucker, 1909~2005는 다음과 같이 말했다. **"측정할 수 없으면 관리할 수 없고, 관리할 수 없으면 개선할 수 없다."** 피터 드러커의 말처럼 가장 먼저 해야 할 일은 '현재 소비자의 생각과 행동을 알아내는 것(=측정)'이다. 다이어트를 하려면 가장 먼저 체중계에 올라가야 하는 것처럼 말이다.

광고대행사의 존재 가치를 증명하는 방법

앞서 광고대행사의 존재 가치는 '(제품을 살지 모를) 소비자'에 대해 - 그 제품을 만든 회사 임직원보다 더 깊이 있게 - 제대로 아는 데 있다고 했다. 이 이야기와 Advertising을 연결해 보자.

| 광고대행사의 존재 가치와 광고의 관계 |

1 광고(Advertising)의 목적은 '소비자의 생각과 행동'을 바꾸는 것이다.

2 생각과 행동을 바꾸려면 가장 먼저 (우리 브랜드에 불리하거나 문제가 되는, 변화가 가장 시급한) 소비자의 현재 생각과 행동을 알아야 한다.

3 (한 길 사람 속이라 더욱 알기 어려운) 소비자의 숨겨진 생각과 행동을 알아내는 것이야말로 광고대행사가 광고주에게 비용을 청구할 수 있는 가장 중요한 업무이자 근거다.

생각과 행동의 관계를 잘 들여다보면 서로 밀접하게 관련되어 있음을 알 수 있다. 사람은 생각 없이 행동하지 않는다. 당연히 행동은 의식하든 그렇지 못했든 어떤 의도나 생각이 배경으로 작용한 결과다. 즉, 생각이 원인이고, 행동이 결과다.

예를 들어 우리는 수십 년간 남양우유를 익숙하게 소비하고 꽤 좋아했다. 남양유업은 2012년까지 유가공 업계 부동의 1위로 '44년 연속 흑자'를 기록하며 승승장구했다. 그러나 2024년 남양유업은 매우 어려운 상황에 처해 있다.

소비자들이 남양유업 제품을 외면하고 '다른 제품을 사는 행동'을 하게 된 데는, 여러 가지 논란(대리점 갑질 사태, 오너 가족의 마약 투약, 불가리스 사태 등)을 접한 뒤 소비자의 생각이 매우 부정적으로 바뀐 데 원인이 있다.

광고인이 소비자의 생각과 행동을 바꾸기 위해서
가장 먼저 해야 할 일은 '현재 소비자의 생각과 행동을
알아내는 것(=측정)'이다. 다이어트를 하려면 가장 먼저
체중계에 올라가야 하는 것처럼 말이다.

앞서 광고의 본질은 소비자의 진짜

생각과 행동을 알아내는 것이라고 했다.

이런 관점에서 보면 진짜 우리가

집중해야 하는 것은

(행동의 원인이 된)

소비자의
진짜 생각
(consumer's
real perception)이다.

소비자의 진짜 생각을 읽어내기 위해 우리가 하는

모든 고민과 노력을 다섯 글자로 줄이면,

'소비자 조사'다.

#3.
러브마크를 결정하는 건 오직 '소비자'

PPT 화면이 넘어가지 않을 때 리모컨이 향하는 곳

다음의 상황을 떠올려 보자.

발표 중 PPT 화면이 넘어가지 않는다....
당황한 발표자는 계속 리모컨을 누른다....
그런데 발표자의 리모컨은 어느 쪽을 가리키는가?

회사나 학교 등에서 발표하다가 갑자기 PPT가 다음 페이지로 넘어가지 않아서 당황했던 적 있는가? 그때 우리는 마치 무선 리모컨 버튼을 여러 번 누르면 문제가 해결되기라도 할 듯이, 버튼을 누르고 또 누른다. 그런데 재미있는 건 그때 무선 리모컨이 향하는 곳이다. 분명히 무선 리모컨은 노트북이나 PC에 꽂힌 USB 장치와 연결되어 있다.

발표 중 PPT 화면이 넘어가지 않는다.
당황한 발표자는 계속 리모컨을 누른다.
그런데 발표자의 리모컨은 어느 쪽을 가리키는가?

리모컨을 컴퓨터가 아니라
화면 쪽을 향하게 두고
누르고 또 누른다.

그렇다면 리모컨은 컴퓨터 쪽을 향하게 한 후에 버튼을 눌러야 한다. 그런데 대다수가 리모컨을 컴퓨터가 아니라 화면 쪽을 향하게 두고 누르고 또 누른다.

'광고와 소비자 조사'도 이런 관계가 아닐지 싶다. 제품 판매 실적과 브랜드 지표가 나빠지면(PPT 화면이 넘어가지 않으면) 당황한 사람들은 - 겉으로 보이는 - 광고를 교체하거나, 매체를 바꾸거나, 이벤트를 하려고 한다(화면 쪽을 향해 리모컨을 누른다). 제품의 판매가 저조하고, 브랜드 지표가 나빠진 것은 과연 '누구'의 선택에 따른 결과일까?

3C 분석의 치명적인 함정, 3C는 없다 오직 1C가 있을 뿐

여러분이 현재 마케팅 관련 업무를 하거나 광고대행사에서 일하고 있거나 혹은 광고홍보학과나 경영학과 등에 재학 중이라면 '3C 분석'이라는 말이 익숙할 것이다. 3C분석은 제품 개발, 마케팅, 광고를 하기 전에 중요한 세 가지 주체를 정확히 파악하는 것이다.

세 가지 분석 주체는 자사(Company), 경쟁사(Competitor), 소비자(Consumer)를 가리킨다. 그런데 필자는 3C라는 말 속에 커다란 함정이 있다고 생각한다. 3C라고 듣고 말하면 세 가지 주체가 모두 1/3씩 중요하다고 인식할 수 있다.

Consumer
ConsumerConsumer
mpetitorConsumerConsum
nsumerCompetitorConsumer
erConsumerCompetitorConsum
erConsumerCompetitorConsumer
ConsumerCompetitorConsumerConsumer
nsumerCompetitorConsumerConsumer

Competitor
ConsumeConsumerCo
erCompetitorConsumerCo
ConsumerCompetitorConsum
erConsumerCompetitorConsum
ConsumerCompetitorConsumer
CompetitorConsumerCo
CompetitorConsumerCon

consumer

sumerCompetitorConsumerConsumerCompetitorCons
umerConsumerCompetitorConsumerConsumerCom
petitorConsumerConsumerCompetitorConsumer
ConsumerCompetitorConsumerConsumer
CompetitorConsumerConsumerCompe
titorConsumerConsumerCompetit
orConsumerConsumerCompe
titorConsumerConsume
rCompetitorCons
umerConsu
mer

과연 브랜드의 생사(生死)를 결정하는 힘이 세 가지 주체 모두에게 동일하게 있을까? 여러분이 오뚜기에서 '진라면'을 담당하는 마케터라고 가정해 보자. 진라면이라는 브랜드의 생과 사, 성장 혹은 정체를 누가 결정할지 한번 생각해 보자. 누군가가 브랜드를 아끼고 구매하면 생존하고 성장하게 될 것이고 반대라면 정체와 존폐의 위기가 있을 것이다.

마케팅 전략을 수립할 때 고려해야 하는 세 가지 핵심 요소를 3C라고 한다. 그러나 전략을 세우는 데 있어 세 가지 요소가 1/3씩 중요한 건 아니다. 브랜드의 생사는 전적으로 '소비자(Consumer)'에 달렸다.

먼저 기업, 즉 자사다. 오뚜기 직원들이 '진라면을 죽이고 살릴 수 있는지' 살펴보자. 오뚜기 직원들은 누구보다 열심히 진라면을 먹고 홍보할 것이다. 그러나 그들은 진라면을 마트에서 정가로 구매하기보다는 직원 전용몰에서 할인된 가격(직원가)으로 사서 먹을 것이다.

그보다 더 중요한 건, 오뚜기 직원들 수가 대한민국 전체 인구에서 차지하는 비율이 너무 낮아서 진라면의 생사와 성장에 그다지 영향을 미치지 못한다는 점이다.

다음은 경쟁사다. 오뚜기의 경쟁사인 농심과 삼양을 한번 생각해 보자. 농심과 삼양의 직원들은 진라면을 사서 먹을까? 경쟁사 제품 연구를 하는 농심과 삼양 연구소 직원을 빼고는 아무도 진라면을 사 먹지 않을 것이다.

자 이제 한 명 남았다. 바로 소비자다. 2006년 진라면 TV 광고에서 모델 차승원이 이렇게 말했다. "이렇게 맛있는데 언젠가 1등 하겠죠?" 당시 광고를 본 많은 사람이 코웃음을 쳤다. 그럴만도 한 것이 2000년대 초반 진라면의 시장점유율은 5% 안팎으로 1위 신라면의 위상은 압도적이었다.

그러나 최근에는 두 제품의 격차가 많이 좁혀져, 진라면은 이제 확실한 2위 자리를 차지하며 신라면의 아성을 위협하고 있다. 진라면과 신라면의 과거 큰 격차도, 최근의 좁혀진 격차도 누가 결정했을까?

맞다! 바로 '소비자'가 결정한 것이다.

앞서 PPT 화면을 넘기는 리모컨에 비유해 이야기한 것처럼, 눈앞에 닥친 해결해야 할 '현상(매출, 브랜드 지표)'을 결정한 것은 오직 소비자다. 소비자의 인식이 소비자의 행동을 만들었고, 소비자의 행동이 모이고 쌓여서 현상으로 나타나게 된 것이다.

그러므로 현상을 해결하기 위해서는 오직 소비자에 집중해야 한다. 리모컨을 화면이 아니라 컴퓨터 쪽으로 돌리고 눌러야 하듯이 말이다. 한마디로, '리모컨은 PC를, 마케팅은 소비자를 향해야 한다'라고 할 수 있다.

결정은 오로지 소비자의 몫!

소비자의 브랜드 충성도(로열티)를 높이는 방법을 연구한 책『러브마크(Lovemarks)』서문에서, 소비자에 대한 도요타자동차 이시자카 요시오(石坂芳男) 부사장의 철학을 엿볼 수 있다.

"(중략) 시련에 처할 때마다 우리는 언제나 기본으로 돌아갑니다. 브랜드, 이미지 또는 러브마크를 결정하는 것은 소비자이지 우리가 아니기 때문입니다. 우리가 결정할 수 있는 것은 아무것도 없습니다. 결정은 소비자의 몫입니다. 그것이 본질입니다."

이제 여러분은 소비자를 아는 것이 그리고 무엇보다 소비자의 행동과 그 행동을 만든 '심층 인식'을 아는 것이 얼마나 중요한지 충분히 깨달았을 것이다.

막 광고 일을 시작했을 때 필자에게 '소비자 조사'는 따분한 일 그 자체였다. 종일 책상에 앉아서 의뢰받은 일을 수동적으로 처리할 뿐 재미라고는 찾아볼 수 없는 업무. 필자가 광고에 기대했던 것은 기발한 아이디어, 시선을 사로잡는 유명 모델, 멋진 음악과 놀라운 장면 이런 것이었다. 맞다! 이 모든 게 **'Advertisement'**다. 어쩌면 많은 초심자가 필자와 같은 기대를 품고 광고 업계에 뛰어들었을 것이다.

하지만 25년 동안 광고 일을 해 보니 소비자 조사야말로 진짜 광고의 시작이었다. 그러나 광고에서 가장 중요한 과정임에도 불구하고 생각보다 많은 사람이 중요성을 알아채지 못하고 있었다. 게다가 덜 중요한 일이라고 생각하기에 체계적으로 훈련하거나 노하우를 습득하거나 전수하는 데도 소홀하다.

> **"**
>
> 시련에 처할 때마다
> 우리는 언제나 기본으로 돌아갑니다.
> 브랜드, 이미지 또는 러브마크를
> 결정하는 것은 소비자이지
> 우리가 아니기 때문입니다.
> 우리가 결정할 수 있는 것은
> 아무것도 없습니다.
> **결정은 소비자의 몫입니다.**
> 그것이 본질입니다.
>
> **"**

- 이시자카 요시오
『러브마크(Lovemarks)』 서문 중에서

소비자 프로파일링

: 프로파일러를 위한
새로운 관점과 노하우

"행복한 가정은 모두 엇비슷하지만, 불행한 가정은 모두 제각각의 이유로 불행하다."
톨스토이Leo Tolstoy, 1828~1910의 소설 『안나 카레니나』의 첫 문장이다. 소비자 행동의 이
유를 밝히는 데도 이와 비슷한 어려움이 따른다. 소비자의 진짜 속마음은 복잡하기 그
지없고, 변덕스럽고, 왜 그런지 자신도 잘 모른다. 사람마다 지문이 다른 것처럼, 저마
다의 이유로 어떤 브랜드나 제품을 좋아하거나 더 이상 좋아하지 않는다. 소비자의 진
짜 속마음을 찾아 나선 탐험가들에게 나침반 역할을 할, 소비자를 대할 때 필요한 두 가
지 태도와 조사 노하우를 소개한다.

#1.
게으르게
'믿지 말고',
부지런히
'의심'하라!

복잡하고, 변덕스럽고, 자신도 잘 모르는
소비자의 진짜 속마음에 다가가는 방법

우리는 모두 '믿음'을 좋아한다. 단순히 좋아하는 정도가 아니라

믿을 수 있는 대상이나 존재가 사라지면 불안해하고, 심지어 믿을 대상을

창조하기도 한다. 무언가를 믿는다는 것은 심적으로 기댄다는 뜻이고,

기댈 수 있는 무언가가 생기면 그만큼 불안은 줄어들고

편안함은 커지기 때문이다.

종교나 이데올로기가 우리에게 주는 것이

바로 심리적 안정이다.

　그렇다면 소비자의 행동과 진짜 속마음을 알고 싶은 사람들은 무엇을 의지하고 무엇을 믿으려 할까? 아마 유수의 연구기관에서 발간한 'MZ세대의 모든 것' 같은 유의 리포트, 앞으로 1년간 우리 사회를 움직일 트렌드를 예측하는 전망서, 빅데이터를 기반으로 금융회사에서 꼽은 올해의 키워드 등이 아닐지 싶다. 이런 자료를 보는 것 자체는 전혀 나쁘지 않다. 그러나 누군가의 의견 혹은 가설을 무턱대고 믿는 건 정말 위험하다.

노랑 안경을 끼고 세상을 보면 세상은 노란색, 파랑 안경을 끼고 세상을 보면 파란색으로 보인다. 지금 있는 곳에서 창밖을 한번 보자. 눈 앞에 펼쳐진 풍경을 단 하나의 색깔로 표현하라고 한다면 무슨 색깔이라고 할 수 있을까? 하나의 색깔로 설명하기 어려울 것이다.

저 멀리 나무와 숲은 녹색, 건너편 아파트는 회색, 구름은 흰색, 하늘빛 만해도 옅은 하늘색에서 짙은 파란색까지……. 이렇게 많은 색 집합을 단 하나의 색깔로 표현하는 건 불가능하다. 그런데 만약 노랑 색안경을 끼고 창밖을 바라보면 어떨까? 눈에 보이는 모든 것이 단 하나의 색으로 보일 것이다. 이때 보이는 풍경을 하나의 색으로 표현하라고 하면 답이 너무 쉽게 나올 것이다. '세상은 샛노랗다.' 소비자에 대해 단언하는 많은 자료도 단색안경을 끼고 바라본 풍경 같은 것일지 모른다.

소비자의 진짜 마음은
크레파스 색깔처럼 단순하고 명확할까?
아니면 창밖 풍경처럼 한 가지로
정의할 수 없는
수많은 색깔의 집합체일까?
어제, 오늘, 내일은 똑같을까?
아니면 다르기가 더 쉬울까?
일관되게 유지될까?
시시각각 바뀔까?
자신이 가장 잘 알까?
자신도 잘 모를까?

보고서나 전망서가 설명하는 대로 세상과 소비자를 바라보면 명쾌하고 깔끔하고 기분이 좋다. 뭔가 정리가 딱 될 테니까(소비자가 오직 하나의 색깔로 보일 테니까). 그러나 실제로는 '복잡하기 그지없고, 변덕스럽게 자주 바뀌고, 왜 그런지 자신도 잘 모르는' 소비자의 진짜 속마음을 알게 되었다고 할 수 있을까? 아마도 아닐 것이다.

의심하고 또 의심하라!

소비자도 모르는 소비자의 진짜 마음(심층 인식, consumer's real perception)을 알기 위해 우리가 가져야 할 첫 번째 태도는 믿음과 정반대에 있는 '의심'이다. 아무리 공신력 있는 자료라도 비판적으로 사고하면서 의심하고 또 의심해야 한다.

'살불살조(殺佛殺祖).' 중국 당나라 말기의 고승 임제 의현(臨濟 義玄, ?~867)이 남긴 법어다. '부처를 만나면 부처를 죽이고, 조사(스승)를 만나면 조사를 죽이라'는 이 말은 해탈의 경지에 이르려면 사상과 전통, 관념과 인습 같은 우상을 과감히 타파하는 노력이 필요하다는 의미로 해석할 수 있다.

'살불살조'의 태도처럼, 권위의 옷을 입고 우리 앞에 놓인 많은 자료, 생각, 주장에 대해 비판적인 시각을 견지할 수 있어야 한다. 또한 조사하는 회사의 질문지, 매년 해오고 있는 조사 항목 구성 등도 의심하고 또 의심해야 한다.

무턱대고 믿는 건 쉽다. 별로 힘이 들지 않고 마음도 편하다. 하지만 소비자의 진짜 마음에 닿는 건 요원할 것이다. 반대로 새로운 자료를 보고 이야기를 들을 때마다 의심하는 건, 불편하고 힘이 드는 일이다. 하지만 한 발 한 발 '소비자의 진짜 마음에 닿을 수 있는 유일한 길'이다.

WHO ARE YOU?

소비자의 진짜 속마음은

복잡하기 그지없고,

변덕스럽게 자주 바뀌고,

왜 그런지 자신도 잘 모른다.

소비자의 진짜 마음에 닿으려면

새로운 자료를 보고 이야기를 들을 때마다

의심하고 또 의심하라

#2.
섣불리 '안다'고 하지 말고, 솔직히 '모른다'고 하자

스타벅스가 인기 있는 이유, 뭐라고 생각하시나요?

우리나라 사람들이 가장 사랑하는 카페 부동의
1위는 '스타벅스'다. 누군가 여러분에게
"스타벅스가 사랑받는 이유 즉, 우리가 수많은
카페 중 스타벅스를 가장 많이 이용하는 이유는
무엇일까?"라고 질문하면 뭐라고 대답하겠는가?

"커피 맛이 좋으니까",
"전국 어디든 맛이 일정하니까",
"매장이 가장 많으니까",
"매장이 넓고 깨끗해서",
"분위기가 좋으니까",
"기프티콘을 가장 많이 주고받으니까"……

필자가 여러분에게 추천하는 답은 이렇다.

"
(한 달에 스무 번 이상 스타벅스에 가고 있는데)

글쎄요, 저는 잘 모르겠습니다.
왜일까요?
"

범인은 '카라멜 푸라푸치노'가 아니라 '교회 오빠'였어!

몇 년 전 한양대에서 '소비자 심리'라는 이름의 강의를 할 때, 한 학기 동안의 화두는 '스타벅스'였다. 스타벅스는 학생들도 즐겨 가고 모르는 사람이 없는 브랜드라, 소비자 심리 관점에서 분석해 보기 딱 좋은 사례다. 학생들에게 과제로 '왜 내가 스타벅스를 그렇게 자주 가고 아끼는지'를 연구해 제출하라고 했다.

학생들에게 원인을 찾는 방법 가운데 하나로 '처음 스타벅스를 만났던 과거의 어떤 순간'을 곰곰이 생각해 보라고 했다. 어쩌면 그 순간에 학생들이 경험하고 느낀 '어떤 것'이 오늘날 스타벅스라는 브랜드에 대한 자신의 이미지와 태도에 크게 영향을 미쳤을 수도 있기 때문이다.

사람과 사람 사이의 관계를 좌우하는 가장 중요한 순간은 처음 만났을 때다. 마찬가지로 사람과 브랜드의 관계도 첫인상이 매우 중요하다. 그래서 필자는 개별 심층 인터뷰(IDI : In-Depth Interview)를 할 때, 조사 대상과 처음 만난 순간의 기억과 감정을 꼭 묻는다.

그다음 시간, 거의 매일 스타벅스에 가는 학생 A의 발표를 듣고
필자와 많은 학생이 "아!"하는 탄성을 내뱉었다.

66

제가 처음 스타벅스를 알게 된 게 언제인가
생각해 봤어요. 제가 고등학생 때 교회를 다녔는데,
거기 대학생 오빠가 한 명 있었어요.
오빠는 저와 몇 살 차이 나지 않았는데도 왠지
'멋진 어른' 같았어요. 물론 외모도 멋졌고요.
오빠가 주말에 교회 올 때마다 들고 온 게
'스타벅스 아이스아메리카노'였어요.
그때 처음 스타벅스를 알게 된 것 같아요.
이번에 제가 저를 자세히 들여다보고
내린 결론은 이거예요. 제게 스타벅스는
'멋진 어른이 소비하는 브랜드'였고,
대학생이 된 후 제가 스타벅스를 이렇게
사랑하는 이유도 어쩌면 '멋진 어른이 되고
싶기 때문(이걸 소비하면 나도 그런 어른이 될지 몰라)'이
아닐까라고 생각했습니다.

99

오늘도 스타벅스를 찾는 수십만 명의 고객, 그들이 스타벅
스를 찾는 이유는 모두 비슷할까? 아니면 저마다 다른 이유
가 있을까? 아마도 후자일 가능성이 훨씬 클 것이다. 소비자
가 어떤 브랜드나 제품을 좋아하거나 더 이상 좋아하지 않
는 이유는 생각보다 간단하지 않다.

나는 안다, 내가 아무것도 모른다는 것을

오늘도 스타벅스를 찾는 수십만 명의 고객, 그들이 스타벅스를 찾는 이유는 모두 비슷할까? 아니면 저마다의 이유가 있을까? 아마도 후자일 가능성이 훨씬 클 것이다. 사람마다 지문이 다른 것처럼 우리는 모두 다른 존재다. 저마다의 이유와 함께 심층 인식 속에 공통된 하나 이상의 이유를 공유하고 있을 수는 있다.

소비자가 어떤 브랜드나 제품을 좋아하거나 더 이상 좋아하지 않는 이유는 생각보다 간단하지 않다. 복잡하고 또 복잡하기에 참으로 알아내기가 어렵다.

눈앞에 보이는 현상은 자명하다. 점심시간이면 스타벅스는 그야말로 시장통을 방불케 한다. 이런 현상은 소비자 개개인의 '행동'이 모인 결과일 것이다. 개개인의 행동은 저마다의 '소비자 인식'에서 비롯되었을 것이다. 그리고 이 인식은 좀처럼 겉으로 드러나지 않는다. 즉, 몹시 알기가 어렵다는 것이다.

다수의 학자가 말하는 '배움의 4단계'에 따르면, 처음 우리는 '내가 무엇을 모르는지도 모르는' 단계에서 출발한다고 한다. 그야말로 '無知의 無知'라고 할 수 있을 것이다. 그 다음 단계는 '내가 무엇을 모르는지 아는' 단계다. '無知의 知'라고 할 수 있을 것이다. 이후에는 '무엇을 아는지 아는' 단계를 거쳐, '무엇을 아는지 의식적으로 인지하지 않아도 되는' 단계로 나아간다고 한다.

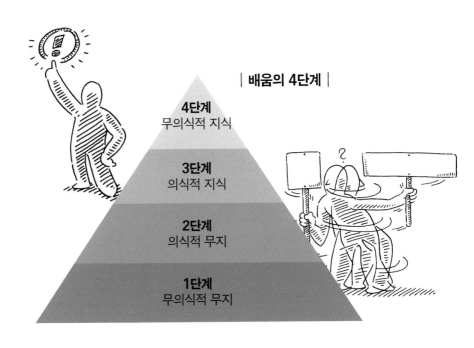

| 배움의 4단계 |

4단계
무의식적 지식

3단계
의식적 지식

2단계
의식적 무지

1단계
무의식적 무지

배움의 4단계는
**'무의식적 무지-의식적 무지
-의식적 지식-무의식적 지식'**이다.
1단계는 자신이 무엇을 모르는 줄 모르며,
2단계는 자신이 무엇을 모르는지 알며,
3단계는 자신이 무엇을 아는지 알고,
4단계에 이르면 무엇을 아는지
의식적으로 인지하지 않아도
높은 성과를 낸다.
'내가 모른다는 것'을
아는 것이야말로
'앎'의 시작이다.

소비자 자신도 잘 모르는
진짜 속마음에 대해서도 마찬가지 아닐까?
우리가 3년차 '라면' 마케터라고 해 보자.
만약 자신이 대한민국 라면 소비자에 대해
잘 알고 있다고 생각하면,
한 발짝도 앞으로 나아갈 수 없을지 모른다.

나는 그 이유를 안다'고
쉽게 말하고, 결코 진실을
알 수 없게 될 것이다.

어떤 하나의 현상(사회적 현상이든
마케팅적 현상이든)을 접하고,
그 이유가 몹시 궁금한
우리가 택할 수 있는
선택지는 오직 두 가지다.

우리가 해야 할 일은 '(원료, 공정, 제품에 대해서는 누구보다 잘 알지만 정작)

나는 우리나라 라면 소비자에 대해서

뭘 모르는지 조차도 모르겠다'라고 인정하는 일이다.

그러면 무엇을 모르는지를 알고자 하게 될 것이고,

결국 무엇을 모르는지 알게 되는 다음 단계로 올라서게 될 것이다.

어떤 하나의 현상을 접하고, 그 이유가 몹시 궁금한

우리가 택할 수 있는 선택지는 오직 두 가지다.

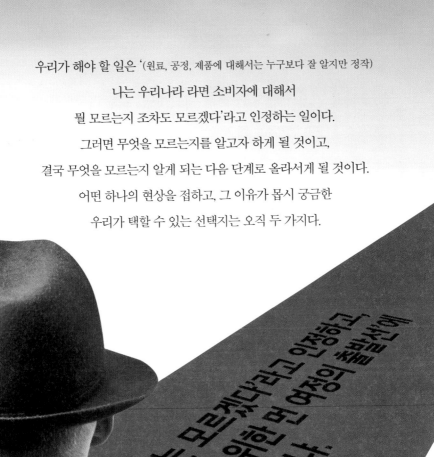

'나는 원래 그런 걸 잘 몰라'라고 인정하고
제대로 알기 위한 먼 길을 떠나든가,
아니면 뻔한 답을 찾아 나서든가.

#3.
캄캄한 소비자 마음속
진실을 퍼내는 건 '질문'

질문다운 질문을 하라!

깊이를 가늠하기 어려운 우물, 그 속의 물을 퍼내는 데 필요한 것이 '두레박'이다. 그렇다면 도무지 모를 어떤 사람(=소비자)의 속마음을 알아내기 위해 우리가 사용할 수 있는 두레박은 어떤 것일까? 바로 '질문'이다.

소비자의 행동과 속마음을 알아내기 위해 한 명이라도 더 많은 사람에게, 한 가지 조사라도 더 진행한다고 해서 정답에 가까워지는 것이 아니다. 어떤 종류의 조사든 '제대로 된 질문'을 던져야만 비로소 우리가 원했던 소비자의 진짜 생각을 알아낼 수 있다.

제대로 된 두레박은 많은 물을 퍼내고, 제대로 된 질문은 소비자의 진짜 생각을 꺼낸다. 구멍 난 두레박, 찌그러진 두레박, 물이 들어가기 어려운 두레박, 크기가 작은 두레박을 우물에 내려보내면 원하는 만큼의 물을 퍼내기 어려울 것이다.

제대로 된 두레박은
많은 물을 퍼내고,
제대로 된 **질문**은
소비자의
진짜 생각을 꺼낸다.

《단원 풍속도첩》 중 <우물가>,
조선, 28.1×23.9cm, 국립중앙박물관

소비자 조사에서의 질문도 마찬가지다. 대충 만들거나 마구잡이로 만든 질문은 결코 의미 있는 답을 얻을 수 없다. 몇 가지 예시를 살펴보자.

| 구멍 난 두레박 같은 질문 유형 |

살면서 한 번도 생각해 보지 않은 것에 관한 질문

Q. 이집트의 정치체제에 대해 어떻게 생각하나요?

이미 답이 정해진 질문

Q. 독도는 어느 나라 땅이라고 생각하나요?

제품이나 업종과 무관한 질문

Q. A자동차보험은 얼마나 트렌디하다고 생각하는지,
1~5점 중 골라주세요.

듣는 사람이 이해할 수 없는 질문

Q. BEV, PHEV, FCEV 세 가지 전기차 중
가장 선호하는 유형은 무엇인가요?

이런 질문들은 의미 있는 답을 끌어내지 못한다. 한 번도 생각해 보지 않은 것에 관한 질문, 무관한 질문, 이해할 수 없는 질문에도 사람들은 답을 한다. 그래야 설문지를 빨리 끝낼 수 있으니까. 답이 정해진 질문은 애초에 할 필요가 없다. 그럼 어떻게 해야 '좋은 질문'을 만들 수 있을까?

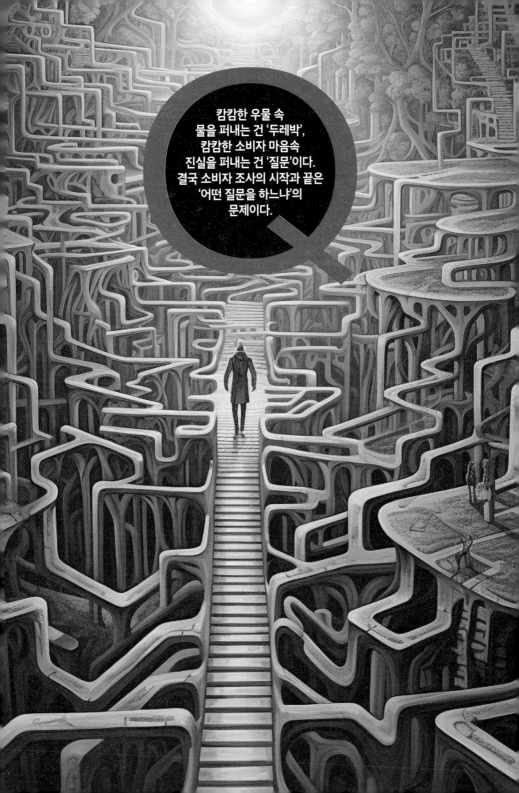

좋은 질문을 만드는 다섯 가지 원칙

필자가 25년간 조사를 의뢰하고, 결과를 받아보고,
직접 설계하고, 진행하고, 평가하면서 알게 된 정량조사와
정성조사에 공통적으로 적용할 수 있는 좋은 질문을 만드는
다섯 가지 원칙을 소개한다.

RULE 1
질문의 개수는 최소화한다!

만약 여러분의 회사에서 필자와 천만 원에 계약을 맺고 정량조사를 진행
하기로 했다고 가정해 보자. 여러분은 필자가 만든 설문지의 문항 개수가
많기를 바랄까? 적기를 바랄까? 물론 전자일 것이다.

이번에는 여러분이 길을 지나가고 있는데 필자가 설문에 응해주면
1만 원을 주겠다고 제안하는 경우를 가정해 보자. 이번에는 문항 개수가
많기를 바랄까? 적기를 바랄까? 당연히 후자일 것이다.

두 가지 상황 중에 답이 있다. 설문의 문항은 무조건 '최소화'해야
한다. 왜냐하면 피조사자가 '질문의 양이 과도하게 많다'고 느끼는 순간,
불성실한 응답에 대한 유혹을 강하게 받기 때문이다. 혹시 열 장은 족히
넘는 설문조사를 해 본 적 있다면, 그때의 상황을 떠올려 보자.

첫 문항과 마지막 문항을 똑같은 집중도로 응답했는가? 아니면 두어 장 넘어간 이후로는 5점 척도 조사를 할 때 '5- 4- 5- 4- -5- 4' 이렇게 응답하다가, 문득 '너무 성의 없어 보이는 거 아닐까' 하는 생각에 '5- 3-4-2-4-3-5'와 같이 불규칙적으로 - 그러나 마구잡이로 - 응답해 본 적 없는가?

많은 조사기관이나 조사 전문가들은 불성실한 응답을 탐지·제거하는 방법이 있다고 한다. 하지만 그런 방법도 가설에 불과할 뿐, 불성실한 응답이라는 걸 입증하기는 불가능하다. 그보다 중요한 건 애초에 불성실하게 응답할 상황을 만들지 않는 것이다.

그 방법은 (집중해서 응답해야겠다는 피조사자의 의지가 휘발되기 전에) 꼭 필요한 질문만 골라서 묻고 끝내는 것이다.

문항의 개수가 많아졌을 때 가장 큰 폐해는 이렇다. 꼭 필요한 20개의 질문과 그렇지 않은 30개의 질문을 섞어서 물어본다고 해 보자. 앞쪽의 필요하지 않은 질문에 응답하느라 에너지를 소모한 피조사자는 뒤쪽에 있는 중요하면서도 꼭 필요한 질문에 불성실하게 응답한다.

전략적 사고를 통해 꼭 필요한 질문만 남겨야 한다. 소비자 조사를 하는 이유가 '페이지 수가 엄청난 조사보고서'를 받아보기 위함인지, '소비자의 진짜 마음'을 알기 위함인지 생각해 보면 답은 자명하다.

RULE 2

처음부터 끝까지 다시 질문을 만든다

A식품회사에 다니는 김 대리는 상사의 지시로 리서치회사 B사에 의뢰해서 - 새롭게 진행해 보고자 하는 - A기업의 브랜드 진단을 위한 조사 설문지를 받았다. B사가 김 대리에게 준 설문지는 첫 문항부터 마지막까지 오직 A사가 속한 냉동만두 산업과, A라는 회사, A의 제품과 브랜드, A의 소비자 특성을 철저히 반영하여 이번 조사 프로젝트에 최적화된 오직 A사를 위해 만들어진 것일까? 아니면 B사가 지난달에 끝낸 C자동차, D보험의 브랜드 진단 조사 설문 문항을 바탕으로 살짝 바꿔서 만든 것일까?

1 Minimum Questions

#max_min #당신의 두 가지 입장 #정답_목적
#마음이 열렸을 때 정말 필요한 것만

2 Make All New Questions From Zero Base

#세상 모든 우물은 모두 다르다 #우물에 최적화된
두레박 #다른 데 쓰던 걸 가지고 오면 과연

3 No Hypothesis, No Question

#알고 싶은 것 #가설 수립 #질문은 오직 사실 확인을
위한 합목적적 커뮤니케이션

4 Change Chairs

#질문을 만든 후 반대쪽에 앉자 #나도 모르는 내 마음
#답해야 하나 쥐어짜는 #두 명의 나

5 Doubt All Questions

#권위와 과거에 기대지 말고 #의심 또 의심
#목적이 무엇 #무엇을 퍼낼까 #제대로 퍼낼까

필자는 다양한 업종의 광고주가 외부에 의뢰해 진행한 조사 결과 보고서를 수백 개 받아보았다. 업종, 제품, 소비자 특성이 모두 달랐음에도 놀랍게도 보고서 속 설문 문항은 너무 비슷했다. 자동차보험과 라면, 패션과 모바일게임은 전혀 다른 산업이고 소비자 특성 또한 전혀 다르다. 그렇다면 물어보는 방법이나 질문 자체, 문항의 설계 또한 달라야 하지 않을까?

기존 설문지나 다른 곳에서 쓰던 문항을 그대로 가져다 쓰면 조사가 쉽다. 하지만 기대했던 것을 얻기는 결코 쉽지 않다. 세상 모든 우물은 깊이와 넓이, 쌓은 돌의 종류가 다 다르다. 모든 우물에 딱 맞춘 단 하나의 두레박을 만드는 건 불가능하다. 소비자의 진짜 속마음을 알고 싶다면 우리 브랜드와 소비자를 고려해서 오직 이번 프로젝트를 위해 처음부터 끝까지 '제로 베이스(zero base)'에서 질문을 다시 설계해야 한다.

RULE 3

가설과 목적이 없는 질문은 버려라!

미국 범죄 영화의 한 장면이다. 어떤 회사에서 마이클이라는 남자가 시체로 발견되었다. 형사는 회사의 모든 직원을 한 명씩 만나서 탐문조사를 한다. 그때마다 형사는 이렇게 묻는다.

"죽은 마이클과 평소에 조금이라도 사이가 좋았거나 반대로 조금이라도 사이가 좋지 않았던 여직원이 있다면 누구죠?"

형사는 왜 이렇게 물었을까? 그는 시체 옆에서 여자의 부러진 손톱을 발견했고, 짙은 여자 향수 냄새를 맡았다. 그래서 자연스럽게 '여자가 마이클을 죽였을 것이다'라는 가설을 세웠고, 가설을 확인하기 위해 위와 같은 질문을 한 것이다. 소비자 조사를 할 때도 마찬가지다.

'질문은 (연구자가 가지고 있는)
어떠한 가설을 확인하기 위해 존재'하는 것이다.

연구자가 생각하는 가설을 검증하는 수단이 바로 질문이다. 그러므로 '가설이 없다면, 질문도 없다'라는 명제가 성립한다. 세상 모든 것은 존재 이유가 있다. '어떤 것을 알아보겠다'라는 명확한 목적이 없는 질문은 하지 않는 것이 맞다.

형사가 회사의 모든 직원에게
똑같은 질문을 던진 이유는,
현장에서 발견한 단서들을 통해
'여자가 마이클을 죽였을 것이다'라는
가설을 세웠기 때문이다.

소비자 조사를 할 때
질문하는 것 역시
연구자가 세운 가설을
확인하기 위함이다.

RULE 4

반대쪽 의자에 앉아서 질문을 들어보라

질문을 하나 완성했다면, 반대쪽 의자에 앉아서 질문을 받아보고 답해 보자. 질문하는 입장에서는 잘 모를 수 있다. 그런데 반대쪽에 앉아보면 문제점이 명확히 잘 보인다. 반대쪽에 앉아서 응답하려고 해 보니, 앞서 구멍 난 두레박 같은 질문의 예로 들었던 – 살면서 한 번도 생각해 보지 않은 것을 묻거나, 답이 정해져 있거나, 제품이나 업종과 무관하거나, 도무지 이해할 수 없는 – 질문이라면, 잘못된 질문이다.

반대로 어떤 질문은 자연스럽게 답이 나오고, 나의 행동과 말 사이 행간을 읽어낼 수 있고, 자신도 잘 모르는 마음속 깊은 곳을 툭 건드리는 것처럼 느껴질지 모른다. 바로 그런 질문이 좋은 질문이다.

질문을 하나 완성했다면, 반대쪽 의자에 앉아서
질문을 받아보고 답해 보자. 반대쪽에 앉아보면
문제점이 명확히 잘 보인다.

묻는 나와 답하는 나, 둘이 마주 보고 앉아서
입장을 180도 바꿔가면서 묻고 답해 보자.
역지사지(易地思之)는 좋은 질문을
결정하는 중요한 기준이다.

RULE 5

모든 질문을 의심해 보라

앞서 소비자에 대해 가져야 할 첫 번째 태도로, '게으르게 믿지 말고 부지
런히 의심하라'를 제안했다. 소비자 조사와 관련한 질문 또한 마찬가지다.

매년 해 왔던 조사 방법과 조사 문항이니까, 경쟁사도 다들 이렇게
한다고 하니까, 국내 최고의 리서치회사가 설계하고 만든 거니까, 마케팅
전문가인 김 이사님이 이렇게 하면 된다고 하니까……
관례, 권위, 관성, 과거에 의존하지 말고 정말 이 질문과 이 방법이 이번 조
사의 목적에 부합하는지 의심하고 또 의심해야 한다.

질문의 조사나 어미까지 꼼꼼히 따져봐야 한다. 피조사자와 그의 답
변이 편향(bias)되게 할 요소가 조금이라도 있다면, 작은 부분까지 의심해서
개선하고 끝까지 수정할 필요가 있다. 이런 과정을 거쳐서 만들어진 질문과
조사는 여러분이 원하던 답에 조금이라도 더 가까이 데려다 줄 것이다.

#4.
오염되지 않은
소비자의 진짜 목소리를
찾아서

디지털 시대, 곳곳에 널린 사금

편향(bias)은 소비자 조사를 망치는 주범이라고 할 수 있다. 편향은 조사 대상자 선정, 질문 내용, 질문 순서 배치, 잘못된 보기 선정과 배치 등 소비자 조사 단계마다 다양한 요인에 의해 발생한다.

당연히 정량 또는 정성 조사 등 어떤 종류의 조사를 하더라도 편향을 제거하려는 노력은, 조사자에게 가장 중요한 1순위 미션이다. 그런데 아무리 노력한다고 한들 편향을 100% 완벽하게 제거하는 것은 불가능하다. 조사를 진행하고 조사에 응하는 것 자체가 이미 자연스럽지 않은 인위적인 상황이기 때문에 소비자의 말과 행동에 영향을 미치게 된다. 양자역학에서 전자(電子)가 누군가 쳐다보면 하나의 구멍만 통과하고, 아무도 지켜보지 않으면 두 개의 구멍을 동시에 지나가는 것과 같은 이치다(전자의 이중 슬릿 실험).

그렇다면 우리는 어쩔 수 없이 오염된 소비자 조사 결과 자료에 만족할 수밖에 없을까? 전통 미디어 시대에는 뾰족한 방법이 없었다. 하지만 디지털 미디어 속에서 24시간을 살아가는 현재는 새로운 방법이 있다!

편향 없는 소비자 데이터는 바로 온라인 상에 - 조사하려는 우리의 의도나 목적과 무관하게 - 이미 존재하는 '소비자들의 자발적인 이야기'이다. 인스타그램 포스팅, 네이버 블로그 게시물, 네이버 카페 글과 댓글, 유튜브 영상과 댓글, 트위터 글이 바로 그것이다. 필자는 소비자들이 누가 시키지 않았는데 자발적으로 쓰고 올린 글과 이미지, 영상을 '소비자들의 진짜 목소리(CRV : Consumer Real Voice)' 라고 부른다.

마치 우리 몸에서 탄수화물, 단백질, 지방, 비타민, 무기질 등이 저마다의 역할을 하면서 한편으로는 서로 강력한 시너지를 일으키는 것과 비슷하다. 아무런 대가나 지시 없이 소비자 스스로 제품, 브랜드, 현상에 관해 생각과 의견과 느낌을 표현한 CRV.

CRV는 수백 명을 대상으로 같은 질문을 던져서 대표성을 띤 유력한 결과를 찾으려는 '정량조사'와, 깊이 있게 파고들어서 소비자의 인식 저 밑바닥에 감춰진 심층 심리를 찾아내려는 '정성조사'와 다른 역할을 하면서도 상호 시너지를 일으킨다.

No Bias. No Charge!

CRV의 첫 번째 장점이 오염되지 않은 것이라면, 두 번째 장점은 단연코 비용을 지불할 필요가 없다는 것이다. 일반적으로 정량조사는 짧은 시간 안에 신뢰할 수 있는 많은 표본을 확보하기 위해 외부의 유료 조사플랫폼을 활용한다.

정성조사는 리서치회사를 이용하지 않고 직접 진행해 비용을 아낄 수 있다. 하지만 인터뷰에 대한 대가 지급 등 정량조사보다는 덜하지만 어느 정도 비용이 필요하다.

24시간 디지털 세상과 접속된 삶을 사는 사람들. 이들(우리)이
스스로 다양한 플랫폼에 올려 둔 콘텐츠를
'찾고 긁어모아서 정리하는' 방식으로
데이터를 확보하는 데는
별도의 비용이 들지 않는다.

다만 업종에 따라서 CRV 자체가 거의 없거나 매우 적은 경우가 있을 수 있다. B2B 비즈니스, 해당 시장의 소비자가 디지털 소통을 많이 또는 자주 하지 않는 업종(농수산업 등)이 해당될 수 있다.

CRV를 수집 · 분석하는 작업은 어느 단계에서 진행하는 것이 좋을까? 필자는 광고와 브랜드 컨설팅 프로젝트를 진행할 때 2차 자료를 수집하는 첫 단계에서, 2차 자료와 CRV 수집을 동시에 한다. 2차 자료는 다른

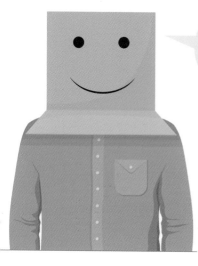

모으고 또 모아서
정리·분석해 보면 반드시
무언가 나올 거야!
돈 드는 것도 아닌데
해 보지 뭐!

기관이나 연구자가 만들어 둔 자료를 말한다. 2차 자료와 CRV를 모으고 정리해서 내부적으로 토의한 뒤, 몇 가지 가설을 수립한 후 이를 검증하기 위해 정량조사를 진행한다. 이후 다듬어진 가설로 정성조사에 들어간다.

필자는 CRV가 - 소비자를 알고 싶어하는 우리에겐 - 강바닥 곳곳에 깔린 '사금(gold dust)' 같다고 생각한다. 우리가 택할 태도는 둘 중 하나다. '그런 자잘한 걸 아무리 모은다고 뭐가 되겠어? 시간 낭비지. 에이 됐어. 관둬.' vs. '모으고 또 모아서 정리 · 분석해 보면 반드시 무언가 나올 거야! 돈 드는 것도 아닌데 해 보지 뭐!' 황금 광산이 어디에 있는지는 아무도 모르지만, 사금 채취는 누구나 당장 시작할 수 있다.

그런 자잘한 걸
아무리 모은다고
뭐가 되겠어? 시간 낭비지.
에이 됐어. 관둬.

#5.
전문가의 '감(感)'과 소비자의 '수(數)', 무엇으로 마케팅을 시작할 것인가?

내 마음이 너와 같다는 착각

어느 광고회사 사무실. 다섯 명의 팀원이 모여서 〈아이오닉 브랜드 컨설팅〉을 위한 킥오프(kick off) 미팅(하나의 프로젝트를 시작할 때 가장 처음 진행하는 회의)을 한다. 다섯 명 중 네 명이 아이오닉을 알고 있다고 말한다.

자, 그럼 대한민국 인구 5천만 명의 아이오닉에 대한 보조인지도는 어느 정도일까? 보조인지(brand recognition)는 소비자가 브랜드를 낮은 수준에서 인지하는 단계로, 브랜드 이름을 알려주고 들어본 적 있는지 조사해 측정한다. 구매 단계에서 특정 브랜드를 선택해야 하는 경우 보조인지가 중요하다. 우리 팀 다섯 명 중 네 명이 알고 있으니까 '80%'가 아이오닉을 안다고 할 수 있을까?

당연히 아니다. 회의실에 함께 있는 다섯 명은 직업이 같고, 같은 회사에 다닌다. 그러므로 상당히 비슷한 라이프 스타일을 갖고 있을 것이다. 그러니 그들의 답을 일반화해서는 안 된다.

조사 대상 선정이 편향되었기 때문이다. 그러면 고등학교 동창회에서 만난 직업이 모두 다른 동창 다섯 명에게 물어보는 건 어떨까? 역시 안 된다. 조사 대상의 수가 너무 적어서 전체 집단(대한민국 5천만 명)을 대표하는 것이 불가능하다.

감이 항상 달기만 할까?

1990년대부터 2000년 초반까지 우리나라 광고계에서 독보적인 위상을 갖고 있었던 독립광고대행사 'A에이전시' 사옥 마당에는 감나무 한 그루가 있었다. 그리고 A사에는 주니어들끼리 팀을 짜서 과제를 해결하고 임원진 앞에서 프레젠테이션하는 사내 교육프로그램이 있었다. 그 행사 이름이 '감(感)따기'였다. 당시 최고의 크리에이티브를 자랑했던 회사답게 광고에서 '감(sense)'의 중요성을 역설한 것이다.

광고 업계에서 '감을 잃었다'는 이야기는 최악의 평가다. 반대로 "○대리, 감이 참 좋아"와 같은 말은 최고의 칭찬이다. 그러나 마케팅 전반을 '전문가의 감'에 의지해 기획하고 설계하고 실행하는 게 과연 옳을까? 필자는 '옳지 않다'라고 생각한다.

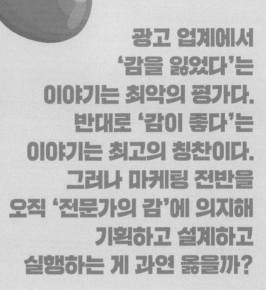

광고 업계에서
'감을 잃었다'는
이야기는 최악의 평가다.
반대로 '감이 좋다'는
이야기는 최고의 칭찬이다.
그러나 마케팅 전반을
오직 '전문가의 감'에 의지해
기획하고 설계하고
실행하는 게 과연 옳을까?

마케팅은 작게는 수억 원 크게는 수백 수천억 원이라는 자원을 투입하며, 투입한 자원보다 더 큰 성과를 얻는 것을 목표로 진행한다. 이런 마케팅을 별다른 근거 없이 - 경영진의 의지, 담당자의 생각, 혹은 전문가의 감에 따라 - 결정하고 진행하는 건, 너무 어리석고 무모하다. 이 문제를 해결할 방법이 바로 '정량조사(quantitative research)'다. 정량조사는 다수의 응답자를 대상으로 구조화된 설문조사를 진행하고 그 결과를 분석하는 방법이다.

'Democratic Research'의 시대

'우리도 정량조사 많이 해 보고 싶지, 그런데 비싸고 시간이 오래 걸리지 않나?'라고 생각하는 사람이 분명히 있을 것이다. 맞다. 20년 전에는 그랬다. 그런데 지금은 그렇지 않다!

이케아의 디자인 철학인 'Democratic Design'은 간단히 설명하면 '좋은 재료로 만든 좋은 제품을 누구나 쓸 수 있어야 한다. 우리는 그래서 다양한 방법을 강구해 가격을 낮춰 누구나 살 수 있게 한다'라고 할 수 있다. (거창하게 말하자면) 지금 시대의 정량조사는 'Democratic Research'라고 할 수 있다. 필자가 이렇게 이야기하는 이유는 무엇일까?

'Democratic Research'의 시대, 개인이나 회사 누구든
궁금한 소비자의 생각을 당장 알아볼 수 있다.

#접근성

#누구나 #언제나

#Democratic Research

#정량조사 #누구나

#정량조사 #접근성

#Democratic Research

바로 온라인 조사플랫폼이 많이 생겨났기 때문이다. 틸리언프로, 오픈서베이, 엠브레인 등 다양한 조사플랫폼들은 수십만의 조사참여자를 확보하고 있다. 이런 조사플랫폼에서 '셀프 서베이(self survey)'라는 방법을 선택하면, 매우 저렴한 비용으로(500명을 대상으로 1문항을 조사할 때 6만 원 가량), 원할 때 언제든 바로 정량조사를 할 수 있다. 피조사자의 성별, 연령, 거주 지역 등도 선택할 수 있으며 조사 목적에 부합하는 대상을 선택해 질문할 수도 있다.

'아이오닉'을 아는 사람과
모르는 사람이 얼마나 되는지,
'에어컨' 하면 '캐리어'를 떠올리는 사람이
얼마나 되는지,
'풀무원' 하면 사람들이 '바른먹거리'와
'두부' 중 무엇을 먼저 떠올리는지…….

우리가 알고 싶고 궁금한 것들을 막연한 감이나 우리끼리 생각한 것만으로 결론 내지 말자. 전국에 있는 500명에게 물어보면 '팩트'를 확인할 수 있다. 팩트가 뒷받침될 때 비로소 가설에 대한 확신(혹은 가설을 뒤집을 근거)을 가질 수 있다. 이렇게 도출한 '제안'만이 대표님을, 광고주를, 투자자를 설득할 수 있는 강력한 무기가 된다.

#6.
좁고, 깊게 파고들어
마침내 찾았다!

소비자 마음에 가장 깊숙이 들어가는 정성조사

외계인 열 명이 지구를 조사하러 왔다고 상상해 보자. 사하라 사막에 착륙한 외계인은 '지구는 모래'라고 생각할 것이다. 태평양에 착륙한 외계인은 '지구는 물'이라고, 아마존에 도착한 외계인은 '지구는 밀림'이라고 생각할 것이다. 모래, 물, 밀림이 모두 지구의 일부인 건 맞다.

하지만 그중 하나만을 지구라고 말하기에는 뭔가 부족하다. 최대한 많은 데이터를 모아야 하기에, 지구를 제대로 파악하려면 최대한 많은 지점을 가 보는 게 도움이 될 것이다. 이렇게 지표면을 넓게 훑는 것, 그것이 바로 앞서 소개한 정량조사다. 이렇게 보자면 정량조사로 알 수 있는 것은 외부에 드러나 있는 것이라고 할 수 있다. 소비자의 행동과 의식의 영역에 있는 인식 같은 것이다.

그런데 지구를 구성하는 요소 중 진짜 핵심이라고 할 수 있는 것은 무엇일까? 아마도 지하 깊숙이 맨틀보다 더 아래 있다는 '핵' 아닐까? 핵은 빅뱅으로 지구가 생겨났을 때 태초의 성분을 그래도 가지고 있을 테니까. 소비자에 대입하자면 본인도 미처 모르고 있는 '심층 심리'라고 할 수 있다.

정량조사만으로는 심층 심리를 파악하기 어렵다. 심층 심리를 알아내는 데 필요한 것이 바로 **'정성조사**(qualitative research)**'**다.
정량조사가 '넓게' 알아보는 것이라면
정성조사는 '깊게' 파고들어 가는 것이라고 할 수 있다.

지구의 실체를 알아내는 일에 비유하자면, 먼저 정량조사를 통해 지구의 다양한 곳곳에 대해 넓게 파악한다. 이후 지하로 내려갈 수 있는 가장 좋은 곳을 찾아서 깊게 파고 들어가서 중심에 있는 핵을 만나는 것이라 할 수 있다.

가장 날카로운 곡괭이, 1:1 심층 면접

사람의 마음속을 깊게 파고들어 가는 정성조사 기법에는 어떤 것이 있을까? '질적 조사'라고도 부르는 정성조사에는 FGI(Focus Group Interview: 집단 면접), FGD(Focus Group Discussion: 집단 토의), Delphi Method(전문가를 대상으로 의견을 수렴하는 조사), 현장조사, 관찰조사, 셀프 다이어리, IDI(In-Depth Interview: 심층 면접), 인류학적 조사 등 다양한 방법이 있으며, 저마다 장단점이 있다. 그러므로 쓰임새도 모두 다르다. 이 가운데 필자가 추천하는 방법은 단연 1:1 심층 면접(IDI)이다.

1:1 심층 면접은 일반적으로 기업에서 가장 많이 사용하는 FGI보다 훨씬 깊이 있는 인사이트를 얻을 수 있다. 게다가 비용은 훨씬 적게 들고, 소요 기간도 매우 짧다.

여럿이 모여있는 상황에서 생길 수 있는 편향(과장된 표현 혹은 위축된 표현 등)을 피할 수도 있다. 또한 1:1 심층 면접은 브랜드와 소비자에 대해 가장 잘 알고 있고 많은 가설을 가진 사람(마케터, AE, 브랜드매니저 등)이 직접 진행하기 때문에 인터뷰 반응에 따라서 추가 질문을 통해 소비자의 마음을 제대로 파고들 수 있다.

소비자를 프로파일링하는 질문

정성조사 질문지를 만들 때 필요한 – 앞서 소개한 '좋은 질문을 만드는 5가지 원칙'을 근간으로 하되 추가할 – 세 가지 IDI 가이드를 소개한다.

IDI 가이드 1
밑바닥의 진흙 젓기

갑자기 본론으로 들어가면 아무것도 건질 수 없다. 인터뷰가 궁금한 핵심 주제로 들어가기 전에 그와 관련한 '인식의 활성화'를 먼저 시킬 필요가 있다. 넓고 큰 이야기에서 구체적이고 세부적인 이야기로 순서를 구성하여 진행한다.

예를 들어 스타벅스에 대한 소비자 인식을 조사한다면, "오늘 커피는 언제 드셨나요?" "어디서 드셨나요?"와 같은 질문으로 시작한다. 그 다

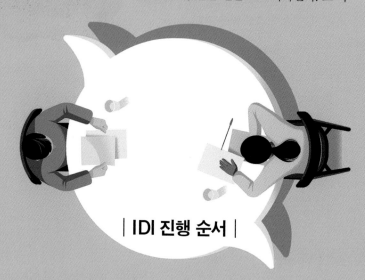

| IDI 진행 순서 |

1
누구에게 무엇을 알아 보고 싶은지를 모두 찾아내서 정리한다.

2
조사 대상자를 찾아서 인터뷰를 세팅한다.

3
구조화된 질문지를 만 든다(두 개 이상의 그룹일 경우 그룹별 질문지 필요).

4
약속된 시간과 장소에 서 인터뷰를 진행한다 (인터뷰이가 가장 편안한 장소와 시간을 선택)

5
문항별 인터뷰 결과를 모으고, 유의미한 응답 을 체크하고 전체적으 로 분석하여 최종 보고 자료를 만든다.

6
조사 전에 설정한 가설을 검증할 수 있을지, 기각 해야 할지를 결정한다.

음 알고 있는 모든 카페 브랜드, 스타벅스에 대한 가장 최근 경험, 스타벅스를 맨 처음 접했을 때의 경험, '스타벅스' 하면 떠오르는 가장 인상적인 경험 순으로 질문한다.

—— IDI 가이드 2 ——
행동과 이유를 묻는다

소비자에게 '생각과 의견'을 물어보면, 가장 사랑하는 대상인 '자신'을 지키거나 자신을 더 나은 사람으로 포장하기 위해 그럴싸한 답(정답)을 말할 가능성이 높다. 진실을 알고 싶다면 생각과 의견이 아니라 '행동과 이유'를 물어야 한다. "스타벅스에 대해 어떻게 생각하나요?"처럼 소비자의 생각과 의견을 묻는 것은 바람직하지 않다. 대신 "지난 한 달간 스타벅스를 총 몇 번 방문하셨나요? ○회 방문한 이유는 무엇인가요?"처럼 행동과 그 이유를 묻자.

—— IDI 가이드 3 ——
행간을 읽는다

인터뷰하는 사람이 가장 궁금한 것을 대놓고 바로 물어보면 안 된다. 조사자는 인터뷰이의 행동과 말 사이에 있는 숨어있는 '행간'을 읽어내야 한다. 예를 들어 "20대가 스타벅스를 가장 좋아하는 이유는 무엇일까요?"라고 직접적으로 묻기보다는, "스타벅스 하면 가장 먼저 떠오르는 단어 세 개는 무엇인가요?"라고 묻는 것이 더 낫다.

Attitude 1.
게으르게 믿지 말고 부지런히 의심하라.

Attitude 2.
섣불리 안다고 하지 말고 솔직히
모른다고 인정하라.

Knowhow 1.
제대로 질문하라.

Knowhow 2.
순도 높은 소비자의 진짜 목소리에
귀 기울여라.

Knowhow 3.
소비자에게 직접 물어보라.

Knowhow 4.
소비자 마음, 저 밑바닥까지 파고들어라.

지금까지 소비자를 대할 때
필요한 태도와 조사 노하우를
이야기했다. 다음 장부터는
이것들을 나침반 삼아 소비자
마음속으로 용감하게 탐험에
나선 탐험가들의 이야기가 펼쳐
질 것이다. 각각의 탐험일지
끝에는 길을 안내하면서
한 걸음 뒤에서 그들과 함께
등반하는 셰르파(sherpa)였던
필자의 생각과 소감을
간단히 정리했다.

Buen Camino.

왜 우리는 더 이상 껌을 씹지 않을까?

"최근 언제 껌을 씹어보았는가?" 일주일, 한 달, 1년……. 시간을 꽤 거슬러 올라가도 여러분의 기억에 껌을 씹은 날이 없을지 모른다. 여러분만 그런 게 아니다. 실제로 요즘 껌이 잘 팔리지 않는다고 한다. 껌 시장 규모는 2015년 3210억 원으로 정점을 찍고 계속 하락하고 있다. 껌을 밀어내고 그 자리를 차지한 건 '젤리'다. 젤리 매출은 매년 전년 대비 40~60%씩 증가하고 있다. 언제부터, 어떤 이유로 '국민 간식 껌'이 '한물간 껌'이 되었을까? 이번 탐사 주제는 '왜 우리는 더 이상 껌을 씹지 않는 걸까?'이다.

#1.
우리가
그 시절
사랑했던 껌

"옛날에 껌 좀 씹었는데……."

철없는 사람은 무슨 일이 일어나면 꼭 엄마를 찾는다.

'왜 우리는 더 이상 껌을 씹지 않을까?' 종이가 뚫어져라 눈싸움하고

수십 번 곱씹어 읽었다. 그러나 어디서부터 어떻게 풀어나가야 할지,

좀처럼 실마리를 찾기 어려웠다. 머리카락을 꼬았다가 풀기를 반복하며

애먼 머리털을 괴롭히던 필자의 눈에 61년생 박숙희 여사가 보였다.

"엄마! 껌 하면 뭐가 떠올라?" 엄마는 가장 먼저 중학생 딸의

체육복 바지에 붙은 껌이 잘 떨어지지 않아서 고생했다는,

제법 창피한 필자의 흑역사를 이야기했다.

엄마는 그 기억으로 인해 껌이 너무 싫어졌고,

이제는 누가 껌 씹는 모습을

보는 것조차 싫다며 그날의 짜증을 되새김질하셨다.

"그런 기억 말고, 더 옛날에는 어땠는데?"

더 이상 부끄러운 과거 이야기를 듣고 싶지 않았던 필자가
질문을 환기하자, 엄마는 오래전 이야기를 꺼내놓으셨다.
동료와 나눠 먹으려고 슈퍼에 가면 꼭 껌을 여러 통 샀던 일,
"딱딱" 소리가 나게 껌을 씹는 게 유행이라
여럿이 껌을 씹으며 소리내기 연습을 했던 일…….
분명 껌 좀 씹었던 엄마의 과거 이야기에서는 껌이
긍정적으로 느껴졌다. 그런데 왜 어느 순간 엄마에게
껌은 짜증을 불러일으키고 더 이상 찾지 않는 식품이 되었을까?
정말 어린 내가 저지른 실수 하나 때문에 껌에 대한
엄마의 애정이 급격히 식은 걸까?
한때는 껌 좀 씹었지만 더 이상 껌을 씹지 않는 사람이,
우리 엄마 한 사람뿐일까?

채시라의 껌 vs. 김고은의 껌

껌에 관한 여러 가지 일화를 말하던 엄마는 대뜸,
내가 처음 들어보는 노래를 부르셨다.

"멕시코 치클처럼 부드럽게 말해요   롯데 껌처럼 향기롭게 웃어요.
쥬시후레쉬, 후레쉬민트, 스피아민트.   오~ 롯데 껌.
좋은 사람 만나면 나눠주고 싶어요.   껌이라면 역시 롯데 껌."

찾아보니 1980년대에 선풍적인 인기를 끌었던 롯데 껌 CF에 삽입된 노래였다. CM송과 함께 펼쳐지는 광고 내용은 단순했다. 당시 최고의 하이틴 스타인 채시라, 원미경 등이 데이트를 하다가 껌을 나눠 먹거나, 우연히 만난 운명적인 상대에게 껌을 건넨다.

현재에 대입하자면, '뉴진스'의 민지가 호감이 가는 이성에게 껌을 주는 상황이다. 사실 2000년대생인 필자는 영상도 노랫말도 전혀 공감되지 않았다. '좋은 사람을 만났는데, 왜 껌을 나눠주고 싶은 거지?'

이와 관련한 간단한 밸런스게임을 해보자.

1

연인과 분위기 좋은 성수동 파스타 맛집에서 식사하고 나온 후

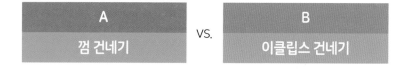

2

대학교에서 처음 만난 친구들과 팀 프로젝트를 하게 된 날

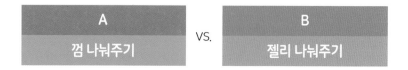

두 가지 문항이 전부 당연히 후자를 선택하게 되는
'밸런스 붕괴'의 상황이다.

연인에게는 계속 씹어야 하고 어느 시점에는 뱉고
버릴 곳을 찾아야 하는 껌보다는,
가만히 있어도 입 안을 상쾌하게 해주는
'이클립스'를 권하는 게 조금 더 섬세한 사람으로 느껴질 것이다.

처음 만난 친구들에게도 역시
씹을지 안 씹을지 모르는 껌보다는
호불호가 크게 갈리지 않는 젤리를 주는 것이
더 무난해 보인다.

이렇듯 지금은 껌을 주는 행동이
'이걸 왜?'라며
고개를 갸웃하게 할 만한 일이지만,
과거에는 그렇지 않았다는 거다!

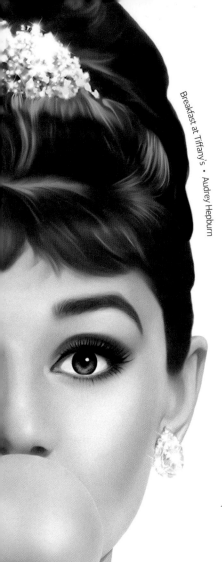

껌을 표현하는 방법도
지금과는 확연히 달랐다.
1980년대 롯데 껌 광고 속 채시라는
분홍색 블라우스 차림으로
단정하게 머리핀을 꽂고
청순하게 웃으며 껌을 씹었다.
2022년 'KB차차차' 광고에도
껌을 씹는 김고은이 등장한다.
하지만 채시라가 풍기던 분위기와는

정반대다.

김고은은 올블랙 상하의에
긴 가죽부츠를 신고 자동차 지붕 위에 서 있다.
그녀는 차로 꽉 막힌 도로를
마치 모델이 워킹하듯이 천천히 걸어 나와서는,
팔짱을 끼고 껌을 크게 불었다가 터트린다.
그녀에게서 당당하고 거침없는
'쎈 언니' 분위기가 물씬 풍긴다.

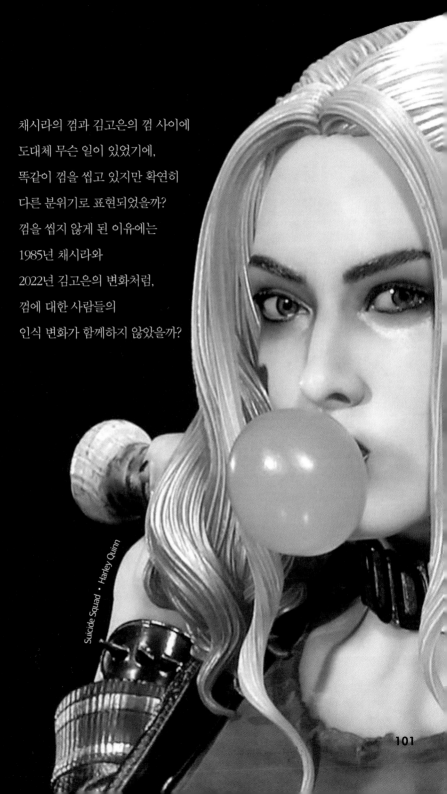

채시라의 껌과 김고은의 껌 사이에
도대체 무슨 일이 있었기에,
똑같이 껌을 씹고 있지만 확연히
다른 분위기로 표현되었을까?
껌을 씹지 않게 된 이유에는
1985년 채시라와
2022년 김고은의 변화처럼,
껌에 대한 사람들의
인식 변화가 함께하지 않았을까?

Suicide Squad • Harley Quinn

#2.
하마터면
타이어가 될 뻔했던 껌에서
재벌을 만든 껌까지

세계 최초, 국내 최초의 '껌'

우리는 언제부터 껌을 씹었고, 또 언제부터 씹지 않게 되었을까?

그리고 껌은 어떻게 변화해 왔을까?

껌의 기원을 찾기 위해선 1700여 년 전 남아메리카로 거슬러

가야 한다. 마야족은 사포딜라(sapodilla)라는 나무의 수액을 끓여

질겅질겅 씹었다. 이게 바로 롯데 껌 CM송에 나오는

"멕시코 치클처럼 부드럽게 말해요"의 그 '치클(chicle)'이다.

치클은 씹을수록 부드러워지는 성질이 있지만

특별한 맛이나 향은 없다.

맛과 향이 나는 껌을 처음 만든 사람은 미국인
토마스 아담스Thomas Adams, 1818~1905다. 그는 1870년 치클에 감초를 넣어
'껌'이라는 이름을 붙여 대박을 터트렸다. 본래 아담스가 치클로
만들려던 건 타이어였다. 하지만 치클로 합성수지를 만들려던
실험이 번번이 실패하자 목표를 바꾼 것이다.

껌은 두 차례 세계대전을 통해
전 세계로 퍼져나갔다.
껌에 들어 있는 당분이
열량을 공급할 뿐만 아니라
군인들의 스트레스를
완화하는 데
일조했기 때문이다.

WRIGLEY'S

3 REASONS WHY!

First → **WRIGLEY'S** has the long-lasting flavor. It is always enjoyable, refreshing and most delicious.

THE FLAVOR LASTS

WRIGLEY'S SPEARMINT
THE PERFECT GUM
MINT LEAF FLAVOR

Second → **WRIGLEY'S** is wax-wrapped with utmost care. **Made clean – kept clean and fresh** until you get it.

SEALED TIGHT KEPT RIGHT

WRIGLEY'S JUICY FRUIT
CHEWING GUM
THE FLAVOR LASTS

Third → **WRIGLEY'S** is good for teeth, appetite and digestion. It will quench thirst and keep you cool.

CHEW IT AFTER EVERY MEAL.

WRIGLEY'S DOUBLEMINT
CHEWING GUM
PEPPERMINT

A130   **3 FLAVORS**

WRAPPED IN UNITED PROFIT SHARING COUPONS

WRIGLEY'S

리글리(Wrigley) 사의 1920년 광고 포스터. 리글리는 윌리엄 리글리 주니어가 설립한 회사로, 세계 최대 껌 제조 유통사다. 얇고 길쭉한 모양의 껌 특유 디자인과 계산대 바로 옆에 껌을 진열하는 마케팅 전략 등이 윌리엄 리글리 주니어의 아이디어에서 나왔다.

우리나라에서 생산된 최초의 껌은 1956년에 나온 '해태 풍선껌'이다. 개화기 이후 서양 제품이 수입되며 국내에도 껌을 씹어 본 사람들이 생겨났다. 해방 이후엔 미군을 통해 껌이 보급되었다. 당시 껌은 미군 뒤를 졸졸 따라다녀야 얻을 수 있는 귀한 간식이었다. 이 동경의 간식을 해태제과가 제조하며, 국내에도 껌 시장이 활짝 열렸다.

껌이 아니었으면 롯데타워도 없었어!

국내 최초로 껌을 만든 건 해태제과였지만, 지금 사람들의 머릿속에 '껌' 하면 떠오르는 기업은 '해태'가 아닌 '롯데'다. 롯데그룹은 '껌으로 만들어진 기업'이라는 이야기처럼, 껌을 말할 때 빼놓을 수 없는 기업이다. 롯데제과(현재 롯데웰푸드)는 해태제과가 최초로 국산 껌을 내놓은 지 10년여 지난 1967년 껌 시장에 뛰어들었다. 롯데제과는 6가지 종류(쿨민트껌 · 바브민트껌 · 쥬시민트껌 · 페파민트껌 · 슈퍼맨풍선껌 · 오렌지볼껌)의 껌을 출시했고, 그해 3억 8000만 원의 매출을 올렸다.

당시 껌 한 통 가격이 2~5원에 불과했다는 점을 생각해 보면, 엄청난 성공이었다. 롯데제과는 1972년 쥬시후레쉬·후레쉬민트·스피아민트 삼총사를 출시하며 해태제과를 제치고 껌 시장 1등이 되었다.

기존 껌은 인공합성수지를 이용해 만들었지만, 롯데 껌 삼총사는 멕시코산 천연 치클로 만들어 오래 씹어도 부드러움에 큰 변화가 없었다. 게다가 기존 껌보다 두툼한 데다가, 빗살무늬를 추가하고 방수 포장을 도입한 최초의 제품이었다. 롯데제과는 당대 최고의 스타들을 광고 모델로 기용하고, "좋은 사람 만나면 나눠주고 싶어요. 껌이라면 역시 롯데 껌"이라는 CM송을 만들어 사람들 뇌리에 롯데 껌을 깊이 각인시켰다.

1980년대엔 국민 1인당 하루에 껌을 3~4개씩 씹었으며 바닥에 붙은 껌이 사회적 문제로 떠오를 만큼, 껌은 그야말로 국민 간식이었다.

자료 조사 중 지자체가 나서서 껌을 탄압했던 흥미로운 기사를 발견했다. 1992년 11월 10일자 〈조선일보〉 기사에는 서울시가 음식점을 대상으로 '껌 안 주기', 시민들을 대상으로는 '껌 안 씹기' 운동을 벌인다는 내용이 나온다.

과거에는 음식점에서 식후 손님에게 껌을 무료로 나눠주었다. 껌이 도시 미관을 해치자, 서울시가 특단의 조치를 한 것이다. 그러나 지자체의 탄압에도 껌 사랑은 수그러들지 않았다. 2000년 5월, 충치 예방 및 억제 기능이 있는 '자일리톨 껌' 출시는 껌의 전성기 맞이에 박차를 가했다.

롯데는 자일리톨 성분이 설탕을 대체하는 감미료로
충치 예방에 효과가 있다는 점을 전면에 내세우며
"치과의사들이 권유하는 껌"
으로 마케팅했다.

광고에도 유명 연예인 대신 핀란드 산타 마을에 사는 할아버지와 일본인 치과의사, 핀란드인 박사가 출연해 자일리톨의 효능에 신뢰를 더했다. 또 "휘바 휘바"라는 중독성 강한 카피로 대중의 시선을 끌었다('hyvä'는 '좋다'는 뜻의 핀란드어다).

자일리톨 껌은 시장에 등장한 지 2년도 되지 않아 껌 시장 점유율 70%를 차지하며, 치열했던 껌 시장에서 압도적인 1위가 된다. 2002년 롯데제과는 자일리톨 껌 단일 제품 매출로만 1800억 원을 기록했다.

1995년 껌 시장 규모가 1500억 원이었는데, 2002년 자일리톨 껌 한 제품이 이를 넘어선 것이다. 자일리톨 껌 신드롬에 힘입어 2003년 롯데제과 매출은 2조 원을 돌파했고, 전체 껌 시장 규모도 5000억 원에 달했다. 2019년을 기준으로, 자일리톨 껌 누적 매출은 2조 원을 돌파했다. 양으로 환산하면 지구를 6.7바퀴 돌 수 있는 수준이다.

껌은 당분 때문에 줄곧 치아 건강에 악영향을 미친다는 비난을 받아 왔다. 그러나 2000년 롯데는 설탕을 대체하는 감미료인 자일리톨이 충치 예방에 효과가 있다는 점을 전면에 내세워, 껌 시장에 지각변동을 일으켰다.
사진은 '국민 할배'로 불리는 이순재 씨가 출연한 롯데 자일리톨 광고(사진 : 롯데웰푸드).

애정전선에 이상 징후 포착

지자체가 나서서 막으려 해도 막을 수 없던 껌에 대한 국민적 사랑에 2010년대부터 심상치 않은 변화가 나타났다. 한국농수산식품유통공사의 식품산업통계정보(FIS)에 따르면 2015년 3210억 원이던 껌 시장 규모는 2020년 2540억 원으로 약 21% 대폭 감소했다. 게다가 2025년에는 2500억 원으로 더욱 줄어들 것으로 전망된다. 간식계의 터줏대감이던 껌이 왜 우리와 멀어지게 된 것일까?

껌이 아니어도 심심함을 달래줄 수 있는 것들이 많아져서, 습관처럼 자리 잡은 '식후 껌' 문화를 커피가 대체해서, 과거에는 껌이 저항과 반항을 표현하던 수단이었지만 시대가 변해서, 현금 사용이 줄어들며 '껌값'이라고 할만한 잔돈을 가지고 다니지 않아서……. 왜 우리가 더 이상 껌을 씹지 않게 되었는지를 설명할 가설은 많다. 이 가운데 '진짜' 이유는 무엇일까?

▶ **국내 껌 · 사탕류 시장 규모 추이** 단위 : 십억 원

●사탕 ●껌

* 자료 : 유로모니터, aT농수산식품유통공사
* 2020년 이후는 추정치

#3.
Fun,
Cool,
Social!

그 시절 우리가 껌을 씹었던 이유

코끼리를 가장 잘 아는 방법은 코끼리를 직접 보는 것이고,

사막에 대해 가장 잘 아는 방법은 사막에 가보는 것이다.

마찬가지로 껌을 잘 알기 위해서는 껌을 씹었던 과거로 가야 한다.

그래서 질문을 바꿔보았다. 지금은 껌을 잘 씹지 않는다면,

예전엔 왜 그리 껌을 씹었을까?

설문조사를 통해 102명에게 껌에 관해 질문했다.

그리고 1960년생부터 2010년생까지 다양한 연령대의 인물 아홉 명을

심층 인터뷰하며, 더 깊은 이야기를 들을 수 있었다.

여러 소비자의 다양한 이야기를 종합해 그 시절 우리가

껌을 씹었던 이유를 세 가지로 정리해 보았다.

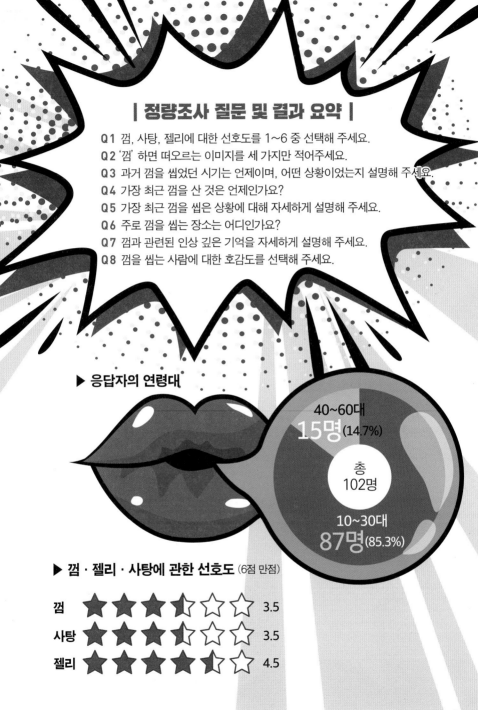

| 정량조사 질문 및 결과 요약 |

Q1 껌, 사탕, 젤리에 대한 선호도를 1~6 중 선택해 주세요.
Q2 '껌' 하면 떠오르는 이미지를 세 가지만 적어주세요.
Q3 과거 껌을 씹었던 시기는 언제이며, 어떤 상황이었는지 설명해 주세요.
Q4 가장 최근 껌을 산 것은 언제인가요?
Q5 가장 최근 껌을 씹은 상황에 대해 자세하게 설명해 주세요.
Q6 주로 껌을 씹는 장소는 어디인가요?
Q7 껌과 관련된 인상 깊은 기억을 자세하게 설명해 주세요.
Q8 껌을 씹는 사람에 대한 호감도를 선택해 주세요.

▶ 응답자의 연령대

40~60대
15명 (14.7%)

총
102명

10~30대
87명 (85.3%)

▶ 껌 · 젤리 · 사탕에 관한 선호도 (6점 만점)

껌   ★★★☆☆   3.5
사탕 ★★★☆☆   3.5
젤리 ★★★★☆   4.5

111

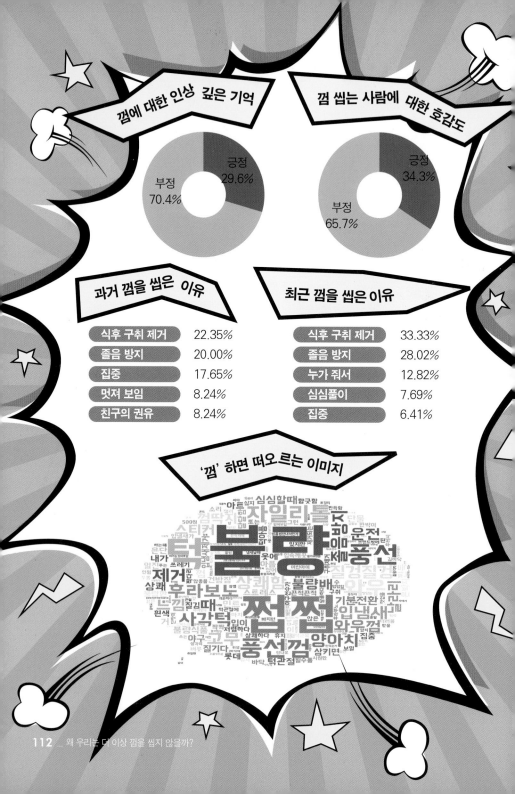

껌에 대한 인상 깊은 기억

- 부정 70.4%
- 긍정 29.6%

껌 씹는 사람에 대한 호감도

- 긍정 34.3%
- 부정 65.7%

과거 껌을 씹은 이유

식후 구취 제거	22.35%
졸음 방지	20.00%
집중	17.65%
멋져 보임	8.24%
친구의 권유	8.24%

최근 껌을 씹은 이유

식후 구취 제거	33.33%
졸음 방지	28.02%
누가 줘서	12.82%
심심풀이	7.69%
집중	6.41%

'껌' 하면 떠오르는 이미지

Fun, 뻔하지 않고 재밌다!

필자도 껌을 씹은 지 족히 3년은 지났다. 기억을 되살려, 과거 껌을 씹었던 때로 돌아가 보자. 필자는 껌 포장지에서 은박을 벗겨낸 뒤 포장지를 책상에 붙였던 기억이 난다.

> "
> *캐릭터 판박이를 많이 사서 모았어요.* 오**, 23세, 여성
>
> *어릴 때 풍선껌 크게 부는 게 놀이 중 하나였어요.* 이**, 53세, 여성
>
> *당시 유명한 만화가가 그린 만화가 껌에 들어 있었어요.* 김**, 50세, 여성
> "

비단 필자만이 아니라 많은 소비자에게 껌은 재미있는 놀잇감으로 기억되고 있다. 심심할 때면 "딱딱" 큰 소리를 내며 껌을 씹거나, 안에 들어 있는 만화를 보고, 풍선을 크게 불면서 껌 안에 들어있는 판박이를 모으는 게 - '포켓몬빵' 속 띠부띠부씰을 수집하듯 - 유행이던 때도 있었다.

Cool, 멋지다! 껌 씹는 연진아!

껌을 자주 씹던 시절에 껌 씹는 모습을 상상해 보자. 무엇이 떠오르는가? 영화 〈써니〉에서 잘 나가는 예쁜 언니들이 껌을 씹는 모습, 어릴 때 많이 했던 게임 '메이플스토리' 속 캐릭터가 풍선껌을 불고 있는 아이템이 인기를 끌었던 일……

껌 씹는 캐릭터가 많았고,
광고에서 멋있게 등장해서 풍선을 부는
모습이 분위기 있어 보였어요. 정**, 22세, 남성

만화에서 껌을 멋있게 씹거나 묘기를 부리는 게
왠지 멋져 보였어요. 웹툰에서 '정의의 사도'가 껌을 씹으며
악당을 물리치는 장면도 인상적이었고요. 이**, 26세, 남성

껌 광고에 채시라 같은 워너비 스타가 등장해서,
껌은 젊은 사람들이 씹는 이미지였어요. 박**, 63세, 여성

당시 소비자들에게 껌을 씹는 건 멋져 보이는 행위
였고 껌을 씹는 사람은 무언가 반항적이고 트렌디
한 사람으로 비추어졌다. 워너비 스타, 광고 모델,
만화 캐릭터들이 너 나 할 것 없이 껌을 씹었다. 이제는 듣기 싫은 소리가
되어버린 껌 씹는 소리도 당시엔 일종의 멋이었다.

Social, 좋은 사람 만나면 나눠주고 싶어요~

재미있고, 심지어 멋져 보이기까지 했던 껌.

하지만 껌 하나로 누릴 수 있는 이익은 단지 여기서 끝이 아니었다.

혼자보다는 학교에 있을 때 친구들과 다 같이 껌을 씹었어요. 정**, 22세, 남성

옛날엔 껌을 많이 사서 주변 사람들에게 하나씩 나눠 줬어요. 박**, 63, 여성

*중학생 때 판박이를 친구에게 자랑하고,
친구들끼리 서로 팔에 붙여주던 기억이 나요.* 조**, 26세, 남성

"좋은 사람 만나면 나눠 주고 싶어요"라는 CM송 가사는 괜히 나온 게 아니었다. 과거 소비자들은 껌을 주변 사람과 나누어 먹었다. 마치 우리가 자연스럽게 학교에서 친구와, 직장에서 옆자리 동료와 젤리를 나눠 먹는 것처럼 말이다. 함께 모여 껌을 씹으며 유대감을 형성했고, 껌 포장지에 있는 판박이를 서로에게 붙여주기도 하며 껌의 여러 재미 요소를 함께 즐겼다.

요약하자면 껌은 동전 몇 개면 살 수 있을 만큼 가격이 저렴하지만, 재미도 있고 나를 멋져 보이게 만들어주는 데다가 친구와의 관계도 돈독하게 해주는 전천후 간식이었다.

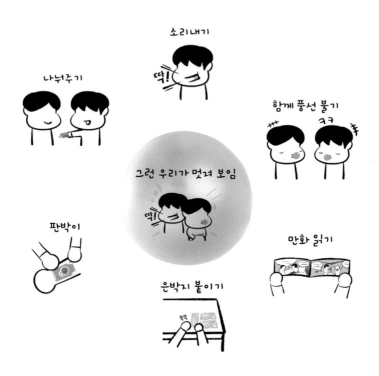

요약하자면
껌은 동전 몇 개면 살 수 있을 만큼
가격이 저렴하지만, 재미도 있고
나를 멋져 보이게 만들어주는 데다가
친구와의 관계도 돈독하게 해주는
 이었다.

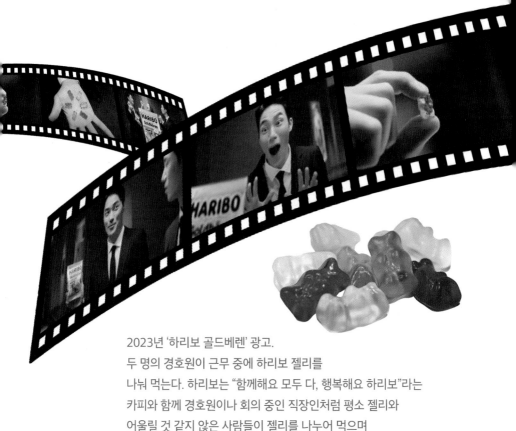

2023년 '하리보 골드베렌' 광고.
두 명의 경호원이 근무 중에 하리보 젤리를
나눠 먹는다. 하리보는 "함께해요 모두 다, 행복해요 하리보"라는
카피와 함께 경호원이나 회의 중인 직장인처럼 평소 젤리와
어울릴 것 같지 않은 사람들이 젤리를 나누어 먹으며
삭막한 분위기를 유쾌하게 전환하는 모습의 광고를 내보내고 있다.

┤ 개별 심층 인터뷰 질문 ├

│ 껌과 대체제의 소비 현황 및 인식 1 │

Q1 식사 후 또는 구취나 입 안의 텁텁함을 없애기 위해 하는 행위가 있다면
설명해 주세요.

Q2 공부, 운전 등 졸음을 참고 집중하기 위해 하는 행위가 있다면 설명해 주세요.

Q3 (1에서 껌을 언급했다면) 껌을 소비하는 이유는 무엇인가요?

Q3-1 (1에서 대체제를 언급했다면) 해당 대체제를 소비하는 이유는 무엇인가요?

Q4 (2에서 껌을 언급했다면) 껌을 소비하는 이유는 무엇인가요?

Q5 (2에서 대체제를 언급했다면) 해당 대체제를 소비하는 이유는 무엇인가요?

│ 껌 소비 현황 및 인식 2 │

Q5 최근 6개월간, 껌을 소비한 적이 있나요?

Q5-1 있다면 언제 소비했고, 그 이유는 무엇인가요?

Q6 껌과 관련해 인상 깊었던 본인 혹은 친구의 일화가 있으면 말씀해 주세요.

Q7 혹시 껌을 소비하면 안 된다고 생각하는 상황이 있나요?

Q7-1 껌을 씹고 있는 사람과 대화할 때 어떤 생각이 드나요?

| 과거 껌 소비 경험 및 인식 |

Q8 껌을 가장 많이 소비하던 시절은 언제였나요? (나이나 연도 등 자유롭게 설명)

Q8-1 그 이유는 무엇인가요? 이와 관련해 자세히 설명해 주세요.

Q9 당시 느꼈던 껌의 이미지는 어떠했나요?

Q10 과거 껌을 소비하는 사람과 현재 껌을 소비하는 사람에 대한 이미지가

달라졌다고 생각하나요?

Q10-1 그 이유는 무엇인가요?

Q11 10년 전 껌은 나에게 _____이었다.

Q12 현재 껌은 나에게 _____이다.

| 40 · 50대 대상 : 자녀 양육 시 껌과 관련한 경험 |

Q13 자녀를 양육하던 시절, 자녀에게 껌을 권하거나 구매를 해준 경험이 있나요?

Q13-1 그 이유는 무엇인가요?

Q14 자녀를 양육하던 시절 껌과 관련된 인상 깊은 기억이 있나요?

Q15 자녀를 교육할 때 껌과 관련된 이야기를 하신 적 있나요?

있다면 자세히 설명해 주세요.

Q15-1 그 이유는 무엇인가요?

| '껌을 씹는다'는 표현과 관련한 인식 |

Q16 라면은 '먹는다', 커피는 '마신다'고 표현합니다. '껌을 씹는다'는

표현에 대해 어떻게 생각하나요?

#4.
"어떻게
사랑이 변하니?"

왜 우리는 더 이상 껌을 씹지 않을까?

"어떤 생각을 멈추자고 생각하는 것부터가, 이미 한 번 더 생각한 것"이란
말이 있다. "분홍 코끼리를 생각하지 마세요." 이 말을 들었을 때,
우리는 자연스럽게 분홍 코끼리를 떠올리게 된다.

"앞에 보이는 장애물을 피하세요"라는 말을 들으면, 그 순간부터는
그 장애물만 보인다. 인간의 뇌는 부정의 개념을 이해할 수 없으며,
어떠한 대상에 대한 부정은 오히려 그 대상을 강조하는 효과가 있다.

하지만 껌은 강조의 과정을 겪을 새도 없이, 왜 사라졌는지 명확한
이유도 남기지 못한 채, 머릿속을 누군가가 지우개로 지워버린 것처럼
사라졌다. 앞서 이야기한 우리가 껌을 씹었던 이유와 대비해
이제는 왜 껌을 씹지 않게 되었는지를 알아보자.

재미있었는데,
이제는 재미없어졌습니다!

껌이 지워진 첫 번째 이유는, 껌이
더 이상 재미있는 간식이 아니기 때문
이다. 과거 껌은 저작 활동 외에 판박이
스티커 수집과 붙이기, 풍선껌 불기, 껌 속
만화책 보기 등 부가적인 재미를 선사했다. 하
지만 지금은 굳이 껌이 아니더라도 재미를 주
된 목적으로 하는 것이 무수히 많이 생겨났
다. 껌이 생각날 새도 없게 더 신기하고 재
미있는 것들이 들이치고 있다.

가장 대표적인 재밋거리가 스마트폰
이다. 언제 어디서든 목소리를 들으며
소통할 수 있는 신기한 기계로 여겨졌던
휴대전화는 발전을 거듭하며, 이제는 '스마트폰'이라는 우리와
떨어질 수 없는 짝꿍이 되었다. 스마트폰만 있으면 멀리 떨어진 사
람의 목소리를 듣거나 얼굴을 보면서 소통하는 것은 물론이거니와 다
양한 게임도 할 수 있고, 지구 반대편에서 일어나는 일을 생생하게 보여
주는 영상까지 손쉽게 접할 수 있다. 이 똑똑한 기계만 있으면 시간이 쏜
살같이 지나가는데, 껌이 생각날 겨를이 있을까?

마시멜로맛

레몬맛

썩은달걀맛

껌의 '씹는 재미' 역시 다른 것들로 대체되었다.

소시지맛

간식 트렌드는 시장에 새로운 것이 등장하며 빠르게 뒤바뀌었다.

'추잉 푸드(chewing food : 씹을 수 있도록 만든 먹거리)' 시장 역시 마찬가지다.

귀지맛

슈퍼마켓이나 편의점 계산대 근처에 항상 자리 잡고 있던 껌은

소비자들에게 점점 외면받으며,

토맛

그 자리는 젤리나 사탕으로 대체되었다.

특히 젤리의 성장이 무섭다.

체리맛

바나나맛

풋사과맛

젤리는 다양한 모양과 맛으로 소비자의 마음을 사로잡았다.

하트 젤리, 마카롱 젤리, 삼겹살 젤리, 단무지 젤리, 닭발 젤리 등

보기만 해도 재밌는 모양의 젤리들이 끊임없이 등장했다.

코딱지맛

비누맛

그뿐만 아니라 방구맛, 지렁이맛, 흙맛 등

기상천외한 맛을 표방한 젤리들은

비누맛

한 번쯤 도전해 보고 싶은 욕구를 자극한다.

과일아이스크림맛

이처럼 껌과 차별화되는 다양한 이점을 무기로

풀맛

젤리는 빠른 속도로 껌의 자리를 대체하고 있다.

지렁이맛

블루베리맛

Harry Potter

흙맛

후추맛

계피맛

코딱지맛, 흙맛, 지렁이맛, 귀지맛, 썩은달걀맛, 비누맛, 토맛 등 기상천외한 맛의
'해리포터 젤리빈'. 해리포터 젤리빈은 소설과 영화의 팬뿐 아니라 일반 소비자의
도전 욕구를 자극하며 SNS를 중심으로 화제가 되었다.

▶ 편의점 껌 · 캔디 · 젤리 매출 구성비 변화 단위 : %

GS25 ●젤리 ●사탕 ●껌

	2018	2019	2020	2021	2022
사탕	41.6	42.9	47.2	49.5	47.6
젤리	34.7	36.7	37.1	37.4	41.3
껌	23.7	20.4	14.7	13.1	11.2

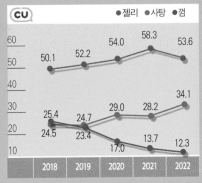

CU ●젤리 ●사탕 ●껌

	2018	2019	2020	2021	2022
사탕	50.1	52.2	54.0	58.3	53.6
젤리	25.4	24.7	29.0	28.2	34.1
	24.5	23.4	17.0	13.7	12.3

＊출처 : 각 사

편의점 업계에 따르면 최근 5년 동안 껌 · 사탕 · 젤리류 총매출에서 2018년 25% 가량을 차지했던 껌 비중이 2022년 10% 초반까지 하락했다. 반면 젤리 매출은 매년 전년 대비 40~60%씩 증가하고 있다.

정리하자면 껌은 재미 면에서 스마트폰부터 젤리까지

새로 등장한 재미있는 것들과의 경쟁에서 패한 것이다.

우리와 오랜 시간을 함께해 온 껌에게 미안하지만,

더 이상 껌은 재밌지 않다!
그렇게 껌은 재미를 잃고
그저 그런 간식이 되었다.

쿨한 게 미지근해지는 데 걸리는 시간, 단 10년!

껌을 씹지 않게 된 두 번째 이유는 과거에는 동경했던 껌 씹는 모습이 이제는 멋있게 느껴지지 않기 때문이다. 게다가 각종 미디어에 등장하는 껌 씹는 모습은 껌에 대한 부정적인 인식을 강화했다.

20대부터 50대까지 다양한 세대에게 물었다.

"껌을 왜 씹으셨나요?"

"

껌을 씹으면 '딱딱' 씹는 소리가 나거든요.
그 소리가 재밌게 느껴졌어요.
사실 그 소리 내려고 씹은 경험이 많았던 것 같아요. 박**, 63세, 여성

어릴 때 껌을 크게 불고 언니 오빠들이 손으로 풍선을
'팡' 치고 노는 게 재밌어 보였어요.
그런 것들이 당시 껌으로 할 수 있는 유행이었어요. 김**, 52세, 여성

"

돌아오는 대답은 "껌 씹는 모습, 꽤 멋져 보였어!"였다. 한창 껌을 씹기 바빴던 1970년대로 돌아가 보자. 그 시절 껌은 정말 귀한 간식이었다. 단물이 다 빠진 껌을 벽에 붙여놨다가 다음날 다시 씹던 시절이다.

당시 청춘의 눈에는 당당하고 자유로워 보이는, 소위 '잘나가는 언니·오빠, 형·누나'가 보였다. 그들의 입 속에는 항상 껌이 있었다. 껌을 "딱딱" 씹으며 다가와 당당하게 말을 걸고, 바닥에 툭 뱉는 행위까지……. 귀한 껌을 씹고 무심하게 뱉는 모습까지, 껌은 어딘가 멋있는 사람들의 전유물처럼 여겨졌다. 시간이 한참 지나 2009년에도 비슷한 양상을 보였다.

2009년에 히트를 친 껌 중에 'ID'가 있다. "케이스를 틱(Tik) 열고,

탁(Tak)하고 꺼내, 톡(Tok)하고 씹는 껌". ID 껌을 씹는 사람은 트렌디하게 느껴졌다.

과거에는 분명 멋있게 느껴지던 껌. 그러나 현재는 어떨까? 다시 현재로 돌아와서 껌을 씹는 사람에 대한 이미지를 물어보았다.

"현재 껌을 씹는 사람을 보면 어떤 생각이 드나요?"

"

누군가와 대화할 때 껌을 씹으면 건방져 보이는 것 같아요.
딱딱 소리가 계속 나고 입도 움직이니까
정신없고 버릇없어 보이기도 해요. 김**, 52세, 여성

예전에는 껌을 씹고 다니는 게 멋있어 보였는데,
요즘은 '껄렁하다', '불량 학생 같다'는 생각이 들어요. 이**, 26세, 남성

껌이 영화나 드라마 같은 미디어 속에서 좋지 않은
이미지로 표현되어서, 먹는 모습만 봐도 왠지
그 사람에 대한 부정적인 선입견이 생겨요. 김**, 49세, 여성

혼자 씹는 것은 상관없지만, 공적인 상황에서는
소리도 거슬리고 집중하지 않는 것처럼
느껴져서 싫더라고요. 이**, 21세, 남성

"

2009년 ID 껌 광고.
ID 껌은 출시한 지 한 달 만에 300만 갑이 팔리며
'포스트 자일리톨'로 불렸다.
롯데제과는 1000명의 소비자 설문을 토대로
단맛이 오래 가고 오래 씹어도 탱탱한 껌을 개발했다.
패키지도 차별화해 휴대가 간편하고
꺼내먹기 쉽게 디자인했다.

사진 : 롯데웰푸드 유튜브

Tik Tok Tak Tak Tik
Tik Tak Tik Tik Tik Tok

껌을 씹는 사람에 대한 이미지가 긍정적이었던 과거와는 달리, 껌을 씹는 사람에 대해 '껄렁껄렁해 보인다', '집중하지 않는 사람 같다', '건방져 보인다' 등의 부정적인 이미지가 많아졌다. 시대가 변하며 과거엔 동경했던 '잘나가는 언니 오빠들'의 말과 행동이 사회적 문제로 떠올랐다.

그리고 많은 미디어가 그들을 부정적으로 묘사하는 것을 자주 접하게 되었다. 그들이 늘 씹고 있던 껌 또한 불량하고 부적절한 이미지로 변했다. 연습까지 하던 "딱딱" 껌 씹는 소리가 거슬리게 되고, 멋져 보이던 껌 씹는 사람이 불량하고 예의 없는 사람으로 느껴지게 되었다.

또한 껌은 씹으면 사라지는 초콜릿, 사탕, 젤리와는 달리 계속 저작 행위를 반복해야 한다. 녹여 먹거나 씹다가 삼키는 것보다 몇 배나 불편하다. 그 말은 뱉기 전까지 입을 계속 움직여야 한다는 것이다. 껌을 씹다가 갑자기 행동을 멈춰야 하거나 대화해야 할 상황에 놓이면 십중팔구 입속의 껌이 신경 쓰인다. 예를 들어 껌을 씹던 중에 직장 상사와 대화하게 된다면, 껌 씹는 모양새가 부적절하게 느껴질지 우려되어 자연스레 불편해진다.

애초 껌은 씹고 버리는 것이었다.
과거에는 '멋진 이미지'에 가려져 보이지 않았던
껌의 단점들이 시간이 흐름에 따라
드러난 것이라고 할 수 있다.

연애 초기 씌워졌던 콩깍지가 벗겨지면
그간 보이지 않던 단점이 하나둘 느껴지듯이,
'멋'이 사라진 자리에는 오로지
'불편함'만 남게 된 것이다.

껌이 'Social'인 시대는 이젠 그저 소설

앞서 말했듯 껌은 더 이상 매력적이지 않다. 껌을 씹으며 느낄 수 있었던
소소한 재미는 새롭고 신기한 다른 흥밋거리에 밀려났다. 멋져 보여서
따라 하고 싶었던 껌 씹는 모습은 이제 부정적인 이미지로 변화했다.

우리는 이 두 가지 이유를 넘어 껌을 더 이상 씹지 않는
마지막 이유를 찾아냈다. 껌은 더 이상 'Fun' 하지도 'Cool' 하지도
않아졌기 때문에, 'Social'의 역할까지 잃게 되었다는 것이다.
껌이 재미를 잃자, 껌과 함께라서 즐겁던 모든 시간이 심드렁해졌다.
이제 그 시간은 스마트폰을 보고 재미있는 젤리를
나눠 먹는 것으로 대체되었다.

껌에 대한 동경과 매력이 사라지고 부정적인 인식이
가득해지며, 껌을 권하는 건 더 이상 센스 있는 행동이 아니게 되었다.
과거 껌은 다른 사람과 나누는 센스 있고 소소한 선물로 여겨졌지만,
이제 껌을 다른 사람에게 권하는 모습은 찾기 힘든 풍경이 되었다.

**'재미(Fun)'와 '멋(Cool)'이라는
두 가지 매력 요소가 사라지며
껌을 건네고 모여서 씹고
부가적인 재미 요소를 함께 즐기던,
사람과 사람 간 관계를 이어주던(Social)
껌의 역할 역시 자연히 없어졌다.**

또한 과거 껌을 귀한 간식으로 여겼던 세대부터
'청춘의 상징'이라고 느꼈던 세대까지, 껌의 전성기를 함께했던
사람들조차 살아가며 자연스레 껌이 마이너스 요소로 작용하는
상황을 겪으며 껌에 대한 인식이 부정적으로 바뀌었다.
그리고 이 세대는 아이들에게 껌 씹는 것을 예의 없고 불량한 것으로,
껌을 처리하기 귀찮고 힘든 간식으로 교육하게 되었다.
껌은 타인과 긍정적인 관계 형성에 더 이상 영향을
미칠 수 없게 된 것도 모자라, 부적절한 음식이라 지탄받게 된 것이다.

이런 상황에서 누가 껌을 씹고 권할 수 있을까?
껌은 사회적 기능을 완벽히 잃어버린 간식이 되었다.
시간이 흐르고 새로운 경쟁 상대가 생기고,
사람들의 인식 변화에 따라 껌이 설 자리가 서서히 좁아졌다.
2024년 현재, 껌 제조 업계는 유행하는 캐릭터와 콜라보레이션을 하거나
검은색 껌처럼 특이한 껌을 출시하며 다시금 추잉 푸드 시장의 중심에
서고자 노력 중이다. 하지만 여전히 껌은 소비자의 관심 밖에 있다.
간식계의 터줏대감이던 껌은 더 새롭고 맛있고 재밌고 멋있어 보이는 것들
사이에 끼어 힘을 잃었다. 여전히 껌은 판매 중이지만,

우리는 껌을 찾지 않는다.

'Fun, Cool & Social' 그리고 타임머신 리서치

'Fun, Cool, Social' 껌 팀이 도출한 세 개의 키워드를 들었을 때, 정말이지 필자는 '경탄'했다. '와! 어떻게 이걸 찾았지?' 앞에서 이야기했듯이 우리가 더 이상 껌을 찾지 않는 이유를 개인적으로는 'Cool → Not Cool 인식 변화 가설'로만 생각하고 있었다. 그런데 연구자들은 치밀한 연구와 노력, 방대한 자료 수집과 인사이트 도출을 통해서 필자보다 소비자의 마음을 훨씬 더 깊이 파고 들어갔다.

예전에 자주 썼던 '심심풀이 땅콩'이라는 말과 비슷하게 껌을 '씹는' 행위는 - 마치 땅콩을 씹어먹듯이 - 무료함을 달래는 역할을 했던 것 같다. 즉 껌이 심심함을 제거할 수 있는 '재미'라는 가치를 제공한다는 것이다(발표에서 '껌 만화책'이 나오는 걸 보고 필자는 무릎을 '탁' 쳤다).

그리고 또 하나는 'social'이다. 재미(fun)와 멋(cool)이라는 개인적인 가치가 합쳐져서 껌이 타인과 자연스러운 교류 도구로 기능했다는 건 누구나 인정할 수밖에 없는 정답이라고 생각한다.

이런 핵심 키워드를 찾아낼 수 있었던 것은 연구자들이 껌이 사랑받았던 1980~1990년대로 돌아가서 그때의 문화와 콘텐츠 등을 샅샅이 살펴보았고, 그 당시에 껌을 씹었던 세대(부모님 등)의 마음속을 깊이 파고들었기에 가능했다.

연구 초기 단계에서 '왜 요즘에 껌을 안 씹지?'라는 질문에 대한 답을 바로 찾기가 쉽지 않다는 연구자들의 이야기를 듣고, 필자가 제안한 것은 '질문을 바꿔보자'라는 것이었다. '왜 요즘 껌을 안 씹지?'가 아니라 '왜 그때는 껌을 그렇게 많이 씹었지?'로 말이다. 그때 열심히 껌을 씹었던 이유를 찾을 수 있다면 현재는 그 이유가 존재하지 않기 때문에 껌 소비가 줄었다는 것으로 논리를 전개할 수 있기 때문이다.

"길이 없으면 만들 것이다." 남극점에 처음 도착한 탐험가의 말처럼, 소비자의 마음을 알아내는 최적의 방법을 찾다가 벽에 가로막히면 새로운 길을 만들 수도 있어야 한다. 연구자들에게 존경의 마음을 담아 필자는 이들이 진행했던 '과거의 중요한 시공간에 관한 자료 수집과 조사 그리고 가설 수립 방법'을 '타임머신 리서치'라고 부르기로 했다.

롯데웰푸드는 2023년 11월 25일 '풍선껌 크게 불기 챔피언십'을 개최했다. 롯데웰푸드는 껌 씹기가 생소한 젊은 소비자들에게 '풍선껌 불기'라는 껌만이 줄 수 있는 즐거움을 전달하고자 8년 만에 대회를 재개했다고 밝혔다.

2023년, 껌에 가장 필요한 것은 '재미'일지도 모른다. 필자에게 껌의 부활을 위해 가장 필요한 것 한 가지를 꼽으라고 하면, 역시 '재미'다. 제품 자체만으로 '멋'이라는 인식을 다시 만들기는 어렵다. 반면 재미는 다양한 아이디어와 적극적 시도를 통해 얼마든지 되살려 볼 여지가 있기 때문이다. 껌이 1980~1990년대의 재미가 아니라 2023년의 '2039세대에게 통하는 새롭고 업그레이드된 재미'를 준다면, 여러분은 다시 한번 껌을 씹어볼 생각이 있는가?

24세 이현지 씨가 1년간 126회 네컷사진을 찍은 이유

유행은 돌고 돈다지만 포토부스의 귀환은 의아하다. 20여 년 전 스티커사진이 유행할 때만 해도 쉽고 빠르게 사진을 찍을 방법이 마땅히 없었다. 2000년대 초반은 130만 화소 카메라가 장착된 휴대폰을 '혁신'이라 부르던 시절이었다. 그러나 스마트폰이 동네 사진관과 디지털카메라 시장까지 고사시킨 2020년대에, 길을 걷다 보면 '인생네컷', '포토이즘', '하루필름' 등 포토부스가 즐비하다. 10대와 20대에게는 포토부스에서 사진 찍으며 만남 또는 하루를 기록하는 건, 밥 먹고 커피 마시듯 자연스러운 일상이다. 어쩌다 아날로그 감성 짙은 포토부스가 디지털네이티브 세대를 사로잡았을까?

#1.
밥먹고
카페도 갔는데
이제 어디 가지?

함께 사진 찍는 데 필요한 유대감은 어디에?

여기 세 장의 사진이 있다. 사진은 다음의 관계인 사람들과 촬영한 것이다. 2년 만에 만난 사이, 두 달 간격으로 가끔 만나는 사이, 2주에 한 번씩 만나는 사이. A, B, C 중 제시한 세 가지 관계에 맞는 사진을 찾아보자. 일명 '우리 어떤 사이 같나요?' 퀴즈!

Quiz. 세 장의 사진을 보고 2년 만에 만난 사이,
두 달 간격으로 가끔 만나는 사이,
2주에 한 번씩 만나는 사이를 찾아보자.

A

**PHOTO STREET
WARM & COOL**

2023.06.27

WARM & COOL - since 2022

QUIZ
TIME

C

B

137

약간의 힌트를 주자면 세 사진 중 이날 포토부스를 처음으로 함께 방문해 찍은 결과물이 있다. 정답은 다음과 같다. A 사진은 2달에 한 번씩 만나는 사이, B 사진은 2주에 한 번씩 만나는 사이, C 사진은 2년 만에 만난 사이에 촬영한 사진이다. 정답을 맞힌 사람은 거의 없을 것이다.

자발적으로 사진을 함께 찍는 행위는 사진 속 인물들이 어떤 관계라는 걸 의미할까? 분명 친밀감이 있거나 혹은 설레는 감정을 공유하거나……. 사진을 함께 찍는다는 건 일반적인 관계 그 이상을 상상하게 된다. 대개 단체사진 촬영은 '유대감'을 기반으로 하는 행위다. 따라서 사진 속 인물들에게 느껴지는 유대감을 토대로 이들의 관계를 유추해 볼 수 있을 것이다. 그럼에도 A, B, C 사진의 정체를 맞추는 것은 분명 쉽지 않다. 유대감의 정도를 알아채기에는 세 장의 사진이 모두 비슷해 보이기 때문이다(사진마다 미묘하게 다른 표정과 포즈는 당사자만 알 수 있는 단서다).

세 장의 사진은 모두 이현지 씨의 서랍 안에 있던 것이다. 이번에는 그의 서랍을 열어봤다. 언뜻 보이기에도 상당한 양의 사진이 봉투 안에 들어 있었다. 봉투에서 사진을 꺼내 개수를 세어보기 전까지는, 오십여 장 정도라고 짐작했다. 하나씩 세어보니 예상했던 수량의 두 배가 훌쩍 넘었다. 126장! 24세 이현지 씨가 약 1년 8개월 동안 찍은 네컷사진의 총합이다.

BOOTH

"우리 이제 어디 가지?", 20대가 찾은 답

데이터는 이현지 씨 사례가 그렇게 특별한 건 아니라고 이야기한다. 한국소비자원이 발간한 〈셀프 포토 스튜디오 서비스 관련 실태조사〉 보고서(2023년 10월)에 따르면 국내 포토부스 시장 규모는 약 3000억 원에 달한다. 최근 4년간 신용카드 및 체크카드 사용 데이터를 분석한 자료를 보면 2022년 포토부스 매출은 전년보다 271% 증가했다. 그리고 '인생네컷' '포토이즘' '하루필름' 등 포토부스 사업자는 50여 개, 전국 매장수는 1000여 개 이상으로 추산된다.

포토부스 이용 경험이 있는 만 14~39세 소비자를 대상으로 한 설문조사 결과, 전체 응답자는 한 달 평균 1.27회 포토부스를 방문한다. 연령대별로 살펴보면 10대가 1.8회로 가장 많고 20대 1.37회, 30대 0.64회 순이다. 응답자는 평균 3.1명과 함께 포토부스를 이용하고, 1회 이용할 때 평균 8693원을 썼다.

생각해 보면 친구와의 약속에서 포토부스는 일종의 필수코스였다. '밥 먹고 카페도 갔는데 이제 뭐하지?' 이대로 집에 가자니 아쉬운 마음이 드는 건 모두 마찬가지다. 또다시 카페를 갈 수도 없는 노릇이다. 결국 남은 코스는 딱 하나! 그날도 필자와 친구는 포토부스로 향했다.

두 장에 5000원. 1인당 계산하면 스타벅스 아메리카노 한 잔 값보다 싸다. 사진을 한 장씩 손에 들고나오기까지는 채 10분이 걸리지 않았다. 포토부스는 짧은 시간에 저렴한 비용으로 모임을 성공적으로 마무리할 수 있는 효과적인 방법이다.

그렇다고 돈을 내고 포토부스에서 사진 찍는 이유가 온전히 이해되는 건 아니다. 21세기에는 사진을 남기기에 충분히 좋은 스마트폰이나 카메라, 그리고 알아서 보정까지 해주는 앱(애플리케이션)이 많다. 변화하는 환경 속에서 포토부스는 어떻게 대한민국 20대에게 만남의 필수코스가 된 걸까?

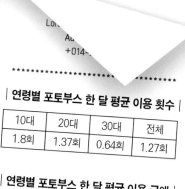

연령별 포토부스 한 달 평균 이용 횟수			
10대	20대	30대	전체
1.8회	1.37회	0.64회	1.27회

연령별 포토부스 한 달 평균 이용 금액			
10대	20대	30대	전체
8006원	8425원	9644원	8693원

* 자료 : 한국소비자원, 〈셀프 포토 스튜디오 서비스 관련 실태조사〉, 2023년 10월

#2.
"내가 왜 이러는지 몰라"
설명할 길 없는
소비자의 마음

소비자도 모르는 소비자의 마음

그들의 이야기를 듣기 위해서 20대 남녀 총 225명을 대상으로 정량조사를 했다. 조사 결과를 살펴봤을 때, 포토부스에 방문하는 이유를 크게 두 가지로 나누어 볼 수 있었다. 친구와 함께하는 순간을 '실물'로 남길 수 있다는 점과 친구와 네컷사진을 찍는 것 자체가 '추억'이 된다는 점이었다. 이를 바탕으로 20대가 네컷사진을 찍는 이유에 대해 두 가지 가설을 세웠다.

가설 1

순간을 **실물**로 남기기 위해 네컷사진을 찍는다.

휴대폰에 있는 사진보다 손에 쥘 수 있는 사진을 더 많이 보게 되기 때문이다.

가설 2

친구들과 찍은 네컷사진은 그 자체가 **추억**이다.

머리띠나 포즈를 맞춰서 찍으면 재밌고, 나중에 모았을 때 추억이 쌓이는 것 같기 때문이다.

가설 검증 1.
실물을 소장하기 위해 네컷사진을 찍는다

정량조사 결과를 토대로 1, 2번 가설이 끝까지 유의미할지 알아보고자 네컷사진을 주로 활용하는 방법을 물어봤다. 분명 실물로 남기고 싶은 마음에 네컷사진을 찍는다는 답변이 대부분이었기 때문에 우리는 네컷사진의 활용도 또한 높을 것이라 예상했다.

그런데 조사 결과를 검토하며 상당히 재밌는 점을 발견했다. 네컷사진을 어떻게 활용하냐는 질문에, 실물 사진을 적극 이용한다는 답변은 오히려 소수에 그쳤다. 가령 인테리어나 다이어리 · 일기 꾸미는 데 활용하는 방법 같은 것 말이다. 그들이 직접 언급한 '실물 사진을 바로 간직할 수 있다'던 네컷사진의 장점은 정작 그 쓰임대로 쓰이지 않고 있었다.

대신 사람들은 QR코드를 통해 데이터화된 사진과 영상을 내려받아 휴대폰 갤러리에 보관하거나 SNS에 올리는 양상을 보였다. 인스타그램을 돌아다니다가 #인생네컷 #포토이즘 #하루필름과 같은 해시태그와 함께 네컷사진을 본 적이 있다. 대다수 게시물은 인화된 실물 사진을 직접

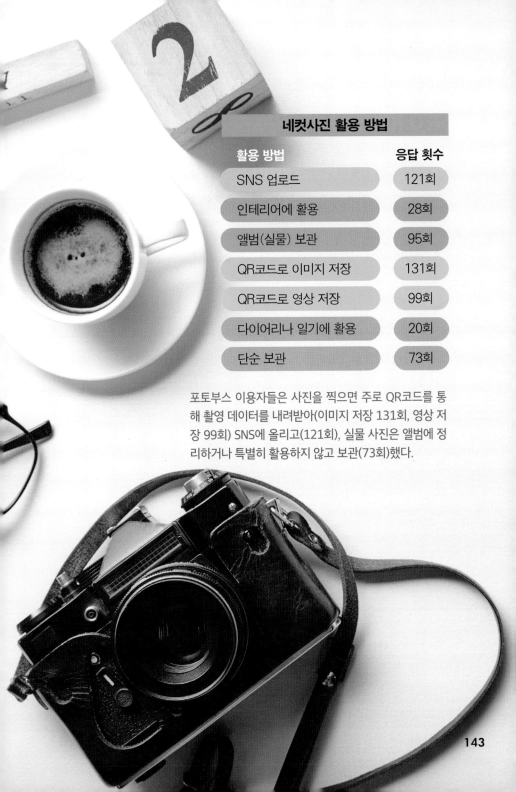

네컷사진 활용 방법

활용 방법	응답 횟수
SNS 업로드	121회
인테리어에 활용	28회
앨범(실물) 보관	95회
QR코드로 이미지 저장	131회
QR코드로 영상 저장	99회
다이어리나 일기에 활용	20회
단순 보관	73회

포토부스 이용자들은 사진을 찍으면 주로 QR코드를 통해 촬영 데이터를 내려받아(이미지 저장 131회, 영상 저장 99회) SNS에 올리고(121회), 실물 사진은 앨범에 정리하거나 특별히 활용하지 않고 보관(73회)했다.

찍어서 올리기보다는 데이터 형태로 내려받은 사진을 올린 것이었다.

여기서 우리가 세운 1번 가설 '순간을 실물로 남기기 위해 네컷 사진을 찍는다'에 의문이 생겼다. 실물로 간직하고 싶다던 그들은 네컷사진을 다른 방식으로 소비하고 있었다. 의문을 품고 우리는 2번 가설을 검증해 보기로 했다. 그렇다면 사람들에게 실물 사진은 어떤 의미가 있을까?

가설 검증 2.
네컷사진은 그 자체로 추억이니까!

2번 가설이자 포토부스를 방문하는 두 번째 이유였던 '네컷사진은 그 자체로 추억이다'는 유의미한 답이 될 수 있을지, 이어서 다음 문항을 살펴봤다. "포토부스 방문 시 줄을 서 기다렸다가 촬영한 경험이 있다면, 기다림을 감수했던 이유는 무엇인가요?"라고 질문했다. "소장 가치가 있으니까, 보고 만질 수 있는 실물 사진으로 추억을 남기고 싶을 만큼 소중한 사람들이라서, 포토부스 특성상 금방 차례가 오기도 하고 기다릴 만해서 그정도 노력으로 추억을 남기는 것은 아깝지 않다" 등의 답변이 나왔다.

포토부스에 대기줄이 있을지라도 기다렸다가 촬영하는 이유에서도 '추억'이라는 키워드가 반복적으로 등장했다. 사람들은 추억을 실물로 남기기 위해 기꺼이 자신의 시간을 투자하고 있었다. 1번 가설보다 2번 가설이 정답과 이어질 가능성이 높아 보였다.

| 포토부스 이용 실태 조사(정량조사) 문항 |

Q1 포토부스에 관해 떠오르는 단어 세 가지를 차례대로
작성해 주세요.

Q2 포토부스에서 어떤 이유로 그리고 혼자 또는
누구와 사진을 찍는지 상세히 답해주세요.

Q3 포토부스에서 네컷사진을 촬영한 뒤,
그 사진을 주로 활용하는 방법을 골라주세요.
- ☐ SNS 업로드   ☐ 인테리어
- ☐ 앨범(실물) 보관   ☐ 단순 보관
- ☐ QR코드로 이미지 및 영상 저장
- ☐ 다이어리나 일기 꾸미기

Q4 포토부스 방문 시 줄을 서서 기다렸다가
촬영한 경험이 있다면, 기다림을 감수했던
이유는 무엇인가요?

#3.
답은
현장에 있다!

21세기 탐정이 되어

본래 미스터리한 사건의 진실을 밝히는 이들은 셜록 홈스 같은 탐정이다. 정량조사를 분석하고 '네컷사진 = 추억'이라는 2번 가설 쪽으로 좀 더 기울었지만, 20대가 추억을 남기기 위해 포토부스를 자주 방문한다는 설명에 의구심을 지울 수 없었다.

우리 손안에는 언제 어디서든 추억을 기록할 수 있는 스마트폰이 있다. 2번 가설이 정답이 되려면, 소비자들이 스마트폰이라는 훌륭한 기록자를 옆에 두고도 포토부스를 방문하는 이유를 설명할 수 있어야 한다.

우리는 21세기 탐정이 되어 관찰조사를 해보기로 했다. 우선 세 명의 탐정이 사전에 공유한 '수집해야 할 단서 목록'은 다음과 같다.

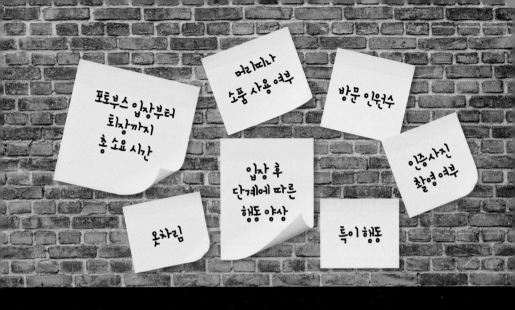

포토부스 입장부터 퇴장까지 총 소요 시간

머리띠나 소품 사용 여부

방문 인원수

입장 후 단계에 따른 행동 양상

인증사진 촬영 여부

옷차림

특이 행동

우리는 정량조사로 밝힐 수 없는 소비자의 진짜 속마음을 알기 위해 21세기 탐정이 되어 포토부스 이용자를 직접 관찰하기로 했다. 관찰 조사에 들어가기 전, 수집 해야 할 일곱 가지 단서 목록을 만들었다.

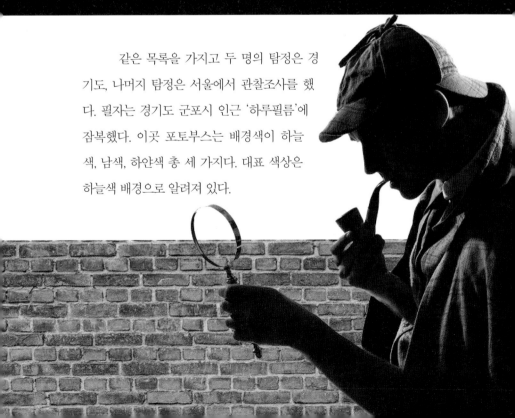

같은 목록을 가지고 두 명의 탐정은 경기도, 나머지 탐정은 서울에서 관찰조사를 했다. 필자는 경기도 군포시 인근 '하루필름'에 잠복했다. 이곳 포토부스는 배경색이 하늘색, 남색, 하얀색 총 세 가지다. 대표 색상은 하늘색 배경으로 알려져 있다.

2022년 10월 23일

PM 구시 30분 : 하루필름 도착.

PM 구시 35분 : 첫 번째 팀 입장. 앳된 얼굴의 두 여성이 함께 촬영을 마친 후 각자 독사진을 찍는 듯함. 부스에서 나온 뒤에는 거울 앞에서 인증사진을 남기고 벽에 붙어 있는 사진들을 구경하기 시작. 그중 한 명은 카톡 프사(프로필 사진)를 바꾸고 싶은데 오늘 찍은 사진이 마음에 들지 않는다고 함. "다시 찍겠냐?"는 일행의 제안에 오늘은 날이 아닌 것 같다며 퇴장.

PM 구시 40분 : 성인 여성 두 명과 아이 한 명. 여성들은 입장 전에 머리띠를 함께 고르고 소품을 들고 있는 아이 사진을 휴대폰으로 남김. 사진을 찍은 뒤에는 이곳이 사진이 잘 나온다며 다음에도 오자는 약속을 남기며 퇴장.

PM 구시 42분 : 세 번째로 방문한 사람은 20대로 추정되는 남성 한 명. 요즘 유행하는 머리 스타일을 하고 차려입은 듯한 복장으로 포토부스에 들어간 후, 5분이 채 되지 않아서 촬영을 마침. 사진에 보정필름도 씌우지 않고 바로 퇴장.

PM 구시 43분 : 20대 후반으로 보이는 한 쌍의 커플. 데이트를 마치고 방문했는지 옷차림에 힘을 준 모습. 아이와 함께 들어간 여성 팀과 1분 전 남성 혼자 들어간 부스를 제외하고, 남색 배경의 부스만 남은 상태. 남색 배경을 본 여성은 "이 색깔은 별로야"라고 했고, 그들은 하늘색 배경의 부스 앞에서 대기한 후 촬영. 촬영 후 거울 앞에서 인증사진 찍는 것도 잊지 않음. 꽤 만족한 듯한 표정으로 퇴장.

PM 구시 45분 : 30대 초반으로 보이는 남성 한 명이 편한 차림으로 방문. 배경색을 고르지 않고 비어 있는 부스에 곧바로 입장. 바로 사진을 촬영하지 않고, 안에서 옷을 갈아입는 듯함. 가지고 들어갔던 쇼핑백 안에 정장이 들어있는 것으로 짐작. 그 이유는 남자의 자세 때문. 역동적인 자세를 취하지 않았으며 총 10회의 촬영이 진행될 동안 자세를 바꾸지 않았음. 앞서 혼자 방문했던 남성과 동일하게 발판에 올라가는 소리도 들리지 않았음. 이들은 카메라 앞에서 정자세로 촬영한 것이 틀림없음.

PM 7시 48분 : 여성 홀로 방문. 20대 극초반으로 보이는 여성은 가죽 재킷에 청바지 차림. 발판을 오르락내리락했고 셔터 소리 간격이 일정하지 않았던 것으로 보아, 리모컨을 활용하는 듯. 사진이 인화되어 나오는 순간에 비디오 녹화음이 들림. 투입구로 사진이 인쇄되는 순간을 동영상으로 찍은 듯함. 부스에서 나온 여성은 인증사진 촬영 없이 곧바로 퇴장.

PM 8시 12분 : 고등학생으로 추정되는 여성 세 명이 체육복을 입고 방문. 사진을 찍기 전 거울 앞에서 화장을 수정하고 신중하게 머리띠를 고름. 부스 배경색을 일일이 확인한 후 하늘색 부스로 입장. 함께 촬영한 후 한 명씩 추가 촬영을 하는 듯. 부스 밖으로 나왔을 때 머리띠를 다시 고르기도 함. 그중 한 명은 사진이 마음에 들지 않는다며 혼자 찍으러 부스 안으로 재입장. 결국 그들이 인증사진까지 찍은 뒤 퇴장한 시간은 8시 33분. 대략 20분 정도 소요.

PM 8시 23분 : 20대 후반으로 보이는 커플은 배경색부터 선택. 고개를 숙여 부스 안을 꼼꼼히 살펴본 후 하늘색 부스를 택함. 하늘색 부스에서 이미 사진을 촬영 중인 팀이 있어, 10분을 기다리며 셀카를 찍거나 소소한 이야기를 나눔. 여고생들이 나간 뒤 커플이 입장했으며, 촬영 시간은 오래 걸리지 않음. 사진에 보호필름을 끼운 뒤 바로 퇴장.

PM 8시 30분 : 30대 초반으로 보이는 두 사람은 입장 후 비어 있는 부스로 직행. 검정 가죽 재킷을 맞추어 입고 온 듯. 소품존 앞에서 인화된 네컷사진의 QR코드를 인식하고 바로 퇴장.

PM 8시 32분 : 또 커플이 방문. 20대 중후반인 듯한 이번 커플도 옷차림에 신경 쓴 듯한 모양새. 모든 부스가 차 있었기 때문에 5분을 기다린 후 가장 먼저 자리가 난 남색 배경에서 촬영. 대기부터 촬영까지 총 9분 소요.

PM 8시 33분 : 관찰조사를 시작하고 약 한 시간이 지났을 때 마지막 11번째 팀 방문. 20대 초반으로 보이는 커플. 벽에 붙어 있는 사진들을 구경하거나 머리띠를 고르면서 대기. 대기시간 총 8분, 촬영 시간도 총 8분.

여기까지가 실시간으로 기록했던 탐정의 메모장 일부다. 다소 음침하게 그들의 말소리도 엿듣고 괜스레 친구를 기다리는 척 연기를 하느라 힘들었지만, 꽤 많은 단서를 수집할 수 있었다.

대다수 방문객은 사진을 찍기 전에 머리띠 등의 소품과 배경색을 골랐다. 일행과 함께 사진을 찍은 뒤 따로 독사진을 촬영하기도 하고, 홀로 방문하기도 했다. 사진이 마음에 들지 않는다며 돈을 더 내고 다시 사진을 찍는 사람도 있었다. 공통적인 모습은 약간의 대기시간을 크게 신경쓰지 않는다는 것이었다. 그리고 생각보다 옷차림에 구애받지 않았고 정형화된 움직임과 대화 양상을 보였다.

답은 생각보다 가까이에 있었다!

조사를 끝내고 포토부스를 훑어보던 순간, 한 가지 의문이 뇌리를 스쳤다.

'그런데 셋이 찍으면 한 장이 남네. 한 장은 어떡하지?'

정말 그랬었다. 심지어 필자도 같은 경험을 수없이 했는데도 미처 알아채지 못했다. 포토부스의 장점은 인원에 맞춰서 인화할 사진 장수를 선택할 수 있다는 점이지만, 여기엔 작은 단점도 있다. 사진 장수는 오직 '짝수'로만 선택할 수 있다. 그러니 세 명이 방문해도, 한 장이 남더라도 어쩔 수 없이 네 장을 받아야 한다. 그럼 남는 한 장의 사진은 어디로 가는 걸까?

조사하러 포토부스에 들어왔을 때부터 기억을 복기했다. PM 8시 12분. 여고생으로 추정되는 세 명의 발걸음이 벽에서 멈췄다. 필자가 포토부스에 방문했을 때 맨 처음 본 바로 그 벽이었다. 여고생들은 구석에 배치된 알록달록한 테이프를 떼서 남은 사진 한 장을 벽에 붙이고 유유히 떠났다. 1시간 동안 숨죽이고 사람들을 관찰했는데, 결정적인 단서가 버젓이 눈앞에 있었다니…….

위장수사 하는 형사처럼 손님들의 말소리도 엿듣고 괜스레 친구를 기다리는 척 연기를 하며 단서를 수집한 지 1시간여 만에 중요한 단서를 찾았다. '포토부스 벽에 붙어 있는 이 많은 사진은 어디에서 왔을까?'

사진은 수사를 위해 치킨집을 위장 개업한 형사들의 이야기 <극한직업>의 한 장면(© CJ ENM).

포토부스 벽에 붙어 있는 사진들은 누가 붙였을까?

설문조사를 했을 때, 20대 남녀는 포토부스를 방문하는 가장 큰 이유로 '추억을 실물 사진으로 소장할 수 있다'는 점을 꼽았다. 만일 실물 사진을 얻으려고 사진을 찍었다면, 벽에 붙이고 가는 것보다 한 장을 더 가져가는 게 자연스럽다. 그런데도 많은 사람이 사진을 두고 갔다. 앞뒤가 맞지 않는 행동 속에 사람들이 네컷사진을 찍는 진짜 이유가 있다는 생각이 들었다.

그래서 포토부스 벽에 붙어 있는 모든 사진을 세보았다. 결과는 무척 흥미로웠다. 경기도 군포시 인근 하루필름 매장 벽에 붙어 있던 네컷사진은 총 189장이었다. 중복된 사진을 거르려면 무작위로 붙여진 사진을 분류할 기준이 필요했다. 필자가 택한 방법은 프레임 안에 담긴 사람 수를 세는 것이었다. 혼자 또는 단체로 방문했는지, 단체는 홀수와 짝수 인원으로 분류 기준을 나누었다.

분류 결과 189장 중 독사진이 22장, 단체사진이 167장이었다. 단체사진 가운데 홀수 인원이 찍은 사진은 158장, 짝수 인원이 찍은 사진은 9장이었다. 즉 '홀수 인원이 찍은 단체사진 > 독사진 > 짝수 인원이 찍은 단체사진' 순으로 벽에 붙어 있었다. 프레임 속 인물이 홀수인 사진(독사진+홀수 인원이 찍은 단체사진) 비중은 무려 95.2%(180장)였다.

포토부스 이용자들은 3명 혹은 5명처럼 홀수로 방문했을 때 남은 사진 한 장을 가져가지 않았다. 심지어 홀로 사진을 찍은 사람 중 몇몇도 남은 사진을 두고 갔다. 우리는 포토부스 이용자를 관찰조사한 끝에, 소비자들이 네컷 사진을 한 장 이상 소장할 가치가 있다고 여기지 않는다는 사실을 확인할 수 있었다.

| 포토부스 벽에 붙은 사진을 세어본 결과 |

단체·짝수
9장(4.8%)

혼자
22장
(11.6%)

단체·홀수
158장(83.6%)

벽에 붙은
189장 중
홀수 인원이
찍은 사진은

180장!

소비자들은 네컷사진을
한 장 이상 소장할 가치를 느끼지 않는다.

#4.
당신이 중요한
존재라는 것을
증명하라!

'네컷사진'하면 생각나는 세 가지 단어

관찰조사를 하기 전 우리는 두 가지 가설을 세웠다. 1번 가설은 '실물로 소장하기 위해서', 2번 가설은 '그 자체로 추억이 되니까' 네컷사진을 찍는다는 것이었다. 그러나 정량조사 결과 소비자들은 실물 사진을 그다지 활용하지 않았다. 친구와 함께하는 순간을 실물로 남길 수 있어서 포토부스를 방문한다던 말은 행동과 배치됐다.

우리는 말과 행동이 다른 소비자의 진짜 속마음을 알아보기 위해 추가로 포토부스 이용자들을 지켜보는 관찰조사를 했다. 그 결과 홀수로 방문해서 사진이 한 장 남았을 경우, 흔쾌히 남은 사진을 벽에 붙이고 가는 모습을 볼 수 있었다. 따라서 실물로 소장하기 위해 네컷사진을 찍는다는 1번 가설이 틀렸다는 걸 확신했다.

225명의 20대 남녀를 대상으로 한 정량조사에서 포토부스에 관해 떠오르는 단어 세 가지를 묻자, '친구와 함께 추억을 남기기 위해 포토부스를 방문한다'는 답변을 뒷받침할 만한 단어들이 높은 빈도로 나왔다.

소비자 내면 깊은 곳에 도달하기 위해 선택한 세 번째 조사 방법은 개별 심층 인터뷰다(158쪽 인터뷰 문항 참조). 개별 심층 인터뷰 결과, 포토부스에서 사진을 찍은 후 결과물을 활용하는 방법으로는 정량조사와 비슷한 답변을 얻었다.

QR코드를 인식해서 휴대폰에 저장하거나 서랍에 넣어두고 가끔 꺼내보거나 그냥 보관만 한다는 답변이 많았고 반대로 실물 사진을 적극 활용한다는 답변은 극히 드물었다. 실물 사진으로 간직할 수 있어서(1번 가설)가 네컷사진을 찍는 진짜 이유가 아니라는 것이 확실해졌다.

다음으로 2번 가설이었던 '그 자체로 추억이 된다'가 네컷사진을 찍는 이유일지 확인하기 위해 답변을 분석해 보았다. 정량조사에서 포토부스를 방문한 적이 있다고 답변한 203명 가운데 180명(88.7%)은 분명 '친구와 함께 추억을 남기기 위해 방문한다'고 답했다.

'포토부스에 관해 떠오르는 단어 세 가지'에 대한 정량조사 결과를 분석했을 때도 '친구', '사진', '추억', '머리띠', '우정', '젊음' 등의 단어가 반복적으로 등장했다. 정량조사는 대한민국 20대가 포토부스와 친구, 추억을 함께 연상하고 있다고 말해주고 있었다.

그러나 개별 심층 인터뷰 결과를 분석해 보면, 그들이 보이는 양상과 답변에 괴리가 있었다. 그들은 포토부스에 친한 사람과도 가지만 그렇지 않은 사람과도 방문하고 있었다. 친구 사이는 물론이고 동아리 모임에서 처음 보는 사이, 어색한 사이, 여럿이 몇 번 만난 게 전부인 인연이

친구 사이는 물론이고 동아리 모임에서 처음 보는 사이, 몇 번 만난 게 전부인

인연이라도 함께 네컷사진을 찍었다. 친밀도와 네컷사진 촬영은 크게 관련이 없었다.

라도 함께 네컷사진을 찍었다. 친밀도와 네컷사진 촬영은 크게 관련이 없었다.

여기까지의 흐름을 정리해 보면 다음과 같다. 우리는 설문조사에서 분석한 것을 토대로 사람들이 실물 사진을 소장하기 위해 포토부스를 방문한다는 첫 번째 가설을 완성했다.

그러나 QR코드 같은 데이터 활용 비율이 훨씬 높다는 설문조사 결과와 홀수 인원이 찍을 경우 다수가 남은 사진을 벽에 붙이고 간다는 관찰조사 결과를 토대로 두 번째 가설을 보완했다. 보완한 두 번째 가설은 '20대에게는 실물 사진보다 누군가와 사진을 찍는 행위 자체에 의미가 있을 것'이라는 점이다.

하지만 개별 심층 인터뷰를 통해 친밀도가 낮은 사람과도 포토부스를 방문한 경험이 있다는, 예상을 빗나간 결과와 맞닥뜨렸다. 보완한 두 번째 가설 또한 폐기해야 했다.

| 개별 심층 인터뷰 질문 |

Q1 네컷사진에 관해 생각나는 세 가지 단어는 무엇인가요?
그렇게 생각한 이유는 무엇인가요?

Q2 포토부스 방문객은 어떤 사람일지 묘사(평소 스타일링, 헤어-메이크업-
코디, 성격, 상황, 일행 동반 여부 등)해 주세요.

Q3 하루 일과 중 누구와 함께 네컷사진을 찍은 경험이 있다면,
그날의 동선이나 과정에 대해서 말씀해 주세요.

Q4 네컷사진을 주로 어떤 상황에서 누구(혹은 혼자)와 찍나요?

Q5 포토부스에서 사진을 찍은 후, 결과물을 보통 어떻게 활용하나요?
□ SNS 업로드   □ 포토부스 내부 벽에 부착   □ 인테리어로 활용
□ 단순 보관   □ QR코드를 통해 휴대폰 갤러리에 저장 등

Q6 포토부스와 관련하여 인상 깊었던 경험이 있다면 무엇인가요?
(서운했거나 좋았던 경험)

Q7 어색했던 사람과 네컷사진을 찍어 본 경험이 있나요?
찍게 된 과정에 대해 자세히 알려주세요.

시프트 프런트(Shift Front)

삼성전자가 반도체 시장 1위에 오른 비결을 밝힌 『초격차』라는 책에는 문제가 생기면 그 원인을 가장 처음으로 돌아가 찾으라는 말이 나온다. 일명 '시프트 프런트(Shift Front)' 전략이다.

여러 가지 조사에도 불구하고 진정한 답을 찾지 못한 우리는 질문을 처음으로 되돌렸다. "대한민국 20대는 왜 포토부스에서 사진을 찍을까?" 단순히 친구와 추억을 남기는 것 외에 다른 이유가 있을 것이다. 포토부스를 방문한 사람들의 시작과 끝에는 과연 무엇이 있을까? 한 마디로 사람들이 네컷사진을 찍게 하는 원동력에 다시 집중했다.

이번 탐사의 포문을 열었던 '우리 어떤 사이 같나요?' 퀴즈를 다시 떠올려 보자. 2년 만에 만난 사이인지, 2달에 한 번씩 만나는 사이인지, 아니면 2주일에 한 번씩 만나는 사이인지 그 간극을 사진으로 느끼기는 어려웠을 것이다.

대개는 이런 생각을 했을 수도 있다. '다 친해 보이는데 어떻게 골라.' 당연한 반응이다. 세 장의 사진을 본 많은 사람이 사진 속 인물들이 친밀하며 외향적 성격으로 느껴진다고 얘기했다. 개별 심층 인터뷰에서 '포토부스 방문객은 어떤 사람일지 묘사해 주세요.'라고 했을 때도 유사한 답변이 나왔다.

중요한 것은 타인의 네컷사진을 보고 느끼는 감정이 대개 비슷하다는 점이다. 우리는 친밀도와 무관하게 네컷사진을 찍지만, 타인의 사진을 보고는 그들을 친밀한 관계라고 정의하고 있었다. 즉, 네컷사진은 일종의 '증빙 자료'였다. 함께 찍은 네컷사진은 자신이 어떤 무리에 소속되어 있다는 것을 증명하는 수단이라는 뜻이다.

Q. 포토부스에서 함께 사진 찍는 사람들의 관계와 성격을 어떻게 생각하는가?

#잘 놀았구나, 친하구나

#우정이 깊은 친구들

#외향적인 사람

#꽤나 친한 정도?

#베스트 프렌드

#트렌디한 사람

#활발할 것 같다

아직 끝나지 않은 'Why'

그런데 생각해 보면 무리에 소속되어 있음을 증명할 방법은 다양하다. 예를 들어 단톡방에 초대되어 주고받은 대화를 캡처해 보여줄 수도 있고, 간단하게 스마트폰으로 인증사진을 찍는 방법도 있다. 이런 관점에서 본다면 포토부스는 무엇의 필수코스가 아니라 그저 수단이다. 그럼에도 왜 20대들은 포토부스를 인증사진을 찍기 위한 선택지 중 하나가 아닌, 필수코스로 인식하고 있을까? 여전히 우리에겐 풀리지 않은 궁금증이 남아 있었다.

그들이 포토부스에 가는 이유를 다시 한번 살펴봤다. 개별 심층 인터뷰에서 "하루 일과 중 누구와 함께 네컷사진을 찍은 경험이 있다면, 그날의 동선이나 과정에 대해서 말씀해 주세요"라고 요청했다. 인터뷰이들은 다음과 같이 답했다.

"

그냥 찍는 게 문화가 되어버렸으니까요.

그냥 그 자리에 있어서 다 같이 간 거 같아요.

그냥 찍어야 하니까 찍는 느낌이에요.

별로 친한 사이는 아니어도 그냥 오늘을 남기기 위해서 찍어요.

친구랑 술 먹으면 별 의미 없이 그냥 찍어요.

"

눈치 빠른 독자들은 알아차렸을 것이다. 답변들은 한 문장으로 정리된다. "그냥 찍는 거예요." 우리는 포토부스가 암묵적으로 만남의 필수 코스로 자리 잡은 과정에 주목했다. 그래서 질문을 반대로 던져보았다. 추가로 진행한 2차 개별 심층 인터뷰 참가자들에게 "만약 어떤 만남 이후, 헤어질 때까지 함께 포토부스에 가지 않으면 어떤 생각이 드나요?"라고 질문하자 예상외의 답변이 나왔다.

즉, 그들은 마지막 코스로 같이 포토부스를 방문하지 않았을 때 상대가 함께 공유한 시간을 긍정적으로 평가하지 않았다고 느꼈다. 네컷사진을 찍고 인증사진을 각자의 SNS로 공유하는 행위에 이 염려가 전제되어 있었다. 너도 나와 같이 그 시간을 잘 보냈으리라는 믿음. 믿음은 곧 기록으로 이어졌고 다음을 기약하는 동기가 되었다.

3C 프로세스에 관한 고찰

네모난 프레임 안에 우리의 오늘을 기록하지 않으면, 알 수 없는 불안감이 엄습한다. 오늘 나는 모임에서 맡은 바를 착실히 수행했나 아니면 부족함이 있었나, 앞으로 이 모임에 또 참석할 수 있을까, 혹시 나와의 만남이 즐겁지 않았던 건 아닐까? 자신도 모르게 오늘의 만남을 평가하고 미래를 점쳐보는 일련의 과정 안에서, 포토부스는 만남의 필수코스가 되었다.

이제 다시 상상해 보자. 오랜만에 친구들이 모여 함께 시간을 보냈

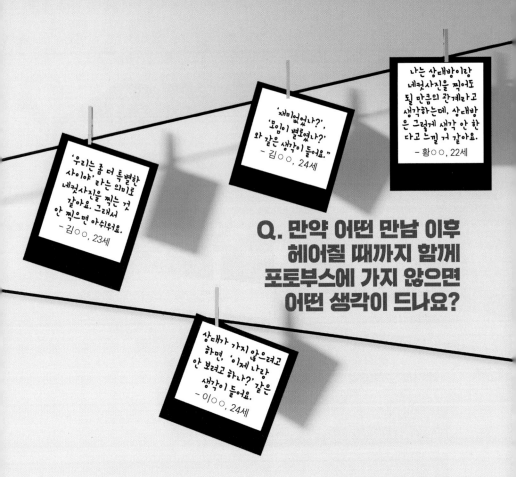

'우리는 좀 더 특별한 사이야' 라는 의미로 네컷사진을 찍는 것 같아요. 그래서 안 찍으면 아쉬워요.
- 김○○, 23세

'재미없었나?', '모임이 별로였나?' 와 같은 생각이 들어요."
- 김○○, 24세

나는 상대방이랑 네컷사진을 찍어도 될 만큼의 관계라고 생각하는데, 상대방 은 그렇게 생각 안 한 다고 느낄 거 같아요.
- 황○○, 22세

Q. 만약 어떤 만남 이후 헤어질 때까지 함께 포토부스에 가지 않으면 어떤 생각이 드나요?

상대가 가지 않으려고 하면, '이제 나랑 안 보려고 하나?' 같은 생각이 들어요.
- 이○○, 24세

다. 만남이 끝날 무렵에는 모두가 눈치를 보기 시작한다. "집에 어떻게 가나?"는 질문과 함께 대중교통 정보를 공유하다 이내 마지막 정착지를 논의한다. 네컷사진을 찍자는 누군가의 제안으로 지도 어플을 켜서 근처 포토부스 위치를 파악한다. 네컷사진을 촬영할 때 프레임 안에 담긴 우리를 보며 생각한다. '오랜만에 만났는데도 다들 재밌어 보여. 오늘 재밌었다.' 네컷사진 속 QR코드를 인식한 뒤 저장한 사진을 인스타그램에 올린다. 각자의 계정 태그도 필수다.

포토부스를 방문한 사람들의 행동 양상은 3단계로 나눌 수 있다. '사진을 찍으러 가기 전인 Pre 단계 → 부스 안에서 사진을 찍는 Shoot 단계 → 사진을 찍고 난 후 인증사진을 올리는 Post 단계'. 그날 모임의 성공 정도를 확인받기 위한 'Pre - Shoot - Post' 여정을 3차 피드백 일명 '3C 프로세스'로 정의하고자 한다.

3C 프로세스는 1차 피드백(Certain) → 2차 피드백(Check) - 3차 피드백(Confirm)이다. 그날 모임을 확신하고, 점검하고, 사실이라는 걸 입증하는 과정이다. 오랜만에 모인 친구들과 네컷사진 촬영 과정을 3C 프로세스에 대입해 보자.

| 네컷사진 촬영의 3C 프로세스 |

1	Certain	⋯	우리 재밌게 논 거 같은데 사진 찍으러 갈까?
2	Check	⋯	오늘 모임 다들 즐거웠다고 생각하고 있지?
3	Confirm	⋯	보이시죠? 우리 이렇게 즐겁게 놀았어요!

대한민국 20대에게 포토부스 방문 전부터 후까지는, 소속에 대한 피드백을 교환하고 확인받는 과정이다. 즉 네컷사진은 실물로 간직할 수 있는 '소속감에 대한 증표'나 마찬가지다.

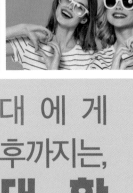

대한민국 20대에게
포토부스 방문 전부터 후까지는,
소속에 대한
피드백을 교환하고
확인받는 과정이다.

#5.
'소속감'만으로는
설명할 수 없는
혼자 찍은 네컷사진들

잊고 있었던 프레임 속 최소 인원

네컷사진과 소속감 간의 상관관계를 찾아내며 탐
사를 마무리할 줄 알았던 이현지 씨는 자신의 네
컷사진을 정리하다가 문득 이상한 점을 찾아냈다. 이현
지 씨가 보관하고 있던 네컷사진의 총 수량은 126장이었다. 그런데 한 가
지 간과했던 것이 '프레임 안에 누가 있는가?'의 문제였다.

이현지 씨는 홀린 듯 소장하고 있는 네컷사진을 하나씩 살펴보
았다. 예상보다 프레임 안에 혼자 덩그러니 있는 사진들이 꽤 많았다. 총
126장 중 혼자 촬영한 사진은 무려 44장에 달했다. 35%에 가까운 비중이
었다. 친구들과 함께 방문했을 때 그날 사진이 잘 나온다 싶으면 종종 단
독으로 사진을 더 찍었던 기억이 있긴 했지만, 독사진이 이 정도로 많을
줄은 미처 몰랐다.

생각해 보니 SNS를 하다가 홀로 찍은 네컷사진을 심심치 않게 만나볼 수 있었다. 게다가 서랍에는 이현지 씨의 지인으로 추정되는 사람이 혼자 찍은 네컷사진도 열한 장이나 발견되었다. 이는 곧 변수를 뜻했다.

이현지 씨 서랍에는 어떻게 혼자 찍은 그리고 지인의 단독 네컷사진이 들어있었던 걸까? 맨 처음 실행한 정량조사에서는 전체 응답자 225명 중 혼자 네컷사진을 촬영한다고 답한 사람은 총 28명이었다. 그들이 꼽은 혼자 네컷사진을 찍는 이유 가운데 '그날 스타일링이 마음에 들어서', '실물 소장 및 기록용', '심심해서' 이 세 가지가 가장 많은 표를 얻었다.

이 세 가지 이유를 토대로 이현지 씨는 홀로 네컷사진을 찍었을 때의 상황을 반추해 보았다. 어떤 상황이었는지, 주로 어떤 프레임에서 촬영했는지, 차림새는 어떠했는지 등등. 그리고 보관한 사진을 하나씩 분석해 분류했다. 분류 기준은 크게 'SNS 업로드'와 '실물 사진 소장용'이었다.

서랍 속 네컷사진 중 홀로 기록된 31장(지인의 독사진 제외) 중에서 21장은 소장용으로, 10장은 SNS 업로드용으로 촬영한 것으로 분류할 수 있었다. 약 두 배가량의 차이를 확인한 뒤 '혼자 포토부스를 방문하는 이유는 실물 사진을 소장하기 위해서다'라는 가설을 세웠다.

실물 소장 vs. SNS 업로드?

실제 소비자들도 오직 실물 소장과 SNS 업로드를 위해 포토부스를 혼자 방문하고 있는지 더 자세하게 파헤쳐 보았다. 20대 남녀를 대상으로 총 여덟 명에게 개별 심층 인터뷰를 진행했다.

포토부스를 혼자 방문하는 상황을 묘사할 때 '오늘 좀 괜찮은데?', '오늘의 나를 기록하고 싶기 때문'이라는 문장을 확인할 수 있었다. 'SNS에 업로드하기 위해서 방문한다'고 답한 사람은 두 명에 그쳤다.

대부분은 그날을 기억하기 위해 실물 소장용으로 촬영했다고 답했다. 생일 혹은 기념일과 같은 특별한 이벤트가 있는 날 자신의 모습을 남겨두면 오래 기억에 남는다는 등의 이유였다.

인터뷰이 중 절반 이상이 함께 방문한 일행과 홀로 찍은 네컷사진을 교환하거나 지인이 혼자 찍은 네컷사진을 받아서 간직하고 있다고 답했다. 놀랍게도 지인으로부터 받은 네컷사진과 홀로 네컷사진을 찍을 때의 상황을 묘사할 때 공통적으로 등장한 단어가 '가성비 증명사진관'이었다.

그들에게는 실물 소장과 SNS 업로드용으로서의 구분이 무의미했다. 저마다의 이유로 포토부스를 혼자 방문했지만, 포토부스의 쓰임새는 대부분 같았다. 그날의 나를 기록할 수 있는 가성비 좋은 증명사진관! 자신의 사진을 실물로 소장하고 싶은 욕구가 기본 전제인 셈이었다. 사진이 마음에 들었을 때 SNS에 업로드하는 것은 부가적인 선택 사항이었다.

"최근에는 증명사진관처럼 포토부스를 이용하는 친구들이
많아졌어요. 주민등록증이나 이력서 사진이 필요해서 찍으러 갔다가
여러 장 뽑아서 나눠주기도 하거든요. 저도 다이어트를 하면서
살이 빠지는 과정을 정기적으로 기록하고 싶었는데 사진관은 가격이
비싸서 주로 포토부스에 가서 독사진을 많이 찍었어요." - 김ㅇㅇ, 23세, 대학생

"저는 포토부스를 가성비 증명사진관이라고 생각해요.
머리를 잘랐다거나 변한 내 모습을 부담 없는 가격에 좋은 퀄리티로
촬영해서 기록할 수 있으니까요." - 박ㅇㅇ, 25세, 취준생

"그날 입은 옷이나 내 모습이 마음에 들었는데 사진관은 비싸니
종종 포토부스에서 혼자 사진 찍었던 거 같아요." - 윤ㅇㅇ, 24세, 대학생

여덟 명 중 일곱 명이 홀로 포토부스에 방문하는 것은 즉흥적인 행동이라고 말했다. 일정을 혼자 소화하는 날, 스타일링이 마음에 들고 마침 길을 가다 포토부스를 발견하면 들어가서 촬영하는 식이었다. 반면 일행과 함께할 때는 대부분 계획적인 방문이라고 말했다. 일부 인터뷰이는 지인과 만나는 장소 근처에 애용하는 브랜드의 포토부스가 있는지를 미리 확인한다고 답하기도 했다. 여기서 눈에 들어온 건 그들이 말하는 '계획'의 의미였다.

> "
> 즉흥으로 이루어지는 거 같긴 한데, 친구들이랑 만나면
> 포토부스 방문은 디폴트 값으로
> 계획이 되어 있는 거 같아요." - 전○○, 23세, 대학생

> 친구들이랑 만날 때는 포토부스를 가는 게 애초에
> 계획 중 하나인 느낌이에요. - 전○○, 24세, 대학생

> 일행이랑 방문할 때는 즉흥이긴 한데,
> 완전히 즉흥이라고 보기 어려운 게 다 함께 노는 코스가
> 이미 짜여 있는 느낌이에요. 밥 먹고 카페 가고 이제 '포토이즘'
> 가야지 하는 것처럼요." - 안○○, 24세, 프리랜서
> "

그들이 말하는 '계획적 방문'은 미리 계획을 세우고 찾아가는 것이

아니라 일정에 포토부스 방문이 포함되어 있다는 의미였다. '만남'이 곧 포토부스를 방문할 당위적인 이유이자 목적이다. 반대로 홀로 방문할 때는 즉흥적인 발걸음이었을지라도, 포토부스를 이용하는 이유와 목적이 뚜렷했다.

126장의 네컷사진이 탄생한 이유

맨 처음 질문으로 다시 돌아가자. 24세 이현지 씨가 연간 126회 네컷사진을 찍은 이유는 무엇일까?

우선 일행과 함께 방문했을 경우를 탐색해 보았다. '실물로 간직할 수 있다'와 '그 자체로 추억'이라는 두 가지 가설은 무산되었지만, 반대로 그날 모임에서 포토부스를 방문하지 않을 때를 가정하며 새로운 가설을 도출했다. 포토부스에서 사진을 남기는 행위가 일행과 소속에 대한 피드백을 확인하는 과정이라는 결론에 도달할 수 있었다.

이어서 이현지 씨의 서랍에 보관되어 있던 또다른 네컷사진과 혼자 촬영한 사진도 살펴보았다. 혼자 방문할 때는 대부분 즉흥적인 방문이었으나, 포토부스의 쓰임새는 동일했다.

그날의 나를 기록하고 싶어서, 혹은 길을 걷다가 오늘 스타일링이 좀 괜찮다 싶어서……. 그리고 개별 심층 인터뷰를 통해 홀로 포토부스를 방문하는 사람들에게 포토부스가 갖는 의미는 '가성비 좋은 증명사진관'

이라는 사실도 알아냈다.

　　24세 이현지 씨 그리고 수많은 20대가 1년에 100번 넘게 네컷사진을 촬영한 이유를 종합해 보면 다음과 같다.

| 혼자 또는 여럿이 네컷사진을 찍는 이유 |

촬영 인원	단독	그룹
계획 여부	즉흥 방문	계획 방문
촬영 이유	그날의 나를 기록할 수 있는 가성비 뛰어난 증명사진관	일정에 포함되어 있으며, 만남이 곧 방문 이유가 되는 필수코스
사진 활용	실물 소장 > SNS 업로드	실물 소장 < SNS 업로드
촬영 프로세스	2단계 Pre(즉흥으로 사진 찍을 결심) → Shoot(자신에게 집중할 수 있는 시간)	3C 단계 1차 피드백(Certain) → 2차 피드백(Check) → 3차 피드백(Confirm)

　　즉, 포토부스는 가성비 증명사진관으로서 존재하면서 만남의 필수 코스 역할도 한다. 함께 찍었거나 혼자 찍었거나 인화된 사진을 나누어 가지며 애정을 견고히 다지기도 하고, 자신이 속한 단체에 대한 소속감을 드러내기도 한다.

20대에게 포토부스가 일상이 된 이유는, 그들의 내면 깊숙한 곳에 있었다. 그들이 포토부스를 방문하는 이유는 소속에 대한 피드백을 교환하고 확인받기 위해서다. 그리고 자신의 변화와 하루를 기록하고 '나'에게 집중하기 위해 홀로 포토부스를 찾는다.

한 가지 확실한 건 홀로 촬영한 사진조차도 누군가와 주고받거나 SNS에 게시하며 관계에 대해 끊임없이 질문을 던진다는 것이다. 우리 사이를 어떻게 정의하고 있는지, 나를 어떻게 정의하고 있는지 말이다.

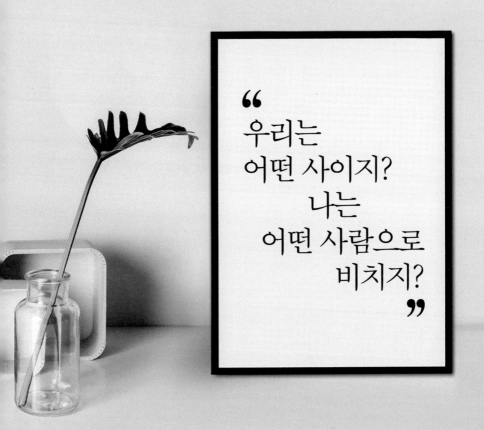

"
우리는
어떤 사이지?
나는
어떤 사람으로
비치지?
"

"나는 나를 연구한다"

"그래서 저희는 포토부스 벽에 사람들이 붙여둔 189장의 사진을 한 장 한 장 보면서 각 사진에 몇 명이 찍혔는지 확인해 보았습니다."

네컷사진팀의 발표를 듣고 필자는 그야말로 입이 쩍 벌어졌다. 왜냐하면 아무도 그 이유에 대해서 신경 쓰지 않던 소비자의 중요한 비합리적인 행동(돈을 주고 찍은 사진 중 한 장을 굳이 벽에 붙여 두고 오는 것)에서 '뭔가 있다'는 걸 포착했기 때문이다.

마치 드라마 <CSI : 과학수사대>의 과학수사관이나 셜록 홈스가 영감을 얻듯이 말이다. 과학수사관과 홈스는 쓰레기통을 뒤지기도 하고 멀쩡한 바닥을 뜯어내거나, 침대 매트리스를 자르는 등 보고 있으면 "굳이 저렇게까지"라는 말이 튀어나올 만큼 치밀하고 집요하게 조사한다. 왜 그렇게까지 하는 걸까? 결정적인 단서가 어디에 숨어있는지 아무도 모르기 때문이다. 상상할 수 있는 모든 걸 점검하는 노력 때문에, 이들은 다른 이들이 찾지 못하는 미궁에 빠진 사건의 원인과 진범을 찾아낼 수 있었다.

소비자로서의 '나'를 조사하는 방법 중에 'self diary'라는 기법이 있다. 소비자의 한 사람으로서 자신의 행동을 상당 기간 기록한 후 이를 분석하는 것이다. 이 방법은 외부 자극이라는 조사 행위가 주는 필연적인 편향(bias)을 최소화할 수 있는 훌륭한 방법이다. 이현지 탐사원은 네컷사진 헤비 유저(heavy user)인 자신을 꼼꼼하게 분석했다. 본인이 찍은 126장의 네컷사진 속에서 자신도 미처 몰랐던 숨어있는 니즈를 파악하기 위해 다각도로 가설을 세우고 분류하고 분석해 보는 'self photo analysis'를 시도한 것이다. 그 결과 상황, 인원, 니즈에 따라 저마다 다른 목적으로 네컷사진을 소비한다는 사실을 발견했다.

20세기를 만든 세 명의 사상가 중 한 명으로 꼽히는 '정신분석학의 창시자' 지그 문트 프로이트Sigmund Freud, 1856~1939 박사는 생전에 수백 편의 연구 논문과 많은 저작을 남겼다. 프로이트 박사는 본래 정신과 의사였다. 그의 수많은 연구는 환자를 진료하고 치료하며 얻은 결과물일 것 같지만 실은 오직 두 개의 사례만이 그렇다고 한다. 다른 연구와 저서는 누구를 연구한 결과일까? 바로 프로이트 자신이라고 한다.

우리가 간과하기 쉬운 '가장 연구·조사하기 용이하고, 데이터를 많이 보유하고 있는' 조사 대상자가 한 명 있다. 바로 우리 자신이다. 우리는 마케터이면서 소비자이고, 광고대행사 기획자이면서 소비자이고, 스타트업 대표이자 소비자이고, 제품 디자이너면서 또한 소비자다. 가설을 만들고 점검할 때 가장 먼저 자신을 대상으로 조사를 해보는 것이야말로 심층적 연구를 가능하게 하는 방법일지 모른다. 다만 'self research & self analysis'를 할 때 주의할 점은 '자기 객관화'를 해야 한다는 것이다. 연구자로서의 나와 소비자로서의 내가 한 몸이 되면 연구는 실패로 돌아간다. 두 개의 자아를 분리해 멀리 떨어져서 물어보고, 관찰하고,

프로이트는 45년간 330건의 논문을 썼다. 수많은 연구는 환자를 진료하고 치료하며 얻은 결과물일 것 같지만, 프로이트 자신을 연구한 결과라고 한다. 우리가 간과하기 쉬운 '가장 연구·조사하기 용이하고, 데이터를 많이 보유하고 있는' 조사 대상자는 바로

우리 자신이다.

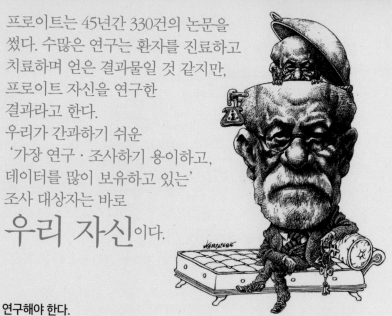

연구해야 한다.

이번 탐사를 지켜보고 함께 따라가면서 가장 흥미로웠던 가설과 연구 결과는, 모두 연결되어 있지만 더 외로운 디지털 시대의 소속감에 대한 것이었다. 365일 24시간 디지털 광장에 모여 있는 시대에 역설적으로 우리는 예전보다 더 외롭다. 미국 여론조사기관 갤럽이 142개국을 대상으로 설문조사한 결과에 따르면, 전 세계인의 24%가 매우 외로움을 느낀다고 답했다(2023년 11월 1일). 그리고 27%는 조금 외로움을 느낀다고 했다. 흥미로운 것은 SNS 등을 통해 주변 사람들과 활발히 소통하고 있는 젊은층이 노인층보다 더 외롭게 느낀다는 점이

다. 응답자 중 매우 외롭다고 답한 비율이 15~18세는 25%, 19~29세는 27%, 30~44세는 25%, 45~64세는 22%, 65세 이상은 17%로 나타났다.

이런 시대이다 보니 더 많은 소속감을 확인받고 싶어 하는 니즈가 존재하고, 그런 니즈가 포토부스의 폭발적 성장에 한몫했다는 주장에 크게 고개가 끄덕여졌다. 포토부스 세대가 아닌 셰르파로서는 낯선 밀림에서 흥미로운 탐험이었다.

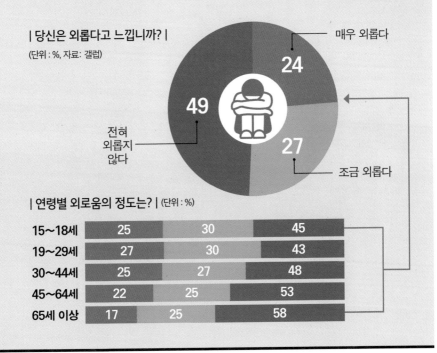

| 당신은 외롭다고 느낍니까? |
(단위 : %, 자료: 갤럽)

매우 외롭다
24
전혀 외롭지 않다
49
27
조금 외롭다

| 연령별 외로움의 정도는? | (단위 : %)

15~18세	25	30	45
19~29세	27	30	43
30~44세	25	27	48
45~64세	22	25	53
65세 이상	17	25	58

그녀들 집 앞의 놀이공원, 올리브영

'확증편향'이란 자신의 견해가 옳다는 것을 확인시켜 주는 증거는 적극적으로 찾으려 하는 반면, 반대되는 증거들은 무시하는 경향성을 뜻한다. 쉽게 말해 보고 싶은 것만 보고 듣고 싶은 것만 들으려 하는 태도다. 진실을 찾아 나가는 과정에서 확증편향은 경계해야 할 대표적 인지 오류다. '압도적 시장지배자'의 위치에 있는 기업이나 브랜드를 조사하다 보면, 확증편향에 빠지기 쉽다. 눈앞에 널린 수많은 성공 이유가 조사자의 눈과 귀를 멀게 하기 때문이다. 이번 탐사의 관람 포인트는, 헬스 앤 뷰티(H&B) 시장의 압도적 1위 브랜드 '올리브영'을 조사하며 연구자들이 확증편향의 위기를 어떻게 극복해 나갔는지다.

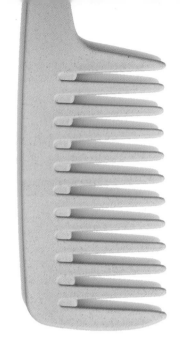

무엇이 그녀를 아침부터 줄 서게 했을까?

빗 하나 때문에 지각할 뻔?

함께 일하던 여직원과 있었던 일이다. 그녀는 퇴근 시간이 지나서까지
그날 업무를 남겨두는 법이 없었다. 일을 마친 그녀는 시곗바늘이
오후 6시를 가리키면 일말의 주저 없이 바로 퇴근했다.

칼퇴근의 비결은 남들보다 일찍 출근해서 퇴근 시간 전에 업무를
다 마치는 것이었다. 그런 그녀가 그날은 웬일로 오전 9시 정각에
딱 맞춰 헐레벌떡 출근했다. 그녀의 손에는 빗 한 자루가 들려 있었다.
평소와 다른 그녀 모습에 의아함을 느낀 필자는 그녀에게 물었다.

"아침부터 빗 사러 가느라 늦을 뻔한 거예요?"

그러자 그녀는 이렇게 답했다.

"아니, 출근 전 '올리브영'에 세일 제품 사려고 갔는데, 매장 안에 사람이
너무 많아서 화장품 볼 시간은 없고 해서 그냥 빗이라도 사 왔어요."

화장품을 사러 갔다가 필요하다고 생각한 적 없던 빗을 사 오게 되는 곳.

필자는 올리브영이 나이키와 비슷하다는 생각이 들었다. 나이키 매장에 신발을 사러 갔다가 번번이 두 손에 바람막이와 티셔츠를 들고나왔던 경험이 있기 때문이다. 이렇게 소비자가 자발적으로 필요를 만들어 내서 구매하는 '창조 소비'를 하게 되는 것은 모두 브랜드 파워에서 비롯된다.

올리브영은 CJ그룹에서 운영하는 국내 대표적인 화장품 유통점이다. 1999년 첫 매장을 연 이후 매출 1조 원 달성까지 17년, 2조 원 돌파까지 5년이 걸리며 가파르게 성장 중이다. 2023년에는 코로나19 엔데믹 (endemic : 일상적 유행) 영향으로 연결 매출이 4조 원을 돌파한 것으로 추정한다. '헬스 앤 뷰티(H&B)' 시장에서 랄라블라(GS리테일), 롭스(롯데쇼핑), 부츠(이마트) 등의 경쟁사를 일찌감치 제쳤으며, 현재 오프라인 기준 시장점유율이 70% 넘는 압도적 1위 기업이다.

올리브영의 브랜드 파워는 어디에서 나왔을까?
올리브영은 무엇이 다르기에,
우리는 화장품을 살 때 항상 올리브영에 갈까?

올리브영에 가는 수만 가지 이유

본격적인 조사에 앞서, 우리 팀은 가볍게 주제에 관해 이야기했다. "올리브영 매장이 제일 많아서 그렇지 않을까?" "올리브영 직원들이 확실히 손님을 편하게 해줘." "올리브영에서 사면 정품을 산 느낌이 들어."

이런 식으로 한참 얘기를 하다 보니, 올리브영에 가는 이유는 수도 없이 많았다. 이미 시장을 석권한 1위 브랜드가 잘 나가는 이유를 설명하는 것은 쉽게 느껴졌다. 그래서 우리는 산발적으로 나열된 이유를 그룹별로 묶어 네 가지 가설을 세워보았다.

브레인스토밍을 통한 가설 수립

우리는 왜 화장품을 사러 올리브영에 갈까?

가설 1 : 신뢰

드럭스토어, 로드샵이 주는 저렴한 브랜드라는 이미지에서 벗어나, 합리적인 가격에 품질 좋은 제품을 취급한다는 이미지 때문에 올리브영에서 주로 구매했을 것이다.

가설 2 : 다양성

올리브영이 다양한 브랜드 상품을 구비하고 있다고 믿기 때문에 올리브영에서 주로 구매했을 것이다.

가설 3 : **편안함**

'침묵의 배려(고객이 먼저 도움을 요청하기 전까지 매장 직원이 먼저 다가가 설명하지 않는 접객 서비스)'로 불리는 접객 서비스가 편안하게 구경할 수 있는 분위기를 조성해 올리브영에서 주로 구매하는 데 영향을 미쳤을 것이다.

가설 4 : **친밀함**

전국에 있는 오프라인 매장(1352개, 2024년 2월 기준)을 통해 소비자와 가장 많은 접점을 만들며, 브랜드와 소비자 간 친밀감을 쌓았기 때문에 올리브영에서 주로 구매했을 것이다.

이 네 가지 가설을 바탕으로 간단한 설문지를 작성했다. 흔히 설문이라고 하면 다섯 장이 넘어가는 다지선다형 설문지가 떠오르겠지만, 우리는 한 장으로 끝나는 주관식 설문지를 만들었다. 소비자의 편견 없는 진짜 이야기를 듣고 싶어 정해진 답 속에서 고르지 않도록 했다. 1주간의 설문을 통해 20대 남녀 147명의 다양한 의견을 들을 수 있었고, 이를 바탕으로 세 가지 아이디어를 얻게 되었다.

| 정량조사 결과 |

Q1. 올리브영을 처음 알게 된 계기와 시점

계기

- 34%
- 37%
- 8%
- 20%
- 1%

시점

- 15%
- 46%
- 25%
- 6%
- 6%
- 2%

■접근성 ■제품 구매 ■자연스레
■친구 추천 ■기타

■초 ■중 ■고 ■대
■어느 순간 ■무응답

Q2. 올리브영에 대한 선호도

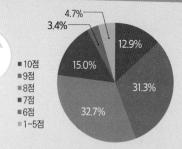

■10점
■9점
■8점
■7점
■6점
■1~5점

- 4.7%
- 3.4%
- 12.9%
- 31.3%
- 32.7%
- 15.0%

Q3. '올리브영'이라고 했을 때, 떠오르는 단어

식품 가까움 할인
친절
드럭스토어 알바생 가성비 잡화 및 향수
신뢰성
세일 **화장품 초록색**
편리함 다양성 젊음 올리브
오늘드림 CJ

Q4. 최근 올리브영 방문 경험

누구와
- 58%
- 25%
- 10%
- 7%

- ■ 혼자 ■ 친구
- ■ 부모님 ■ 애인

언제
- 66%
- 13%
- 13%
- 8%

- ■ 1개월 내 ■ 6개월 내
- ■ 1년 전   ■ 세일 기간

무엇을
- 73%
- 16%
- 11%

- ■ 화장품 ■ 기타 제품
- ■ 구경

Q5. 올리브영에 대한 가장 인상 깊은 경험

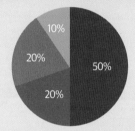

- 50%
- 20%
- 20%
- 10%

- ■ 친절한 직원
- ■ 다양한 제품
- ■ 세일
- ■ 기타

Q6. 올리브영 제품 구매 경로

오프라인　　온라인　　매장픽업

7 : 2 : 1

185

#2.
2030의
유비쿼터스 놀이터

함께 입문했지만 이제는 혼자 즐겨

"올리브영에 언제 처음 갔어?"라고 여자 동기들에게 물어보았을 때
다음과 같은 대답을 들을 수 있었다.

> "
>
> *중학교 가고 나서 화장에 처음 관심이 생겼을 때 갔지.*
> *화장을 안 하고 다녔는데 친구들이 립이라도*
> *도전해 보라고 하며 데리고 간 곳이 올리브영이었어.*
>
> "

　　10~20대 여성에게 올리브영은 '화장품'이라는 강한 연결고리를 통
해 어릴 때부터 친구와 함께 다녔던 곳이라는 걸 알 수 있었다. 설문 결과
에서도, 87.5%의 응답자가 초 · 중 · 고 학창 시절 처음 올리브영에 대해
알게 됐다고 응답했다.

설문 결과, 50%의 응답자가 올리브영을 선호하는 이유로 제품의 다양성을 꼽았다. 이들은 올리브영에 가면 원하는 화장품이 다 있다고 생각했다. 2030에게 올리브영은 관심 있는 것이 가득한 즐거운 공간으로 인식되고 있었다.

20%의 응답자는 친구의 추천으로 올리브영을 처음 알게 됐다고 했다. 가장 흥미로웠던 결과는 최근에 누구와 방문했는지를 물었을 때다. 혼자 방문했다는 응답자가 무려 60%였다.

처음 입문할 때는 친구와 함께였지만, 이제는 혼자 가는 경우가 더 많아진 것이다. 그 이유는 무엇일까? 올리브영을 젊고, 편한 공간으로 여기기 때문이다. '올리브영'을 듣고 가장 먼저 떠오르는 세 가지 단어를 물었을 때, 많은 응답자가 '젊은 느낌'을 언급했다.

'부담 없는 젊은이들의 공간'

20대 남녀는 올리브영을 코인노래방처럼 부담 없이 방문할 수 있는 젊은이들의 공간으로 여기고 있었다.

올리브영은 내 집 앞의 에버랜드

좋아하는 여자가 생겼을 때 무엇을 해야 할까? 그녀가 무엇을 좋아하는지, 어떤 매력을 어필해야 하는지, 어떻게 그녀를 웃게 할지 등 그녀를 공략할 포인트를 파악하고 준비해야 할 것이다.

그런데 이런 것들보다 가장 중요한 건, 일단 그녀 눈에 자주 띄는 것이다. 어떻게든 나를 알게 하고, 대화를 나눌 수 있는 접점을 만드는 등 나를 그녀에게 자주 노출해야 한다.

올리브영은 소비자를 유혹하기 위해 이러한 노력을 잘 해왔다. 전국 1352개(2024년 2월 기준)의 압도적인 매장 수로, 우리가 언제 어디에서든 올리브영을 방문할 수 있도록 탄탄한 인프라를 구축했다. 그렇다 보니 친구나 버스를 기다리는 등 잠시 시간이 비었을 때, 올리브영 매장에 들러 구경하며 시간을 보내는 사람이 늘어났다.

또한 설문 결과, 50%의 응답자가 올리브영을 선호하는 이유로 제품의 다양성을 꼽았다. 이들은 올리브영에 가면 원하는 화장품이 다 있다고 생각했다.

'유비쿼터스(ubiquitous)'는 '어디에나 존재한다'는 의미로 시간·장소의 제약 없이 접속할 수 있는 정보통신 환경을 설명하는 용어다. 필자는 올리브영이 2030의 유비쿼터스 놀이터라고 생각한다.

언제 어디서나 갈 수 있고,
갔을 때 내가 관심 있는 것들이 가득하여 즐거운 곳.
2030에게 올리브영은 집 앞에서 볼 수 있는
에버랜드 같은 공간이다.

올영세일은 1년에 4번 열리는 블랙 프라이데이

쇼핑을 좋아하는 사람이 1년 중 가장 기다리는 날은 단연 11월 마지막 주 금요일의 '블랙 프라이데이(Black Friday)'다. 블랙 프라이데이에는 대체로 파격적인 할인가에 물건을 살 수 있기 때문이다. 블랙 프라이데이를 기다렸다가 물건을 사기도 하고, 두 자릿수 할인율에 눈이 멀어 충동구매를 하기도 한다.

앞서 이야기한, 출근 시간보다 항상 일찍 출근하던 그녀가
올리브영 세일(이하 '올영세일') 날 빗을 충동구매 한 일화를 떠올려 보자.
올영세일은 1년에 4번 열리는 올리브영의 대표 할인 행사다.
그녀는 구매할 제품이 있어서라기보다는
'세일'이라는 이유만으로 올리브영을 방문했다.
그리고 예정에도 없던 빗을 샀다.
이것이 '세일의 힘'이라고 생각한다.
더구나 누구보다 손해 보는 것을 싫어하는 한국인에게
정기세일만큼 달콤한 유혹은 없다.
설문 결과에서도 응답자들은 올리브영을 선호하는
이유 2위로 '세일'을 언급했다. 최근 방문 경험이 언제였는지
물었을 때도 구체적인 시점이 아니라 '세일 기간'에
방문했다고 한 응답자가 상당히 많았다.

"올영세일 한대! 얼른 가자!!"

세일이라는 이유만으로도 방문하게 되는,
블랙 프라이데이처럼 쇼핑의 설렘을 주는 올리브영.
이제 올영세일할 때 올리브영을 방문하는 것은
하나의 습관이자 문화가 되었다.

올영세일
03.02 - 03.08
SALE

마음껏
지르거라   질러라!

#3.
소비자를
디깅(digging)하다

넓고 얕게 vs. 좁고 깊게

소비자의 생생한 목소리를 듣는 방법에는 몇 가지가 있다. 첫 번째가 '나'라는 소비자를 탐구하는 것이다. 나의 소비 패턴 속에서 대중의 소비 움직임을 읽을 수 있는 인사이트를 발견할 수 있다. 하지만 비흡연자가 '담배', 배달앱 VIP 고객이 '프라이팬', 동물과 함께 살아본 적 없는 사람이 '고양이 사료'에 관해 자신을 탐구해 알아낼 수 있는 건 없다. 이럴 땐 자신 말고 진짜 소비자에게 꼬치꼬치 물어야 한다.

많은 사람에게 얕은 의견만 얻을 수 있는 설문조사보다 소수의 사람에게 깊이 있는 대답을 얻을 수 있는 심층 인터뷰에서 더 큰 통찰을 얻을 수도 있다. 우리 팀도 설문조사에서 해결하지 못한 의문과 이에 대한 구체적인 답변을 얻기 위해 심층 인터뷰를 진행했다.

GING

DIGGING DIG

'디깅소비'라는 용어가 있다. 좋아하는 품목이나 영역을 깊게 파고들며 관련 제품을 구매하는 새로운 소비 문화를 가리킨다. '파고든다'라는 의미의 '디깅(digging)'은 1970~80년대 레코드 가게에서 LP판을 뒤적이며 새로운 음악을 발굴하던 데서 유래했다. 모름지기 소비자를 제대로 분석하려면 소비자를 기꺼이 디깅해야 한다. 우리는 올리브영 소비자인 20대 남녀 총 여섯 명과 인터뷰하며 그들을 디깅했다.

소비자를 디깅하며 알아낸 것들

Q1. 올리브영은 어떤 브랜드인가요?

"발 빠르게 MZ세대 겨냥을 잘하는 브랜드라고 생각한다. 인스타에서 유행하는 것들도 얼마 지나면 올리브영에서 팔고 있다." - 임**, 23세, 여성

"매장을 보면 그때의 트렌드를 알 수 있다. 온라인에서 잘 나간다 싶으면 무조건 올리브영에 다 입점되어 있다." - 안**, 23세, 여성

"약국에서 팔 만한 화장품 브랜드를 주력 브랜드로 들여왔기 때문에 건강한 느낌이 들어 믿고 사게 되는 것 같다." - 윤**, 24세, 여성

Q2. 가장 최근 올리브영에서 구매한 물건이 있다면 어떤 경로로 구매하셨나요?

"오빠 여드름 패치 살 때, 인스타그램에서 올리브영 '꿀템 추천' 콘텐츠를 보고 그중에 제일 좋다고 하는 패치를 샀다." - 임**, 23세, 여성

"〈올리브영에서 사야하는 5가지〉 영상이 유튜브 쇼츠에 떠서, 그 제품을 리뷰한 여러 영상을 보고 다음 날 매장에 가서 샀다. - 안**, 23세, 여성

"세일 기간에 구독하는 뷰티 유튜버의 영상을 보고 추천하는 물건을 구매한다."
- 허*, 21세, 남성

Q3. 다른 온·오프라인 스토어에서 구매할 수도 있는데, 올리브영에서 제품을 구매하신 이유는 무엇인가요?

"CJ ONE 포인트 적립 때문에 무조건 올리브영으로 간다." - 김**, 20세, 여성

"올리브영에서는 두 개씩 묶여 있는 패키지 상품이 많은데, 그게 가성비가 좋은 느낌이 들기 때문이다." - 임**, 23세, 여성

"다른 매장은 찾기 쉽지 않은데 올리브영은 어디에나 있기 때문이다." - 이**, 23세, 여성

Q4. 나에게 올영세일은 _____ 이다.

"나에게 올영세일은 [코인노래방]이다. 코인노래방에 간다고 생각하면 부를 곡이 없다고 걱정하지만, 막상 가면 부를 게 많이 생기고 끝날 때 아쉬워진다. 올영세일도 처음에는 살 게 없다고 생각하는데 막상 가면 살 게 엄청 많고, 세일이 끝나고 보면 못 산 게 남아 있어서 아쉬움을 느낀다." - 임**, 23세, 여성

"나에게 올영세일은 [유혹]이다. 사지 않으면 왠지 손해 보는 것 같은 기분이 들어서 무조건 사야겠다는 생각이 든다." - 안**, 23세, 여성

"나에게 올영세일은 [돈을 모으는 기간]이다. 사서 쟁여둘 수 있기 때문에 돈을 써도 얻는 느낌이 든다." - 윤**, 24세, 여성

"나에게 올영세일은 [일확천금의 기회]이다. 적은 돈으로 최대한 이득을 많이 볼 수 있기 때문이다." - 허*, 21세, 남성

Q5. 올리브영을 사람으로 비유한다면 어떤 사람일 것 같나요?

"25살 중반의 밝은 성격일 것 같다. MZ 느낌으로 '알잘딱깔센(알아서 잘하고 딱 깔끔하고 센스 있다를 줄인 인터넷 표현)'." - 김**, 20세, 여성

"모든 트렌드를 잘 알고 있는 요즘 사람 느낌이 강하게 난다." - 임**, 23세, 여성

"드라마 〈스물다섯 스물하나〉의 주인공 나희도 같은 사람일 것 같다. 성격이 밝고 많은 사람에게 따뜻함을 주는 사람 같다." - 이**, 23세, 여성

"30대 초반 여성에 어리지도 그렇다고 나이 들지도 않은 직장 선배 같은 느낌이다. 지킬 것은 지키면서 다 품어주는 사람. 그래서 올리브영에 가면 마음이 편해진다." - 안**, 23세, 여성

"30대 초반이고 MBTI는 'ENFJ'인 여성. 'J'처럼 계획적으로 운영하는 사람인 것 같다. 공감하는 마케팅, 따뜻한 이미지가 강해서 밝고 차분한 느낌의 'E'인 것 같다."
- 윤**, 24세, 여성

"드라마 〈우리들의 블루스〉에 나오는 젊은 만물상 같은 느낌이다. 자유롭게 여기저기 돌아다니면서 사람들 만나는 것을 즐기고, 자기 경험을 이야기하는 걸 좋아하는 사람 같다." - 허*, 21세, 남성

#4.
플러링 장인, 올리브영

올리브영의 소비자 스킨쉽

20대 남녀 총 여섯 명을 디깅한 결과,
깊고 풍부한 대답을 들을 수 있었다. 각자 표현하는
방법은 달랐지만 분명 이들이
공통으로 말하는 부분이 있었다.
우리는 이전의 설문조사 결과와 심층 인터뷰 응답을 종합해
올리브영 소비자 구매 여정을 정리하고 결론을 도출했다.

소비자의 구매 여정

인지 > **고려** > **구매** > **충성**

한 번 사볼까?
: 올리브영 추천타래, 추천템 등 SNS를 통해 소비자 유인

> ❝
> 〈올영세일 때 꼭 사야 하는 5가지〉 유튜브 쇼츠 영상을 보고
> 올리브영에 가서 한 번 발라봐야겠다고 생각했어요.
>
> 트위터에서 추천템, 피부별 추천타래 등과 같은
> 정보 글을 접하고 구매하러 갔어요.
> ❞

최근 3개월간 올리브영과 연관된 키워드 분석을 했을 때, SNS상에서 가장 많이 언급되는 연관 키워드는 '추천타래' 였다. 이런 식으로 우리는 휴대폰을 쓰다가 자연스럽게 올리브영의 SNS 광고에 노출된다. 이것이 소비자 마음 한편에 있던 충동구매 욕구를 자극했다. 즉, 매일 같이 접하는 SNS 속에서 우리는 올리브영을 떠올리게 만들 콘텐츠를 접하고, 이를 통해 '올리브영 한 번 가볼까?' 같은 생각을 하게 된다.

올리브영에서 기다릴게
: 뛰어난 접근성이 단순 방문 유발

> ❝
> 올리브영은 어디에나 있는 것 같아요.
> 그래서 대기 장소 같은 느낌이에요.
> 약속이 있는데 친구들이 많이 늦으면 올리브영에서 기다려요.

SNS상에서 가장 많이 언급되는 올리브영 연관 키워드는 '추천타래'였다. 매일 같이 접하는 SNS 속에서 우리는 올리브영을 떠올리게 만들 콘텐츠를 접하고, 이를 통해 '올리브영 한 번 가볼까?' 같은 생각을 하게 된다.

올리브영 연관 키워드 분석

> 보통 지하철역 주변에 올리브영이 있으니까 버스 기다릴 때,
> 여름에 시원하고 겨울에 따뜻하니까 맘 편하게 들어가게 돼요.

올리브영을 인지하고 있는 소비자는 매장을 자주 그리고 부담 없이 방문하고 있었다. "집 주변에 올리브영 어디 있어요?"라고 물으면 분명 저마다 떠오르는 매장이 있을 것이다. 매장 수 기준으로만 따지면 올리브영은 국내 H&B 시장점유율 85%에 달한다.

올리브영은 진정 소비자를 꾈 줄 아는 '플러팅 장인'이다. 어디에나 있고, 특히 젊은 사람이 자주 오고 가는 지하철역이나 번화가 근처에 항상 있다. 직원들이 물건을 사지 않아도 눈치를 주지 않기 때문에 '만남의 광장' 역할을 한다.

비교도 해보고, 테스트도 해봐야지
: 다양한 제품군과 체험 요소는 오프라인 스토어의 강점

> 올리브영에는 뭐든 사고 싶은 건 다 모여 있다는 이미지가 있어요.
> '내가 찾는 게 무조건 있겠지' 하는 마음으로 들어가는 것 같아요.

> 다양한 연령대와 성별 구분 없이 필요한 여러 제품을
> 한 번에 해결할 수 있어서 좋아요. 그리고 사고 싶은 것들이
> 다 올리브영에 있어서 좋아요!

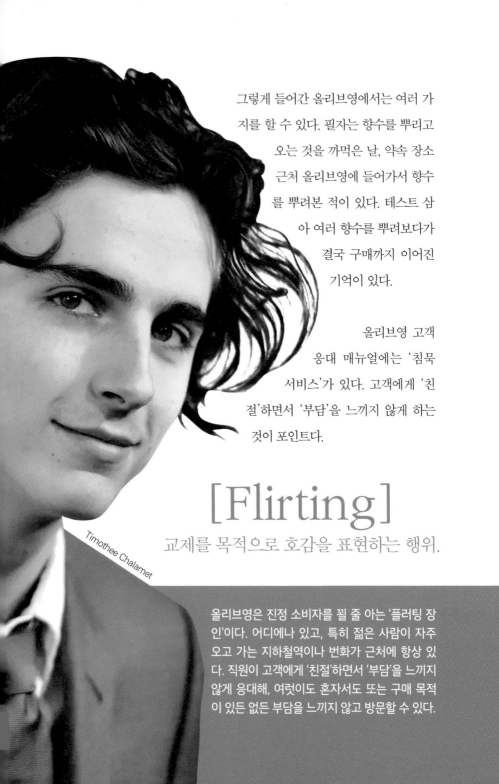

그렇게 들어간 올리브영에서는 여러 가지를 할 수 있다. 필자는 향수를 뿌리고 오는 것을 까먹은 날, 약속 장소 근처 올리브영에 들어가서 향수를 뿌려본 적이 있다. 테스트 삼아 여러 향수를 뿌려보다가 결국 구매까지 이어진 기억이 있다.

올리브영 고객 응대 매뉴얼에는 '침묵 서비스'가 있다. 고객에게 '친절'하면서 '부담'을 느끼지 않게 하는 것이 포인트다.

[Flirting]
교제를 목적으로 호감을 표현하는 행위.

Timothee Chalamet

올리브영은 진정 소비자를 꾈 줄 아는 '플러팅 장인'이다. 어디에나 있고, 특히 젊은 사람이 자주 오고 가는 지하철역이나 번화가 근처에 항상 있다. 직원이 고객에게 '친절'하면서 '부담'을 느끼지 않게 응대해, 여럿이도 혼자서도 또는 구매 목적이 있든 없든 부담을 느끼지 않고 방문할 수 있다.

목적 없이 또는 테스트해 볼 요량으로 매장을 방문했는데 직원이 "고객님, 찾으시는 물건 있으신가요?"라고 한 마디 던지면, 그때부터 중압감이 느껴진다. 올리브영은 고객이 묻지 않으면 직원들이 먼저 나서서 제품을 추천하거나 설명하지 않는다.

하지만 고객이 먼저 물어보면 언제나 친절하게 답한다. 부담 없이 원하는 제품을 테스트하며 비교해 볼 수 있는 올리브영은 친구끼리 혹은 혼자서도 시간을 보내며 즐길 수 있는 놀이터가 되었다.

올영세일 하네! → 사야겠다
: 정기적인 파격 세일은 또 하나의 유인책

"
쟁여두려고 사는 기간입니다.
무조건 가야 하고 무조건 사야 하는 기간이 바로 올영세일이에요!

솔직히 화장품 조그마한 것 하나에 3만 원 이상 하면 고민돼요.
올영세일이라고 하면 그런 제품도 많이 할인되는 걸 아니까,
기억해 놓고 장바구니에 담아 놨다가 세일 때 꼭 사는 편이에요.
"

평소 가격에 크게 구애받지 않고 아무 때나 구매하는 사람도 있지만, 결국 다들 올영세일을 기다렸다. '올영세일'은 소비자들을 매장으로 이끄는 종소리 역할을 했다. 소비자들은 평소에 관심 있었던 제품을 세일 때 기다렸다가 사기도 하고, 막상 세일이라고 해서 이것저것 구경하다가 두 손 가득 챙겨 나오기도 했다.

이래서 내가 올리브영 가잖아
: 좋은 제품을 합리적으로 구매했다는 믿음과
  높은 브랜드 신뢰도로 소비자 락인(Lock-In)

"

올리브영에서 구매하면 좋은 품질의 제품을 저렴하게 산 느낌이 들어요. 그리고 다른 브랜드보다 보편적이고 세련된 느낌이 들어요.

적어도 화장품 종류는 조금 더 비싸다고 해도 올리브영에서 구매하는 것 같아요.

"

구매한 제품의 만족도와 입점 브랜드에 대한 올리브영의 까다로운 심사 시스템 등은 올리브영을 믿음직한 브랜드로 만들었다. 특히 올리브영은 일본의 '드럭스토어'를 모델로, 약국에서 팔 만한 더마 화장품(dermatology+cosmetic)을 주력 브랜드 삼아 성장했다.

OLIVEYOUNGOLIVEYOUNGOLIVEY

'락인(Lock-In) 효과'란 소비자가 어떤 제품·서비스를 한 번 사용하기 시작하면 다른 제품·서비스로 전환하기 어려워지는 현상을 뜻한다. 올리브영은 SNS 광고를 통한 인지, 뛰어난 접근성과 테스트 공간으로서의 강점, 그리고 올영세일과 높은 신뢰를 바탕으로 소비자를 락인하고 있다.

LOCK-IN LOCK-IN

LOCK-IN LO

그래서 소비자들에게 올리브영에서 판매하는 제품은 믿을 수 있는 성분으로 만들어졌다는 공감대가 형성되어 있다. 판매하는 제품의 성분과 성능 등에 대한 신뢰는, 올리브영이란 브랜드에 대한 높은 충성도로 이어졌다.

SNS 광고를 통한 인지, 뛰어난 접근성과 테스트 공간으로서의 강점, 그리고 최적의 구매 기간 올영세일, 마지막으로 올리브영을 이용하며 구축된 높은 신뢰도까지. 이것이 바로 올리브영이 소비자를 유혹하는 과정이었고, 우리는 이런 올리브영의 플러팅에 당하며 항상 소비해 온 것이다.

#5.
올리브영을
망하게 해보자!

Change The Question!

"끝없이 의심하라!" 이 프로젝트를 주도하고 계신 교수님께서
늘 강조하시던 말씀이다. 하지만 어떻게 의심해야 할까?
H&B 시장에서 랄라블라와 롭스가 사업을 철수하며 올리브영
독점 구도로 이어지는 상황이었다. 이런 상황에서는 사람들이
올리브영에 가야 하는 이유만 보였다. 그러던 차에 교수님이
소개해 주신 과거 사례들이 떠올랐다. 1980년대 후반부터
2010년대 초반까지, 전 세계적으로 가장 큰 휴대폰 제조사 중
하나였던 핀란드의 '노키아(NOKIA)'. 휴대폰 시장의 절대 강자였던
노키아는 1996년 세계 최초 스마트폰인 '노키아 9000'을 출시해
놓고도, 핵심 사업이던 피처폰에 주력하다 혁신의 시기를 놓쳤다.
이어 새로운 기술 도입 속도에 대응하지 못하며 경쟁 업체에
시장을 빼앗겼고, 결국 휴대폰 사업 부문을 매각하게 되었다.

"애들아, 우리 올리브영을
한 번 망하게 해보는 게 어때?"

터무니없는 소리처럼 들리지만, 전 세계적인 기업도 망하는 상황 속에서 올리브영 또한 그러지 않으리라는 법이 있는가? '올리브영을 망하게 하는 법'으로 시점을 전환했을 때 우리가 놓쳤던 부분을 찾을 수 있다고 믿었다.

올리브영을 망가뜨릴 단 하나의 방법

심층 인터뷰 응답을 되돌아보았다. 다른 시각에서 같은 응답지를 보니 새로운 것이 보이기 시작했다.

> "
> 웹에서 가장 가까운 점포를 확인하고 방문한 다음 정작 사는 건
> 올리브영 웹사이트에서 하는 것 같아요. 그게 더 저렴한 경우가 많아요.
>
> 검색을 통해 알아낸 제품이 있으면 네이버나 쿠팡을 통해
> 가격을 비교한 다음 구매하는 것 같아요.
> 가격면에서는 조금 신중하게 알아본다고 할까요.
> "

올리브영에 방문한 소비자들이 구매 직전에 인터넷 최저가와 비교한다는 응답들이 보였다. 여태 이 응답을 보고도 그냥 지나친 것이다!

우리는 두근대는 심장과 함께 이를 현장에서 직접 확인하기 위해 올리브영 매장으로 달려갔다. 세 개 지점(한대앞역점, 시화점, 배곧점)에서 30분씩 머물며 관찰조사를 진행했고, 구매 직전에 가격 비교를 하는 일곱 명의 소비자를 발견했다. 그 순간 머릿속을 스친 한마디.

'올리브영에서 테스트하고 쿠팡에서 사면 되는 거 아냐?'

사실, 온라인 뷰티 시장은 올리브영도 무시할 수 없는 새로운 격전지이다. SSG닷컴, LOTTE ON, 마켓컬리, 무신사 등 다양한 이커머스 기업들이 뷰티 사업을 강화하고 있다.

올리브영도 '오늘드림(올리브영 온라인 몰에서 주문하면 3시간 이내에 가까운 매장에서 집으로 배송해 주는 서비스)' 같은 온라인 서비스를 제공하고 있고, 올리브영 모바일 앱 누적 다운로드 수는 834만 건에 달하는 등 온라인 뷰티 시장에서도 경쟁력을 갖추기 위해 노력을 하고 있었다.

쿠팡은 어떨까? 시장조사 업체 오픈서베이에 따르면, 2022년 뷰티 제품 온라인 구매 증가 주요 채널 1위는 네이버 쇼핑, 2위는 올리브영 온라인몰이었고, 그 뒤를 이은 곳이 바로 쿠팡이었다.

현재 쿠팡은 홈페이지에 뷰티 카테고리를 가장 상단에 배치하고 있으며, 쿠팡에서 가장 사랑받은 뷰티 제품을 합리적인 가격에 구매할 수 있도록 분기별로 기획전을 진행하는 등 뷰티 사업에 많은 투자를 하고 있

'올리브영에서 테스트하고 쿠팡에서 사면 되는 거 아냐?'

체리 피킹(cherry picking)은 가장 먹음직스러워 보이는 체리만 골라서 따는 즉, 선택 가능한 대상 중에서 좋은 것만 골라가는 소비자의 행태를 가리키는 말이다.

다. 하지만 쿠팡이 언급된 순간, 여러분은 이런 생각이 들었을지 모른다. '에이, 그래도 누가 화장품을 쿠팡에서 사?'

> *"스킨케어 제품은 쿠팡에서 절대 안 사요.*
> *유통기한이 얼마 남지 않은 제품을 싸게 파는 이미지가 있어서*
> *잘 구매하지 않는 것 같아요."*

맞다. 현재 쿠팡의 가장 큰 문제점은 뷰티 카테고리에 있어 신뢰도가 낮다는 점이다. 쿠팡에서 개인 판매자가 가짜 제품을 판매해 논란이 있었던 적이 꽤 여러 차례 있었기 때문에 여전히 '조심해야 한다'는 여론이 있다. 사실 쿠팡은 판매자와 소비자를 연결해 주는 '중개자'이기 때문에 짝퉁 제품이 있더라도 처벌할 수 없는 구조적인 어려움이 있다.

체리 피커의 공격도 비껴갈 수 있는 올리브영만의 강점

그래서 쿠팡이 당장에 올리브영을 망하게 할 수 있다는 생각 대신, 한 가지 전제를 세웠다.

If
쿠팡이 뷰티 카테고리에서 신뢰도를 높이면, 어떻게 될까?

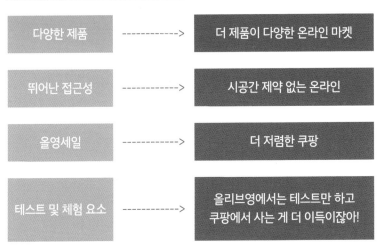

더 이상 올리브영만의 강점이 되지 않는
많기만 했던 뻔한 이유들

다양한 제품	------------>	더 제품이 다양한 온라인 마켓
뛰어난 접근성	------------>	시공간 제약 없는 온라인
올영세일	------------>	더 저렴한 쿠팡
테스트 및 체험 요소	------------>	올리브영에서는 테스트만 하고 쿠팡에서 사는 게 더 이득이잖아!

올리브영이 보유한 다양한 제품 라인업은 더 다양한 제품을 구매할 수 있는 온라인 마켓 앞에서 더 이상 장점이 되지 않는다. 언제 어디서나 갈 수 있었던 올리브영이지만, 시공간의 제약 없는 온라인 시장에서 소비자는 굳이 집 밖으로 나가지 않아도 된다.

가격 면에서도 모두가 환호했던 올영세일 기간의 할인가보다 쿠팡 최저가가 더 경쟁력 있다. 테스트 및 체험 요소는 올리브영의 확실한 강점이 맞다. 하지만 이는 바로 매출로 이어지지 않는 속 빈 강정일 수 있다.

"올리브영에서는 테스트만 하고 쿠팡에서 사세요!
그게 더 합리적이잖아요."

쿠팡이 소비자와 신뢰를 쌓는다고 가정하는 순간, 그 많던 올리브영의 강점은 더 이상 매력적으로 느껴지지 않았다. 즉, 더 이상 올리브영만의 강점이 되지 않는 뻔한 이유들이었다.

하지만 쿠팡이 한순간에 신뢰도를 높이기는 쉽지 않기 때문에, 올리브영도 쉽게 망하지 않는다는 것은 누구나 안다.

그런데도 우리는 이 과정을 통해 조금 더 정답에 가까워졌다. 올리브영에게 있어 가장 중요한 강점이자 사람들이 올리브영에 가는 근원적인 이유가 바로 **'신뢰'** 라는 점을 발굴했다!

> **쿠팡이 소비자와 신뢰를 쌓는다고 가정하는 순간,
> 그 많던 올리브영의 강점은 더 이상
> 매력적으로 느껴지지 않았다.**

올리브영을 두 달간 들여다보며 - 때로는 올리브영을 망하게 하겠다는 생각으로 - 느낀 바는, 앞으로도 올리브영은 잘될 것이라는 점이다.

2021년부터 올리브영은 온라인몰에서 리뷰 블라인드 시스템을 도입하며 가짜 리뷰를 차단하려고 노력하고 있고, 생생한 고객 리뷰를 강화해 소비자와의 신뢰를 더 두텁게 하고 있다.

또한 까다롭다고 할 만큼 엄격한 입점 기준을 유지하고 매장 직원 교육을 통해 소비자와의 접점에서 신뢰를 강화하는 등 올리브영은 '신뢰'가 자사의 중요한 가치임을 알고 있다.

즉, 더 이상 올리브영만의 강점이 되지 않는 뻔한 이유들이었다.

올리브영이 이러한 방향성을 유지해 나간다면 소비자들이 편하게 방문하는 뷰티 편의점이자, 품질을 신뢰하는 명품 H&B 스토어로서 계속해서 성장해 나갈 것으로 전망한다.

"내 인생을 망치러 온 나의 구원자"

"천상천하 유아독존. 올리브영을 과연 누가 이길 수 있을까?" 최근 화장품 브랜드 컨설팅을 여러 차례 진행하면서 올리브영의 유통 파워에 대해서 조금은 알게되었다. 올리브영에 입점하게 되었다고 너무나 기뻐하던 담당자의 표정을 보면서, '올리브영은 이미 유통채널 중 하나 정도가 아니라 대한민국 코스메틱 브랜드들의 생살여탈권을 쥔 기업이 아닐까?'하는 데 생각이 미쳤다.

올리브영팀이 본격적으로 가설을 세우고 조사를 해 온 결과를 보고, 필자의 생각은 더욱 확고해졌다. 그중 단연 최고라 꼽을 수 있는 소비자 목소리는 "친구와의 약속 시간이 남아 있으면 올리브영에 가서 새로 나온 핸드크림을 발라보고, 립밤도 써 보면서 시간을 보낸다(심지어 약속 장소도 올리브영으로 정한다)"라는 것이었다.

디지털 시대를 꽃피운 많은 온라인 플랫폼이 목표로 내세웠던 건, 당장 매출을 올리는 것이 아니라 방문자의 체류시간을 극대화하는 것이었다. 무료로 이메일을 주고받고, 커뮤니티에서 같은 관심사를 가진 사람들과 정보를 교류하고, 뉴스를 읽고, 클라우드에 데이터를 업로드하고……. 다양한 서비스를 이용하고 오랫동안 머무를수록 언뜻 생각하면 소비자가 이익인 것 같다. 하지만 플랫폼이 더 커지고 새로운 비즈니스 기회가 창출됨으로써, 결국은 플랫폼이 점점 더 지배적인 위치를 점하게 된다. 매주 올리브영팀의 새로운 조사 결과를 들으면서 네이버와 구글이 떠오른 건 필자만이 아니었을 것 같다. 심지어 갈 때마다 '친구와 상당히 오래 체류하면서 즐거운 경험을 한다'는 점에서 '코인노래방'이나 '집 앞의 놀이공원' 같다는 생각이 들었다. 상황이 이러하니 올리브영은 어떤 경쟁자가 와도 이기기 쉽지 않고, 어떤 위기가 와도 흔들릴 것 같지 않았다.

자신의 생각에 부합되는 정보는 수용하지만, 그렇지 않은 정보는 무시하는 행위를 '확증편향(confirmation bias)'이라고 한다. 월가의 스타 펀드매니저 브루스 버코위츠는 확증편향에 빠지지 않기 위해 투자 결정을 정당화하는 뉴스나 정보를 찾기보다는 반대로 회사가 망할 가능성을 꼼꼼히 살핀다고 한다. 그럼에도 그 회사를 망하게 할 수 없다면, 정말 투자할 만한 가치가 있는 좋은 기업으로 판단한다고 한다.

"
나는 주식투자
종목을 고를 때
어떻게 하면 그 회사를
망하게 할지 고민한다.
"

_브루스 버코위츠(Bruce Berkowitz)

이때쯤 함께 강의를 듣는 - 필자처럼 올리브영 프로젝트를 흥미롭게 구경하고 있는 - 다른 학생들에게 물어봤다.

"여러분은 앞으로 올리브영이 어떻게 될 것 같나요? 앞으로 더 잘 된다 혹은 잘 안될 수도 있다?" 필자와 모든 학생은 만장일치로 '더 잘될 것 같다'에 한 표를 던 졌다. 그러자 프로젝트에 관한 흥미가 뚝 떨어졌다.

"잠깐, 그러면 올리브영을 '망하게' 해보면 어떨까?" 국내외 대기업들이 보안시스 템을 점검하고 개선점을 찾는 방법 중에 '모의 해킹'이라는 것이 있다. 큰 상금을 내걸고 화이트해커 등 외부 전문가들을 대상으로 자사의 시스템을 해킹해 보라 고 하는 것이다. 올리브영이 왜 잘 되는지, 심지어 앞으로 어떻게 될지 알게 된 - 그래서 더 이상 할 게 없어진 - 올리브영팀에게 '모의 해킹' 같은 추가 과제를 제 안했다.

"올리브영을 망하게 하려면 어떻게 해야 할지 찾아보면 어떨까?"

마케팅 역사에서 절대 망하지 않는 브랜드란 없다는 걸 잘 알고 있기 때문이다. 대우자동차, 노키아, 동양매직, 크라운베이커리. 그 당시 소비자들은 이 브랜드가 평생을 갈 거로 생각했다. 그러나 아시다시피 지금은 우리 곁에 없는 브랜드들이다.

추가 과제를 받은 올리브영팀이 찾아낸 최종 결론은, 바로 누군가 올리브영을 망하게 한다면 그건 '쿠팡'이라는 것이었다. 단 이 가정이 성립하기 위해서는 하나의 조건이 필요하며, 그것은 '쿠팡이 뷰티 카테고리에서 소비자와 신뢰를 쌓는다'라는 것이었다.

필자는 올리브영팀의 놀라운 가설과 인사이트에 박수를 보내면서도 반신반의했다. 비록 무서운 속도로 모든 업종의 디지털마켓을 집어삼키는 쿠팡이지만, 아무리 그래도 코스메틱 시장을 꽉 잡은 올리브영을 쿠팡이 이길 수 있을까?
그리고 1년여 시간이 지나고 나서 올리브영팀이 미래를 정확히 예측했다는 것을 알고 소름이 돋았다(이 연구는 2022년 하반기에 진행했다). 2023년이 되자 곳곳에서 쿠팡이 올리브영의 아성을 넘보고 싸움을 마다하지 않을 정도로 빠르게 성장하고 있다는 기사가 터져 나오기 시작했다.

『Black Swan』의 저자인 나심 탈레브Nassim Nicholas Taleb, 1960~의 말처럼 필자 역시 "미래를 예측하는 것은 불가능하다"라고 생각하지만, 올리브영과 쿠팡의 대결 구도를 예측한 제자들을 보면서 아주 뿌듯하고 기분 좋았다. 소비자로서 앞으로도 올리브영의 성장과 진화, 쿠팡과의 치열한 전쟁을 흥미롭게 지켜보려 한다.

한국인이 가장 좋아하는 패션 브랜드, 스타벅스

스타벅스의 아성에 대해서는 말하면 입이 아플 정도다. 전국 어딜 가나 목이 좋은 곳, 사람들이 몰리는 곳, 경치 좋은 곳에는 어김없이 스타벅스가 떡하니 자리 잡고 있다. 우리 국민의 스타벅스 편애는 동네 카페 폐업률(12.8%)과 스타벅스 폐업률(1.3%)을 비교해 봐도 알 수 있다. 그뿐 아니라 스타벅스 기프티콘은 카카오톡 선물하기를 통해 '한국인의 선물용 표준 통화'가 되었다고 해도 과언이 아니다. 이번 탐사는 누구나 사랑하지만 그 이유는 아무도 모르는 존재, 스타벅스의 비밀에 다가서는 과정이다.

#1.
코로나바이러스를 이긴
컵 장사

대기 인원 8711명, 스타벅스에 무슨 일이?

2021년 9월 28일. 여느 때와 같은 아침을 보내는 중 친구에게서 연락이 왔다. 스타벅스 애플리케이션(이하 앱) 접속 대기자가 100명이 넘어간다는 것이었다. 나도 스타벅스에 가는 길이었다. 하지만 고작 앱 하나에 오류가 난 소식까지 나에게 전해주는 친구의 오지랖에 피식 웃음이 났을 뿐 대수롭지 않게 생각했다. 하지만 스타벅스에 도착했을 때 단순한 앱 오류가 아니라는 것을 깨달았다.

매장 앞에는 사람들이 길게 줄을 서 있었다. 평일 오전에 스타벅스 대기줄이 소문난 맛집임을 인증하는 대기줄처럼 길었다. 앱에 뜬 대기 인원은 1000명을 훌쩍 넘겼다. 연예인이 온 건지, 무슨 사건이 터진 건지 궁금했지만 긴 줄을 마냥 기다릴 수 없어서 아까 연락해 준 친구에게 물어보았다.

알고보니 그날은 스타벅스 '리유저블 컵' 이벤트 당일이었다. 스타벅스 창립 50주년과 세계 커피의 날(10월 1일)을 기념하여 음료를 주문하면 50주년 기념 일러스트가 그려진 다회용 컵에 음료를 담아주는 행사라고 했다. 스타벅스도 사람이 몰릴 줄 알았던 건지, 1회에 주문할 수 있는 음료 양을 최대 20잔으로 제한해 놓았다.

동네 카페 줄폐업 속에 스타벅스만 싱글벙글

2021년 9월은 연일 코로나19 확진자가 최고치를 경신하며, 사회적으로 전 부문이 경색되어 있던 시기였다. 당시 카페 시장 상황은 처참했다. 코로나19 사태가 터지면서 오프라인 매장 이용객이 크게 감소함에 따라, 경영 악화를 버티지 못한 자영업자들의 폐업이 줄을 이었다.

식품 성분 분석 앱 '엄선'이 이용자 1127명을 대상으로 설문조사를 진행한 결과, 2020년 코로나19로 인해 51%의 사람이 커피전문점 이용 횟수를 줄였다고 답했다. 테이크아웃 횟수가 늘어났다고 응답한 사람은 34%나 되는 것으로 나타났다.

스타벅스가 전국 매장에서 음료를 주문하면 다회용 컵을 주는 '리유저블 컵 데이' 행사를 진행하면서, 대다수 매장에서 음료 대기 시간이 1시간 넘게 걸렸다. 비대면으로 음료를 주문할 수 있는 스타벅스 앱은 한때 동시 접속자가 8000명이 넘어가면서 접속이 지연되기도 했다.

행정안전부 지방행정 인허가 데이터에 따르면 동네 카페 폐업률은 2020년 기준 12.8%로 스타벅스 폐업률 1.3%와 비교했을 때 매우 높은 수준이었다. 심지어 스타벅스 폐업률은 2019년 대비 0.2% 포인트 감소했다. 주요 프랜차이즈를 제외한 동네 카페의 폐업률은 94.1%에 달했다.

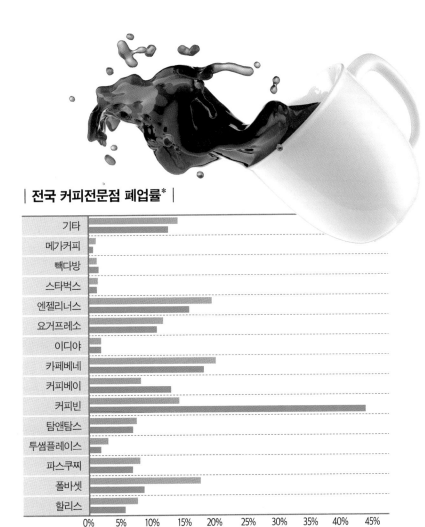

| 전국 커피전문점 폐업률* |

기타	
메가커피	
빽다방	
스타벅스	
엔젤리너스	
요거프레소	
이디야	
카페베네	
커피베이	
커피빈	
탐앤탐스	
투썸플레이스	
파스쿠찌	
폴바셋	
할리스	

0%   5%   10%   15%   20%   25%   30%   35%   40%   45%

■ 2019 ■ 2020

자료 : 행정안전부 지방인허가 데이터
* 폐업율 = 폐업 매장 수 / 총 매장 수

2020년 폐업한 커피전문점 중 동네 카페에 해당하는 '기타'의 폐업률이
12.8%로 평균(11.6%)을 웃돌았다. 스타벅스의 폐업률은 1.3%로
2019년 대비 0.2% 포인트 감소했다.

221

왜 이런 차이가 발생했던 것일까? 오프라인 취식이 줄고 테이크아웃이 증가한 상황에서, 더 가깝거나 훨씬 저렴하게 이용할 수 있는 카페는 충분히 많았을 것이다. 그런데 왜 스타벅스는 건재했고 동네 카페는 쓰러졌던 것일까?

이러한 의문을 품고 우리는 대형 프랜차이즈 카페를 주로 이용하는 2030세대를 대상으로 더 저렴하거나 가까운 카페가 있음에도 스타벅스를 이용하는 진짜 이유를 알아보고자 했다.

| 카페 종류별 이용 경험 | (단위 : %)

전체(1349명)	성별		연령대			
	남 (662명)	여 (687명)	20대 (336명)	30대 (357명)	40대 (344명)	50대 (312명)
대형 프랜차이즈 카페 예) 스타벅스, 할리스 등	52.6	53.4	56.8	56.9	51.2	46.5
중소형 프랜차이즈 카페 예) 빽다방, 메가커피 등	23.9	21.8	21.4	25.2	27.0	17.0
동네 개인 카페	19.8	18.8	17.6	13.7	18.0	28.8
베이커리 카페 예) 파리바게트 카페 등	2.0	3.5	2.4	2.8	1.5	4.5
디저트 카페 예) 파이 · 도넛 전문점 등	0.6	1.5	1.8	0.3	0.9	1.3
스페셜 티 카페 예) 테라로사, 블루보틀 등	0.8	0.9	0.0	0.8	1.5	1.0

* 출처 : 오픈서베이 2020

#2.
스타벅스를
왜 좋아하시나요?

생각의 그물망을 넓게 펼치기

사실 "스타벅스를 왜 좋아하시나요?"라고 물어보면 대답은 어느 정도 정해져 있다는 것을 알고 있었다. 스타벅스의 서비스가 다른 카페와는 다르다든지, 우리나라 원두커피의 선두주자라든지 금방 떠오르는 대답이 분명히 있었다.

그러나 무엇이 정답인지 판단할 만한 근거가 아무것도 없었다. 전문가 의견이 담긴 글이나 영상도 일단 의문을 품고 조사하는 것이 원칙이었기 때문에, 우리는 원점에서 시작해야 했다.

일단 생각의 그물망을 넓게 펼치는 작업이 필요했던 우리는 '스타벅스도 카페'라는 생각에서 출발해 보기로 했다. 먼저 우리의 의문을 나열해 보았다.

스타벅스의 커피 맛, 디저트 등이 다른 곳보다 우수하기 때문일까?
스타벅스 매장이 다른 곳보다 분위기가 좋기 때문일까?
스타벅스라는 브랜드가 주는 이미지를 소비하기 위해서일까?
선물 받은 스타벅스 기프티콘을 쓰기 위해서일까?
스타벅스 굿즈를 받기 위해 e-프리퀀시를
적립하려고 방문하는 걸까?
……

이런 의문들을 조합해 분류하고 보니 '카페'하면 떠오르는 것과 스타벅스의 차이를 비교하기 위해 설문지를 만들 필요를 느꼈다. 고심 끝에 여러 질문을 만들었지만, 핵심 질문은 "스타벅스 하면 / 카페 하면 떠오르는 세 가지를 말씀해 주세요"였다. 키워드에 대해 가장 먼저 떠오르는 세 가지가 소비자에게 있어 가장 중요한 구매 이유이거나 브랜드에 대한 지배적인 생각이기 때문이다. 해당 질문의 응답은 오른쪽과 같았다.

'카페' 하면 떠오르는
단어 세 가지

커피
스타벅스
공부

MD*
비싸다
초록

'스타벅스' 하면 떠오르는
단어 세 가지

* MD : 스타벅스 브랜드를 활용한 상품들로 텀블러, 키링 등·

'스타벅스 = 카페'라는 생각 지우기

'카페'하면 떠오르는 단어 중 가장 많이 나온 키워드는 '커피, 스타벅스, 공부'였다. '스타벅스'하면 떠오르는 단어 중 가장 많이 나온 키워드는 'MD, 비싸다, 초록'이었다.

카페는 곧 커피를 위주로 소비하는 곳, 스타벅스는 가장 유명한 카페 브랜드. 그리고 조사 대상인 2030세대가 공부하러 카페에 자주 가기 때문에 '커피, 스타벅스, 공부'라는 응답은 충분히 예상했던 것이다.

하지만 스타벅스에 관한 응답은 예상 밖이었다. 스타벅스 하면 가장 먼저 떠오르는 것이 커피도 디저트도 아닌 'MD'라는 점이 그랬다. 여러 상품과 함께 커피를 판매하는 편집숍도 아닌데 말이다. 다시 생각해 보니 그럴 수밖에 없었겠다는 생각이 들었다.

스타벅스 매장에 한 번이라도 가본 사람은 알 것이다. 스타벅스 카운터 근처에는 컵, 텀블러, 키링 등 스타벅스 브랜드를 활용한 다양한 상품이 진열되어 있다. 주문 후 음료가 나오기 전까지 MD 상품을 구경하는 사람들의 모습을 쉽게 볼 수 있다. MD 상품에 대한 애정이 극진하니, 50주년 리유저블 컵을 받겠다고 평일 오전에 긴 대기줄 행렬에 합류하길 마다하지 않았을 것이다. 스타벅스가 카페라는 점에서 출발한 우리는 '음료나 먹을 거리를 파는 곳'이라는 프레임에 갇혀있었다.

정량조사 결과,
소비자들은 스타벅스에
카페 이상의 의미가 있다고
말하고 있었다.

Starbucks
≠
Cafe

　　스타벅스 하면 가장 먼저 떠오르는 단어가 MD라고 나온 이상 연구를 '스타벅스 = 카페'라는 등식에서 출발하면 안 된다는 결론이 나왔다. 스타벅스가 소비자에게 카페 그 이상의 의미를 갖는다는 증거였기 때문이다.

#3.
틀리진 않았지만,
정답도 아니다

올바른 방향을 위한 다시 생각하기

배를 운항할 때 키를 1도만 틀어도 도착지는 완전히 달라지는 것처럼
출발점에서 방향을 어떻게 설정하느냐에 따라 결과는 완전히 달라진다는
말이 있다. 우리는 방향 설정을 올바르게 하였는지 되묻는 것으로
조사를 다시 시작했다.

새로운 방향을 설정하면서 우리가 세운 조건에도 의문이 들기 시작했다.
우선 '더 저렴하거나 가까운 카페가 있음에도'라는 조건을 수정해야겠다고
판단했다. 해당 조건을 내세운 이유는 카페를 이용할 때 우선하여
고려하는 요인이 '가격'과 '매장과의 거리'라고 생각했기 때문이다.

하지만 자료조사, 자체 설문조사, 주변 지인들 이야기를 종합해 보았을 때
스타벅스를 자주 이용한다고 답했던 사람들은 가까이 있는

카페도 자주 방문한다고 했다. 그리고 현재
스타벅스와 같은 대형 프렌차이즈 카페와 동네 카페의
음료 가격이 크게 차이가 나지 않는다는 점을 깨달았다.
개성 있는 인테리어 등 '감성'에 소구하는 일부 카페들은
오히려 스타벅스보다 훨씬 비싼 가격에
커피를 판매하고 있다는 것도 알게 되었다.
처음으로 돌아가 보았다. 왜 스타벅스를 주제로 선정하였던가?
시작은 '사람들이 스타벅스를 좋아하는 이유가 무엇일까?'라는 의문이었다.

다른 카페보다 스타벅스를 더 많이 '이용'하는 것이 아닌, 스타벅스를 더 많이 '좋아하는' 이유가 궁금했던 것이다.

애착이나 충성심에 대한 의문. 즉, 브랜드 선호에 대한 의문이었다.

필자는 '애플'이라는 브랜드를 정말 좋아한다.
스티브 잡스Steve Jobs, 1955~2011의 크리에이터적인 면모,
애플만이 줄 수 있는 감성과 디테일에 대한 집착 등 소위 '앱등이
('애플'과 '꼽등이'의 합성어로, 애플 제품에 대한 추종이 지나친 사람을 비하하는 은어)'를
양산해 낼 수밖에 없는 이런 요소에 필자 또한 빠져있는 것이다.
하지만 필자는 애플 제품을 단 하나도 가지고 있지 않다.
애플이라는 브랜드를 좋아하지만 제품을 이용하지는 않는 것.
즉, '브랜드 선호'와 '이용'을 분리해서 봐야 한다는 결론에 도달했다.

2030만 스타벅스를 사랑하는 게 아니었다

관점을 바꾸고 나니 조사 대상도 다시 생각할 수밖에 없었다. 현장에서 인사이트를 얻어보겠다고 카페에 갈 일이 있으면 일부러 스타벅스에 가고 회의도 스타벅스에서 진행했다. 그러다 보니 중장년층 고객이 생각보다 스타벅스를 많이 찾는다는 점을 발견했다. 통계도 같은 이야기를 하고 있었다.

| 최근 1개월 내 이용했거나 주로 이용하는 브랜드 | (단위 : %)

	20대	30대	40대	50대
스타벅스	53.2	67.2	54.4	45.2
이디야	15.6	16.8	15.6	22.4
투썸플레이스	16.0	6.8	8.4	9.2

* 자료 : 오픈서베이 2020

첫 번째 접근에서 조사대상으로 20~30대를 선정한 이유가 이들이 대형 프랜차이즈를 이용하는 주 연령층이었기 때문이다. 하지만 40~50대의 스타벅스 이용률 역시 54.4%와 45.2%로 매우 높은 편이며, 다른 프랜차이즈 카페와 비교해도 스타벅스 이용률이 월등히 높았다.

우리는 조사의 대상을 넓히고 브랜드 선호 관점에서 분석해 보고자 '20대에서 50대를 대상으로, 무수히 많은 카페가 있음에도 스타벅스를 특히 더 좋아하는 진짜 이유'를 알아보는 것으로 조사 방향을 바꾸기로 했다.

40~50대 또한 다른 프랜차이즈 카페보다
스타벅스 이용률이 월등히 높았다.

스타벅스를 사랑할 수밖에 없는 여섯 가지 이유

스타벅스를 카페 카테고리에 국한 지을 수 없었기 때문에, 스타벅스에 대한 소비자 경험을 더욱 꼼꼼하게 들여다보기로 했다. 스타벅스의 대표적인 특징이라고 할 수 있는 것들을 나열해 보았다.

스타벅스의 대표적인 특징

1. 콜마이네임(Call My Name)

스타벅스 앱에 이름(또는 닉네임)을 등록하고 주문하면, 음료가 나왔을 때 번호 대신 앱에 등록된 이름으로 불러주는 서비스다. 이디야알바생, 경찰청철창살, 삐리빠라뽕뽕 등 재미있는 닉네임이 인터넷에서 화제가 되기도 하였다.

2. 퍼스널옵션

스타벅스는 메뉴를 주문할 때 다양한 옵션을 추가하거나 변경할 수 있다. 예를 들어 시럽을 두 번 추가한다거나, 자바칩을 세 번 더 추가한다는 식으로 활용할 수 있으며 사이렌오더를 통해 주문하면 하나의 옵션을 무료로 제공한다.

3. 파트너 제도

우리가 스타벅스 매장에서 흔히 볼 수 있는 직원들은 모두 정규직으로 고용되고 '파트너'라고 불린다. 따라서 직원들에게 더 철저한 교육과 규정 준수가 요구된다.

4. 기프티콘

기프티콘은 모바일에서 주고받는 바코드를 통해 결제가 가능한 쿠폰으로 카카오톡 선물하기, 기프티쇼 등에서 구매 및 선물이 가능하다.

5. MD

'굿즈(goods)'라고도 부르는 스타벅스 상품으로 텀블러, 키링, 컵 등 다양한 상품이 있다.

6. 시즌 프리퀀시 이벤트

스타벅스는 여름 · 겨울 시즌에 프리퀀시 이벤트를 진행한다. 정해진 음료를 포함하여 특정 개수의 음료를 구매하면 사은품을 주는 이벤트다.

이 정도만 나열했는데도 소비자들은 스타벅스를 이용할 때 보통 카페와는 차별화된 경험을 하는 것 같았다. 그리고 어쩌면 이러한 경험들이 복합적으로 어우러져 지금의 스타벅스에 대한 선호도를 만들어 냈을지도 모르는 일이다.

하나의 답을 향해 깊이 생각하기

그래서 직접 물어보기로 했다. 우리가 선택한 방법은 '심층 인터뷰'다. 소수의 소비자에게 언제 어디서 누구와 함께 어떤 이유로 소비했는지, 평소 어떤 방식으로 브랜드를 경험하는지, 가장 최근의 경험은 어떠했는지 등 깊이 파고들고 집요하게 묻는 방식이다.

이렇게 질문함으로써 크게 여섯 가지로 나눈 스타벅스에서 할 수 있는 경험이 브랜드 선호에 어떻게 영향을 미쳤는지 파악해 볼 계획이다. 그렇게 우리는 20대에서 50대까지 그리고 스타벅스 파트너까지 섭외해서 인터뷰를 진행했다. 여섯 명의 소비자 그리고 한 명의 파트너에게서 뽑아낸 공통적인 대답은 바로 '일관성'이었다.

첫 번째는 **제품 관점에서의 일관성**이다. 스타벅스는 품질에서 일관성을 철저하게 유지하고 있기 때문에 어느 지역의 스타벅스에 가도 균일한 맛을 느낄 수 있다는 것이 공통된 대답이었다. 일곱 명 모두 어떤 매장을 방문하든 품질이 보장된다는 믿음을 가지고 있었다. 실제로 국내 다른 지역 스타벅스에서든 해외에 있는 스타벅스에서든 커피 맛은 모두 비슷했다는 응답을 받았다.

두 번째는 **서비스 관점에서의 일관성**이다. 스타벅스의 직원들은 '파트너'라 불리고 정규직으로 채용되어 철저한 교육을 받는다. 심층 인터뷰 대상자 중 스타벅스 파트너는 타 카페에서는 어떤 직원을 만나느냐에 따라 응대의 친절함이나 고객의 경험이 달라질 수밖에 없다고 했다. 그러나 스타벅스는 서비스가 균일하고 뛰어난 면이 있다고 어필하였다.

소비자도 마찬가지로 서비스의 일관성을 느끼는 것으로 확인됐다. 일례로 스타벅스에서 음료를 쏟으면 직원이 자리를 닦아주며 커피를 리필해 줄지 꼭 묻는다고 한다. 필리핀에서 스타벅스에 가본 경험이 있는 응답자는 한국과 마찬가지로 똑같은 친절함과 서비스를 제공받았다고 대답했다.

세 번째는 **부가서비스 관점에서의 일관성**

이다. 인터뷰이들은 퍼스널옵션을 통해 어떤 스타벅스 매장에서든 내가 원하는 옵션을 자유롭게 선택할 수 있다고 응답했다. 자주 가던 매장에서 요청하던 레시피를 다른 지역에서도 똑같이 요청하여 동일한 음료를 맛볼 수 있다는 것이다. 레시피를 앱에 등록해 놓으면 사이렌오더로 간편하게 주문할 수도 있다. 또한 사이렌오더로 주문하면 앱에 등록한 이름으로 어느 매장에서든 똑같이 불릴 수 있으며, 직원들이 자신의 이름을 부르면 브랜드가 나를 기억하고 알아주는 느낌을 받기도 한다고 응답했다.

우리는 제품, 서비스, 부가서비스에서 보여주는 스타벅스의 일관성이 곧 사람들이 스타벅스를 좋아하게 만드는 요인이라고 1차로 결론지었다.

제품, 서비스, 부가서비스에서 보여주는 스타벅스의 '일관성'이 곧 사람들이 스타벅스를 좋아하게 만드는 요인이지 않을까?

사진은 스타벅스 음료 사이즈와 2023년 계묘년 맞이 굿즈 상품 라인업.

Venti
(591ml)

Grande
(473ml)

Tall
(335ml)

스타벅스가 일관성을 잃었을 때 소비자의 반응

이를 증명하듯 다음과 같은 사례를 찾아볼 수 있었다. "좋아하는 것을 좋아해"라는 슬로건과 스타벅스 프리퀀시(한정판) 굿즈 디자인의 변화는 스타벅스의 일관성이 깨져 소비자들이 실망하고 있는 대표적인 사례. 두 가지 모두 '예전 같지 않다'라는 반응이 주를 이룬다.

"좋아하는 것을 좋아해"라는 문구에 대해 소비자들은 스타벅스의 세련되고 힙한 감성은 사라지고, 우리나라 아무 식당에서나 찾아볼 수 있는 "너는 먹을 때 제일 예뻐"라는 문구같이 흔해 빠진 느낌이 들었다고 한다.

해마다 두 차례 스타벅스가 출시하는 프리퀀시 굿즈는 '품절 대란'과 '고가의 재판매' 등이 발생하며 큰 인기를 모았다. 그런데 2022년 여름에 출시한 캐리어와 파우치 등 7종의 프리퀀시 굿즈는 저조한 판매량으로 언론에 오르내렸다. 제품 라인업 공개 당시에 '이래도 살 거야?' 에디션이라고 비꼬며 디자인에 불만을 드러낸 소비자가 많았다. 물론 디자인은 주관이나 취향이 반영되는 영역이지만, 곳곳에서 동일한 반응이 나타나는 것을 보면 무시할 수 없는 현상일 것이다.

즉, 소비자가 일관성을 느끼고 있는 영역은 사람들이 스타벅스를 좋아하는 이유이고, 일관성을 잃어버리고 있는 영역은 사람들이 스타벅스에 실망하고 있는 부분이다. 소비자들의 엇갈린 반응을 확인한 우리는 '일관성'이라는 속성이 사람들의 호감도를 좌우하는 원인이라고 확신했다.

#4.
응답하라!
1999!

맥도날드는 왜 스타벅스만큼 사랑받지 못하는 걸까?

"그 방향이 틀리지는 않았지만
이게 전부는 아닌 것 같다."

나름 정답에 가까워졌다고 생각했던 우리에게 교수님의 말씀은
꽤나 충격적인 피드백이었다. 설문지를 만들고 스타벅스의
고유 강점(USP : Unique Selling Proposition)을 경쟁사와 비교도 했으며
심층 인터뷰를 통해 소비자의 경험까지 파고들었다.
이 정도면 스타벅스의 거의 모든 것을 살펴보았다고 할 수 있지 않은가?
그런데 또 무엇을 빠뜨렸다는 말일까?

피드백을 자세히 들어보자.

"넓게 바라보자.
제품의 퀼리티, 서비스나 차별적 기능으로
일관성이라는 점을 꼽았다면
맥도날드는 어떨까? 서브웨이는 또 어떻고?
프랜차이즈라는 사업체의 속성 자체가
제품이든 서비스든 일관성을 유지하는 것이
중요하잖아. 그런데 맥도날드나 서브웨이는
왜 스타벅스만큼 사랑받지 못하는 걸까?
일관성만으론 설명되지 않는 것 같아.
카페베네나 엔제리너스 같은
브랜드는 가게마다 차이가 있는데
스타벅스는 일관적이다?
스타벅스라서 일관성이 있는 게 아니라,
수십 년간 쌓아온 매뉴얼이 있는
글로벌 프랜차이즈들의 특성이
일관성 아닐까?"

'일관성' 때문에 많은 사람이 스타벅스를 사랑한다면, 맥도날드나 서브웨이는 왜 스타벅스만큼 사랑받지 못하는 걸까? 사진은 패스트푸드의 유해성을 경고해 화제를 모은 다큐멘터리 <슈퍼 사이즈 미> 포스터에 삽입된 캐릭터. 맥도날드의 캐릭터인 '로날드 맥도날드'를 살이 찐 광대로 희화화했다.

글로벌 프랜차이즈이기 때문에 전 세계적으로 동일한 퀄리티를
유지하고 일관된 서비스를 제공하는 것은 당연한
경영 방침일 것이다. 각 브랜드가 추구하는 마케팅 방향은
다를 테지만, 일관성을 추구하는 것은
다른 글로벌 프랜차이즈도 마찬가지라는 의미이다.
그렇다면 왜 맥도날드와 서브웨이는
스타벅스가 받는 사랑을 똑같이 받지 못하는 것일까?

우리가 지금까지 알아낸 것은
'사람들이 스타벅스를
좋아하는 이유'가 될 순 있겠지만
스타벅스가 '유독' 사랑받는 이유를
설명하기에는 부족했다.

교수님께서는 한 가지 제안을 하셨다.

"과거로 돌아가 보자.
믹스커피를 마시는 문화가 주류였던
대한민국에 아메리카노를 들여온 것이
스타벅스란 말이야.
새로운 패러다임을 제시한 거지.
거기서부터 시작해야 하지 않을까?"

BACK TO THE 1999

1971년~   1987년~   1992년~   2011년~

1971년 미국 워싱턴주 시애틀 시내 중심부에 있는 파크 플레이스 마켓에 스타벅스 1호점(사진)이 문을 열었다. 현재 스타벅스는 64개국에 총 2만 3187개의 매장을 운영하고 있다. 국내 스타벅스 1호점은 1999년 7월 27일 이화여대 앞에 문을 연 '이대점'이다.

확실히 과거로 돌아가 볼 생각은 하지 못했다. 스타벅스에 대한 소비자 경험을 파고든다면 이유를 찾을 수 있을 것 같았다. 직접 소비하지 않았더라도 누군가가 스타벅스 종이컵을 들고 다니는 것을 본 어릴 때 기억, 동경하던 어른이 스타벅스에서 음료수를 사주었던 추억, 미디어에서 접한 스타벅스의 모습 등 간접적인 경험 또한 브랜드 경험이라는 관점에서 충분히 살펴볼 가치가 있었다.

영화 〈어벤져스 : 엔드게임〉에서 인피니티 스톤을 찾아오기 위해 시간여행 장치를 개발한 것처럼, 스타벅스가 한국에 처음 들어왔을 때로 돌아가기 위해 과거에 초점을 맞춘 소비자 경험을 다시 한번 파고들기로 했다.

된장녀의 필수품, 스타벅스 커피

스타벅스가 한국에 들어왔을 때 이슈의 정점에 있던 것은 '가격'이었다. 스타벅스 1호점이 오픈한 1999년 7월 27일을 기준으로 대한민국 최저임금은 시간 당 1600원이었다. 같은 시기 담배 한 갑이 1000원이었으며 짜장면이 3000원 정도였다. 스타벅스 아메리카노는 3000원, 카페라떼는 짜장면보다 비싼 3500원이었다(톨 사이즈 기준). 스타벅스 커피 한 잔은 엄청난 사치였고 당시 사람들은 스타벅스 커피를 마시는 사람을 허영심에 잔뜩 사로잡혀 있다고 비난하기도 했다.

당시 비슷한 맥락으로 떠오르던 키워드가 '된장녀'였다. 된장녀는 허영심 많고 사치가 심한 여성을 비하해 부르던 유행어다. 명품백, 신상 구두 그리고 스타벅스 커피가 된장녀의 상징이었다. 허영과 사치 그리고 된장녀. 과거 스타벅스가 이렇게까지 부정적인 어휘로만 표현되었다면 지금의 절대적 사랑은 어떻게 생겨난 걸까?

　　우리는 된장녀라 불렸던 사람이 스타벅스를 이용하는 이유를 언급한 인터뷰를 찾아보았다. 인터뷰 속 여성의 주장은 개인의 취향을 왜 허영으로 치환해 매도하느냐는 것이었다. 개인적으로 점점 더 많은 것을 해야 하는 시대에 스타벅스는 나만의 공간을 오롯이 제공해 주는 장소이며, 본인은 그러한 가치를 스스로 결정할 뿐이라는 얘기였다.

　　그녀의 주장은 2024년 현재 너무 일상적인 모습이다. 식사는 대충 해결하더라도 본인의 관심사에는 아낌없이 투자하려는 성향, 직업적인 성공이 아닌 개인의 성장에 초점을 맞춘 '업글인간(성공보다 성장을 추구하는 새로운 자기개발 형태)', '갓생(하루하루 계획적으로 열심히 사는 삶)'이라는 용어의 등장 등 모두 보편적으로 정해진 가치에서 벗어나 스스로 중요하게 생각하는 것에 집중하는 모습이지 않은가. 또한 현재 40~50대를 심층 인터뷰한 결과,

그들 또한 된장녀라 불리던 사람들의 소비는 개인적인 선택으로 존중한다는 응답이 공통적이었다.

허영, 사치, 된장녀라는 자극적인 말들이 온라인상에 등장하고 이들을 부정적으로 묘사하는 기사가 확산하면서 사람들의 진짜 생각이 감춰져 버린 것은 아닐까 생각했다. 이를 증명하듯 같은 인터뷰에서 2000년 대 초반 스타벅스를 소비하는 사람들을 어떻게 생각했는지 물어보았을 때 "유행에 민감하며 세련되면서 앞서나간다는 느낌이었다"라는 응답이 지배적이었다.

이렇게 응답하면서 언급한 또 하나의 키워드가 영화 〈악마는 프라다를 입는다〉의 편집장이었다. 그녀가 스타벅스 커피를 들고 책상에 앉아있는 모습은 소위 '뉴요커'라 불리는 능력 있는 사람, 화이트컬러를 대표하는 모습이었다. 된장녀라는 부정적인 단어 속에 감춰져 있던 '트렌디하다'는 생각과 영화 속 '뉴요커'의 모습이 현재 40~50대가 좋아하는 스타벅스의 이미지를 만드는 기반이 아니었을까 생각했다.

영화 <악마는 프라다를 입는다> 속 유명 패션 잡지 <런어웨이>의 편집장 미란다 프리슬리(메릴 스트립 역). 미란다는 성공한 커리어우먼의 표본이었다. 그녀와 잡지사 직원들은 일할 때 꼭 스타벅스 커피를 마셨으며, 그들이 마실 커피를 사 오는 일은 사회초년생인 앤드리아(앤 해서웨이 역)의 주요 업무였다.

#5.
스타벅스는
패션이다!

맥북과 아이패드가 아니면 스타벅스에서 쫓겨난다?

스타벅스의 초창기를 경험하지 못했던 20~30대의 생각은 어떻게 알아낼 수 있을까? 이들의 경험은 모두 제각일 것이었다. 학교 선생님이 사다 주신 음료수가 우연히 스타벅스 제품이었을 수도 있고, 부모님 친구 모임을 따라갔더니 그 장소가 스타벅스였을 수도 있다. 실제로 필자가 그랬다.

20~30대의 스타벅스에 대한 공통된 인식을 파악하기 위해 우리가 주목한 포인트는 '애플'이었다. '스타벅스'라고 검색해도 여러 키워드를 볼 수 있는데, 왜 하필 애플이었냐 반문할 수도 있겠다. 우선 커뮤니티에서 돌던 '애플밈'을 아는가?

애플 제품이 아닌 노트북, 태블릿을 들고 스타벅스에 가면 쫓겨난다는 밈이다. 스타벅스에 애플 제품만 출입할 수 있다는 게 말이 안 되지만,

애플이 주는 힙하고 세련된 감성이 스타벅스 이미지와 일치하는 점이 있어 '왠지 모르게 그럴 것 같은' 인상을 남기는 것이다.

MZ세대에게 유행하는 '스타벅스 입장권'이라는 표현이 있다. 스타벅스에 앉아 커피를 마시려면 애플의 맥북(노트북)을 사용해야 한다는 의미다. 스타벅스 이용자 중에 맥북 사용자가 유난히 많다는 것을 표현한 유머다.

또한 우리가 인터뷰한 20~30대에게서 비슷한 맥락의 응답을 찾을 수 있었다. "디자이너 혹은 개발자처럼 멋지게 맥북을 펼쳐놓고 집중하고 있는 모습." "스타벅스에 앉아있는 사람이 어떤 사람일 것 같나요?"라는 질문에 대한 응답이었다. 이외에도 응답 내용 중 '똑똑할 것 같은', '깔끔한 직장인 혹은 학생회장'의 이미지가 있었다.

즉, 20대부터 50대까지 그 배경은 다르지만 모두가 스타벅스에 세련되고 트렌디하며 앞서 나간다는 느낌을 공통으로 가지고 있었다.

결국 스타벅스를 '유독' 좋아하는 이유는 세대를 불문하고 형성된 브랜드 이미지를 자신에게 투영하고 싶어 하는 욕구가 반영된 것이라는 결론에 도달했다.

그런 건 모르겠고 스타벅스면 무난한 거 아닌가?

이러한 결론에 공감하는 사람이 있는 반면 고개를 갸우뚱하는 사람도 있었다. 아직 놓친 부분이 있다는 것이었다. 이 결론에 공감하지 못했던 사람들은 스타벅스를 다른 카페보다 좋아하긴 하지만 브랜드를 자신에게 투영한다거나, 스타벅스가 트렌디하고 앞서 나가는 것 같은 느낌을 받지 않았다는 대답을 공통으로 했다.

이 부분을 해결하기 위한 포인트는 의외로 가까이 있었다. 스마트폰을 사용하는 사람이라면 스타벅스 기프티콘을 한 번쯤 받아보고 사용해 보고 선물도 해보았을 것이다. 실제로 스타벅스 기프티콘은 '카카오톡 기프티콘'에서 가장 많이 선물한 쿠폰 전체 순위 1, 2위를 차지하기도 했다. 그렇다면 브랜드 이미지에 영향을 받지 않는 사람이 스타벅스를 선호하는 이유를 밝힐 단서가 기프티콘에 있지 않을까 생각했다.

기프티콘을 보통 누구와 어떤 의미로 어떤 때에 주고받는지 물어보았다. 인터뷰 결과를 요약하면 "스타벅스 기프티콘은 친하지 않은 사람에게도 부담 없이 가볍게 줄 수 있는 선물이면서 주로 감사와 성의의 표시로 준다"는 것이었다. 하지만 아무리 작은 선물이라 할지라도 남에게 주는 것이기에 신경 쓰지 않을 수 없을 것이다. 심지어 감사와 성의의 표시를 하기 위해 준다니 스타벅스 기프티콘이 가진 더 깊은 의미가 궁금할 수밖에 없었다.

그러던 중 이전에 인터뷰했던 사람 중 한 명이 했던 이야기가 뒤

늦게 눈에 들어왔다. "스타벅스는 내 일상에 스며들어 버렸어." '스며들었다'라는 말은 떼어낼 수도 지워낼 수도 없다는 의미다. 스타벅스가 일상에 깊게 자리를 잡았다는 것은 결국 앞서 결론 내린 '일관성'과 관계가 있다. 맛, 서비스, 매장 분위기 등 전 세계 어디를 가나 일관성을 유지하면서 동일한 브랜드 경험을 제공하는 스타벅스. 이 때문에 어느 매장에 가든 일정 수준 이상의 퀄리티가 보장된다.

이런 인식을 많은 이들이 공유하고 있기 때문에

스타벅스 기프티콘을 선물하는 것은 '리스크'를 최소화하는 결정이다.

즉, 스타벅스는 누구나 적당히 만족할 수 있는 브랜드로 자리 잡았기 때문에 브랜드 이미지에 영향을 받지 않는 사람들 또한 스타벅스를 선호하는 것이라고 결론 낼 수 있었다.

스타벅스라는 의미의 재정의

스타벅스의 브랜드 이미지를 자신에게 투영시키고 싶기 때문이거나 누구나 적당히 만족할 수 있는 브랜드이기 때문에 2050세대는 무수히 많은 카페가 있음에도 스타벅스를 특히 더 좋아하는 것이었다. 이렇게 결론을 짓고 나니 2050세대가 스타벅스를 특별히 더 좋아하는 이유를 한 가지 개념으로 정의할 수 있을 것 같았다.

"패션"

패션에 신경 쓰는 이유는 자신만의 방식으로 개성을 표현하거나 동경하는 인물을 닮고 싶어 하는 욕구가 있기 때문이라고 한다. 스타벅스가 주는 브랜드 이미지를 본인에게 투영하여 '스타벅스'스러운 자신의 매력을 보이고 싶어 하는 욕구가 있다면, 마치 명품 브랜드처럼 스타벅스를 선호하는 것이다.

패션에 크게 신경 쓰지 않는 사람은 개성이나 동경과는 상관없이 편하고 적당히 예쁜 옷을 적당한 브랜드에서 구매하고 싶어 한다. 스타벅스는 어디를 가든 품질이 보장되어 있으니, 마치 SPA브랜드를 즐겨 찾듯이 스타벅스를 선호하는 것이다.

브랜딩은 '의미'로 '차이'를 만들어 내는 '기호 활동'

그렇기에 맨 처음에 제시했던 의문, '스타벅스는 카페 이상의 어떠한 의미를 갖는가?'에 대한 물음에 '패션 브랜드와 같은 성질을 가지고 있다'고 답할 수 있겠다.

스타벅스 기프티콘은 '한국인의 선물용 표준 통화'가 되었다고 해도 과언이 아닐 만큼 인기 아이템이다. 맛, 서비스, 매장 분위기 등 어떤 매장을 가도 일관된 경험을 할 수 있는 스타벅스의 기프티콘을 선물하는 것은 '리스크'를 최소화하는 결정이다.

STARBUCKS

FASHION

이러한 포인트는 카페를 창업하고자 하는 사람 혹은 타 프랜차이즈 브랜드에 적용해야 하는 점이라는 생각이 들었다. 현재는 제품의 상향 평준화가 충분히 진행되어 있다. '좋은 제품'이라는 것은 시장에서 기본 소양이라 더 맛있는 커피, 더 분위기 좋은 인테리어와 같은 요소로는 차별화가 힘들다.

이제는 '나음'이 아니라 '다름'에 집중해야 한다.

스타벅스가 카페를 넘어 패션으로 받아들여지는 것처럼 "우리 브랜드는 카페를 넘어 소비자에게 어떤 의미를 줄 수 있을까?", 다른 브랜드보다 더 맛있는 커피를 제공하는 것만이 아니라 "다른 브랜드에 없으면서 소비자가 원하는 무언가를 우리는 제공해 줄 수 있는가?"에도 답을 내려야 하지 않을까?

최장순의 책 『의미의 발견』에는 다음과 같은 내용이 나온다.

"브랜드의 본질은 '의미'에 있다. 브랜딩의 본질은 '차이'에 있다. 브랜드는 '의미'를 지닌 '기호(sign)'이며, 브랜딩은 '의미'로 '차이'를 만들어 내는 '기호 활동'이다."

여러분이라면 어떤 의미로 어떤 차이를 만들어 나갈 것인가?

"좋은 것은 위대한 것의 적이다"

"누구나 사랑한다, 그러나 아무도 그 이유는 모른다."

스타벅스의 아성에 대해서는 말하면 입이 아플 정도로 '한국인이 가장 사랑하는 카페 브랜드'로 자리 잡은지 오래다. 전국 어딜 가나 목이 좋은 곳, 사람들이 몰리는 곳, 경치 좋은 곳에는 어김없이 스타벅스가 떡하니 자리 잡고 있다. 스타벅스는 근처 다른 카페에 비해서도 확실히 손님 수도 많은 편이다. 그뿐만 아니라 카카오톡 선물하기를 통해 '한국인의 선물용 표준 통화'가 되었다고 해도 과언이 아니다.

이렇게 잘 되는 건 누구나 알지만 '왜 이렇게 잘될까?'에 대해 제대로 된 답을 갖고 있는 사람은 본 적이 없었다. 그래서 이 주제를 탐사하는 과정과 결과를 너무 흥미진진하게 지켜보았던 기억이 난다.

정량조사, 정성조사 등 다양한 방법을 통해서 스타벅스팀은 '일관성'이라는 답을 찾아왔다. '맛의 일관성, 서비스의 일관성, 부가서비스의 일관성'까지. 처음 필자는 스타벅스팀이 찾아 온 답에 '너무 괜찮은데!'라고 감탄했다. 심지어 주장을 강화하기 위해 가져 온 스타벅스가 일관성을 져버린 마케팅을 했을 때의 고객 반

**좋은 것은
위대한 것의 적이다.**
왜 그런가.
우리는 대개 크고 위대한 것보다는
좋은 것에 만족한다.
회사도 그렇다.
좋은 기업이기 때문에
위대한 기업이 되지 않는다.

_ **짐 콜린스** Jim Collins,
『좋은 기업을 넘어 위대한 기업으로
(Good to Great)』

응까지 논리적으로 거의 완벽했다.

하지만 늘 마지막 관문은 소비자에게 있다. '소비자 입장에서 맥도날드야말로 일관성이 더 끝내주지 않나? 애초에 식품산업에서 시공간을 초월한 일관성으로 제국을 만들었으니 말이다. 그런데 소비자들이 맥도날드를 스타벅스만큼 사랑하나? 그건 아닌 거 같은데?'하는 생각이 들었다.

"틀리진 않았지만 전부는 아니다. 일관성이 하나의 이유는 되겠지만 그것만으로는 최소 수백만 명이 '스타벅스를 사랑하는 이유'에 대한 설명으로는 부족하다. 조금 더 찾아보자."

이것이 필자의 피드백이었다. 스타벅스팀이 찾아 온 '일관성'이 좋은 답이 될 수 있지만 위대한 해답은 아닌 것 같다고 생각했기 때문이다.

심기일전한 스타벅스팀이 찾아 온 최종 키워드는 '패션'이었다. 와우! 특정 연령층, 성별, 소득 군의 사람만 찾는 카페가 아니며 자가소비와 선물시장을 아우르고 있는 거대 브랜드인 스타벅스가 사랑받는 이유로 '기가 막히게 딱 맞는' 답이라고 생각했다.

특히, 자기 자신에게 투영하고 싶은 '명품 패션'이라는 측면과 동시에 타인에게 선물할 때 필요한 이 정도면 문제가 없고 적당한 'SPA 패션'이라는 두 가지 측면으로 나눈 것이 '신의 한 수'라고 생각한다.

우리는 스타벅스에서 카페라떼를, 케이크를 먹고 마시는 게 아니라 '패션'을 즐기고 있는 것일지도 모른다. 우리는 카카오톡으로 아메리카노를 보내는 것이 아니라 '패션'을 선물하는 것일지도 모른다.

그 많던 아침햇살 러버는 어디로 사라졌을까?

"한국적인 것에 대한 상업화를 시도한 데서 출발했고, 다른 나라에는 없는 숭늉 문화에 집중했다." 대한민국 식음료 업계에서 '전설'이라 불리는 사람이, 과거 자신이 만든 음료에 관해 회고하며 한 말이다. 숭늉 문화에 집중해 만든 음료가 국내 최초로 쌀로 만든 음료 '아침햇살'이다. 1999년 출시된 아침햇살은 첫해에 매출 400억 원, 이듬해에 1000억 원을 달성하며 단숨에 '국민 음료' 반열에 올랐다. 그러나 아침햇살의 전성기는 겨울 볕처럼 짧았다. 매출은 1000억 원을 정점으로 계속 내리막길을 걷고 있다. 그 많던 아침햇살 러버는 어디로 사라진 것일까? 아침햇살이 다시 환하게 비출 수는 없는 걸까?

#1.
화무십일홍(花無十日紅),
열흘 붉은 꽃은 없다

굿바이 코카콜라 vs. 굿바이 아침햇살

○○일보	2024년 ○월 ○일

굿바이! 코카콜라 단종
"전 세계에서 사랑받았던 음료로 기억될 것"

    어느 날, 인터넷에서 코카콜라가 단종된다는 내용의 기사를 접했다고 상상해 보자. 여러분은 이 기사를 곧이곧대로 믿겠는가? 세계적으로 사랑받는 음료 중 하나인 코카콜라가 사업을 접는다니……. 말도 안 된다며 기사를 재차 확인하거나 다른 기사를 찾아보며 진위를 몇 번이고 확인해 볼 것이다. 상식적으로 말이 되지 않는 일이니까.

굿바이! 아침햇살 단종
"국민 음료로 기억될 것"

OOPS..!

그렇다면 이 기사는 어떨까? "굿바이 아침햇살 단종 … 국민 음료로 기억될 것." 이런 내용의 헤드라인을 본다면, 우리의 머릿속에 어떤 생각이 떠오를까? 아마도 다음과 같은 반응에서 크게 벗어나지 않을 것이다. '아침햇살? 이제 슬슬 갈 때가 됐지', '어릴 때 많이 마셨는데 이제 아침햇살도 사라지는구나.'

누군가 장난으로 만든 아침햇살 단종 기사에 많은 네티즌이 말 그대로 낚였다. 단종 소식에 놀란 사람들은 가짜뉴스였다는 사실에 안도했고, 사태를 인지한 웅진식품은 "아침햇살은 단종되지 않습니다"라는 제목의 입장문을 발표했다.

다양한 생각이 들겠지만, 어쨌든 아침햇살이 단종된다는 소식에 별다른 의심을 하지 않을 확률이 높을 것이다. 코카콜라가 단종된다는 것은 믿기지 않지만, 아침햇살이 단종된다고 하면 믿기는 상황. 대체 두 음료의 차이는 무엇일까?

이름처럼 눈부시게 떠오르다

아침햇살은 웅진식품이 1999년 야심 차게 출시한 음료다. 100% 국산 쌀과 발아 현미를 원료로 쌀 고유의 맛을 살린, 당시나 지금이나 생소한 곡물음료의 원조 제품이다. TV CF에는 당대 최고 스타였던 김국진, 강호동, 송혜교 등이 출연했다.

출시 10개월 만에 당시 국내 음료 사상 최단기간 1억 병 판매 기록을 달성했다. 이듬해에는 약 1000억 원 이상의 매출을 기록하는 등 선풍적 인기를 누렸다. 전문가들은 앞다퉈 아침햇살의 성공 요인을 분석했다.

아침햇살이 놀라운 성공을 거둔 후, 25종 이상의 아류작들이 쏟아져나와 아침햇살이 문을 연 '쌀 음료 카테고리'에서 전쟁을 벌였다. 아류작이 많이 나왔다는 건 그만큼 아침햇살이 성공했다는 이야기일 것이다. 아류작들의 도전에도 불구하고 아침햇살은 2000년 상반기까지 시장점유율을 굳건하게 방어했다.

1999년 출시된 아침햇살은
외국 브랜드가 주를 이뤘던 국내 음료 시장에서
우리 원료와 기술로 탄생시킨 곡물음료였다.
'부드럽게 속을 달래 주는 음료',
'아침을 든든하게 채워 주는 음료'를 콘셉트로,
출시 첫해에는 400억 원, 이듬해 1000억 원 이상의
매출을 기록하는 등 선풍적인 인기를 누렸다.

겨울 볕처럼 짧았던 전성기

그로부터 20년 후 아침햇살의 현주소는 어떨까?

지금의 아침햇살은 더 이상 그때의

아침햇살이 아니다.

아침햇살 매출은 2000년 1000억 원을 정점으로

계속 내리막길을 걷고 있다.

앞서 본 뉴스의 헤드라인 내용처럼,

아침햇살은 한때 단종 루머가 돌기도 했다.

단종 루머를 생산했던 가짜뉴스를 본 사람들의 반응은 어땠을까?

"

아침햇살이 단종이라니 정말 슬프네요.

아이스크림까지 나왔던 게 엊그제 같은데……

자주 사 먹지는 않지만 단종되는 건 안 돼!!!

"

많은 네티즌이 말 그대로 '낚였다'.

아침햇살 단종 소식에 놀란 사람들은 가짜뉴스였다는 사실에

안도했다. 사태를 인지한 웅진식품은 단종 루머에 대응해

"아침햇살은 단종되지 않습니다"라는 제목의 입장문을 발표했다.

기업으로서는 자사 제품에 대한 거짓 소문을 바로잡는 게 당연하다.
그런데 웅진식품이 낸 입장문 내용 중 주목해 볼 문장이 있다.

"

이번 단종 소문의 파급력이 컸던 만큼
아침햇살이 많은 분에게
여전히 사랑받고 있다는 것을
확인할 수 있었습니다.

"

웅진식품의 말처럼 아침햇살이 많은 사람에게 여전히
사랑받고 있었다면, 사람들은 가짜뉴스 자체를 믿지 않았을 것이다.
우리가 맨 처음 가정했던 코카콜라 단종 기사를 접했을 때의
반응처럼 말이다. 권태기가 왔기 때문에 루머를 믿은 것이고,
또 루머가 재생산되었을 것이다. 단종 루머에 아침햇살이나
웅진식품이 잘못한 건 없다. 하지만 이런 루머가 돌았다는 것은,
아침햇살에 위기가 찾아왔다고 생각해도 되지 않을까?

#2.
아침햇살이
눈이 부시게
빛나던 시절

사그라진 아침햇살의 영화를 찾아서

한때는 '국민 음료' 자리에 당당히 이름을 올렸던 아침햇살은, 어쩌다 이
렇게 몰락했을까? 아침햇살이라는 음료를 기억하고 있고, 가끔은 마시기
도 하는 우리. 아침햇살의 몰락을 보며 가슴이 아팠던 우리. 우리는 아침
햇살이 우리의 인지 속에서 사라지고 있는 이유를 찾고 싶었다.

　　　아침햇살 팬이 사라진 이유를 찾으려면 먼저 해야 할 것이 있다.
바로 아침햇살이 엄청난 팬을 모을 수 있었던 이유를 아는 것이다. 그래서
우리는 집마다 냉장고에 아침햇살 한 병씩 넣어두었던 과거로 여행을 떠
나보려 한다. 현재와 과거를 잇는 타임머신, 바로 '사람'을 통해서 말이다.

　　　2000년대 초중반 아침햇살을 즐겨 마셨던 사람들에게, 아침햇살
이 눈이 부시게 빛나던 그 시절의 기억을 소환해달라고 했다.

쌀로 만든 음료수라니 정말 신선했어요.
마시면 든든할 것 같은 느낌! 등굣길에 자주 마셨죠.

아침햇살은 당시에 없었던 새로운 음료수였어요.
신기해서 자주 사 먹었던 것 같아요.

그전까지 쌀로 만든 음료수라는 게 없었잖아요?
다른 음료보다 건강할 것 같은 느낌도 들었고요.

대한민국 음료계의 새로운 지평을 열었던 아침햇살은 이제껏 볼 수 없었던 쌀로 만든 음료라는 신선함으로 인기를 끌었다. 아침햇살의 무기가 '신선함'이라는 것은, 다시 말해 시간이 지나면 더 이상 제힘을 발휘할 수 없다는 것을 뜻한다. 아침햇살은 너무나 익숙한 음료가 되었고, 처음의 신선함은 빛을 잃었다. 오래된 연인이 그렇듯 소비자와 아침햇살은 권태기를 맞이했고, 그렇게 조용히 잊혀 갔다.

아침햇살 몰락의 전모를 밝힐 단서들

다시 2024년으로 돌아와, 우리는 지금 아침햇살을 어떻게 생각하고 있을까? 다행히 2020년대는 2000년대 초반과는 달리 원하는 정보를 손쉽게 얻을 수 있는 시대다. 우리는 소비자의 인식을 알아보기 위해 필사적으로

인터넷에서 아침햇살에 대한 자료를 모았다.

자료를 모아보니 아침햇살의 상황은 우리가 생각했던 것보다 더 심각했다. 광고와 마케팅은 없는 수준이었고, 맛이 변했다는 이야기부터 단종 루머, 맛에 대한 호불호까지…… 아침햇살의 몰락에는 수많은 단서가 있었다. 정답을 찾기 위한 여정에 나침반이 되어 줄 핵심 단서를 찾기 위해 우리는 여러 가지 가설을 세워봤다. 가장 유효하다고 생각하는 가설은 두 가지다.

가설 1 ┃ 아침식사 대용식 역할을 대체할 수 있는 다양한 제품이 생겨났다

초창기 아침햇살은 이름에서도 알 수 있듯 아침식사 대용 음료로 이름을 알렸다. "아침햇살은 식사 대용으로도 좋다. 열량은 50kcal로 우유(60kcal)보다 적으면서 아침밥 대신 한 잔만 마셔도 오전 내내 속이 든든하다." 2000년대 초 기사를 찾아보면 아침밥 대신 아침햇살을 권유하는 내용을 확인할 수 있다. 그렇다면 2024년의 아침은 어떨까?

우리는 튼튼한 몸을 위해 프로틴, 가벼운 아침을 위해 요거트와 견과류, 간편한 한 끼를 위해 씨리얼, 출근길 카페에 들러 카페인을 채우는 등 다양한 방법으로 아침을 해결하고 있다.

아침식사 대용식 시장에서 아침햇살의 입지가 점점 좁아지고 있는 것이다. 그래서 우리는 '아침식사 대용식 역할을 대체할 수 있는 다양한 제품이 생겨났다는 것'을 첫 번째 가설로 세웠다.

가설 2 ▸ 아침햇살에는 그와 어울리는 음식이 없다

두 번째 가설은 다른 음료와의 비교를 통해 찾을 수 있었다. 오랜 세월 사랑받는 음료수와 아침햇살과의 차이를 살펴보면 단서를 찾을 수 있을 것으로 우리는 생각했다. SNS에서 '아침햇살'을 검색한 후 게시글을 확인해 보았다. 여러 음료와 아침햇살을 대조해 본 결과, 확연히 다른 무언가를 발견할 수 있었다.

눈치챘는가? 맞다. 아침햇살은 다른 음료들과 달리 머릿속에 뚜렷하게 그려지는 조합이 없다. 우리가 찾은 두 번째 가설은 바로 '아침햇살에는 그와 어울리는 음식이 없다'라는 것이다.

#3.
소비자
머릿속의 지우개

한국인에게 '아침햇살'이란?

이제 다음 차례는 가설을 검증하기 위해 소비자의 인식 속으로 직접 들어가 보는 단계다. 먼저 아침햇살에 대한 전반적인 인식을 살펴보기 위해 설문조사를 실시했다. 아침햇살을 알고 있는지, 알고 있다면 호감도는 어느 정도인지, 마지막으로 소비는 얼마나 하는지 순차적으로 물어보았다.

설문 결과 한 명을 제외하고 모두 아침햇살을 알고 있었으며, 호감도 역시 평균 3.9점(6점 만점)으로 낮지 않은 점수를 보이고 있었다. 그러나 놀랍게도 1년 내 단 한 번이라도 아침햇살을 소비한 경험이 있는 사람은 50%도 안 되는 것으로 나타났다. 즉, 대부분이 알고 있을 정도로 인지도와 호감도가 높은 데 비해 실제로 소비하는 비율은 매우 낮았다는 것이다.

| 설문조사 결과 |

〔인지〕

알고 있다
98.8%

〔호감〕

3.9점
(6점 만점)

〔소비〕

최근 1년 내
소비 경험
43.6%

또 우리는 소비 경험에 대한 응답에서 아침햇살을 소비하지 않는 이유로 "편의점에 잘 없어요", "요즘 안 보이던데요", "아침햇살 요즘도 파나요?" 등의 목소리를 들을 수 있었다. 그렇다면 아침햇살을 파는 곳이 적어서 안 먹게 된다는 것일까!?

이때 우리는 불현듯 교수님이 매번 말씀하신 "의심하고 또 의심하라"가 떠올랐다. 아침햇살을 파는 곳이 없다는 게 '진짜' 사실일까? 어쩌면 진실을 왜곡한 채 바라보고 있던 건 아닐까? 그래서 우리는 두 발로 뛰어보기로 했다.

학교 근처에 있는 편의점을 방문해 아침햇살이 있는지 확인했다. 조사 결과, 12개 편의점 중 10개 편의점에서 아침햇살을 발견했다. 즉, 우리는 늘 일상에서 아침햇살과 마주치면서도 머릿속에서 아침햇살을 말끔히 지워버린 것이다.

그렇다면 소비자들은 어째서 멀쩡하게 존재하는 아침햇살을 인지하지 못하는 것일까? 그들에게 있어 아침햇살이라는 존재가 크게 중요하지 않기 때문일지도 모른다.

우리 중 반은 1년 동안 아침햇살을 한 번도 마시지 않았다!

다음은 우리가 실시했던 정량조사의 한 문항이다.

이 문항은 우리에게 큰 인사이트를 주었다.

> *Q.*
> *최근 1년간 아침햇살을 드셔 보신 적이 있나요?*
> *있다면 아침햇살을 왜, 언제, 어디서, 누구와, 어떻게*
> *마시게 되었는지 알려주세요.*

"

음…… 마신 적 있어요. 학교 편의점에서 애들이
  하도 맛있다고 먹어보라고 해서 먹었습니다.

약 1주일 전에 마셨어요! 집에 와보니 어머니가 1.25L짜리
  아침햇살을 사두셔서, 냉장고에서 꺼내서 마셨습니다.
  아침햇살을 좋아하긴 하는데 직접 사서 먹기보다는
이런 식으로 누가 사둔 거를 마시는 경우가 더 많은 것 같아요.

"

"

지난달에 아빠가 사 오셔서 컴퓨터 하면서 마셨어요.

거의 먹어본 적이 없는데 친구가 먹길래 한입 먹어봤어요.

친구 집에 놀러 갔는데 친구가 사 놓고
안 먹는다고 해서 제가 대신 마셨어요.

얼마 전에 아는 언니가 사 와서 한 모금 마셨습니다!

"

우려가 결국 사실이었다는 것이 증명되었다. 그 누구도 아침햇살을 스스로 찾지 않았다. 본디 상품은 소비자들이 소비해야 할 이유가 있어야 상품성이 있다고 할 수 있다. 소비할 이유가 없거나 굳이 그만한 돈을 주고 살 이유가 없다면 그건 상품으로서의 가치가 없다고 봐도 좋을 것이다.

소비자들의 반응을 살펴보자. 가장 많이 보이는 반응은 바로 이런 것이었다. 목이 마르든, 배가 고프든, 어떻든 간에 자기가 직접 아침햇살을 구매했다는 답변은 없었다. 누군가가 사 온 아침햇살을 먹었다는 반응이 다수였다. 심지어 1년 내 아침햇살을 한 번이라도 소비했다는 응답은 43.6%밖에 되지 않았다.

아침햇살요?
그거 요즘도 파나요?
편의점에 없던데······.

소비자들은 어째서 멀쩡하게 존재하는 아침햇살을 인지하지 못하는 것일까? 그들에게 있어 아침햇살이라는 존재가 크게 중요하지 않기 때문일지도 모른다.

273

내돈내산 NO! 니돈니산 OK!

"소비자들은 아침햇살을 자발적으로 마시지 않는다."

이 내용을 더 깊이 파고들기 위해 아침햇살 소비 경험이 있는 사람들을 대상으로 심층 인터뷰를 진행했다.

아버지가 아침햇살을 좋아하셔서 매번 사 오셨어요. 그래서 자주 먹었어요.

부모님이 자주 사 오셨던 기억이 있어요.

형이 사 와서 냉장고에 넣어두면 먹어요.

Q. 아침햇살을 소비했던 경험에 관해 말해 주세요.

제가 사 먹는 것보다 누가 사줄 때 아침햇살을 고를 것 같아요. 다른 음료는 평소에도 자주 사 먹으니까, 그거 말고 오늘은 아침햇살 먹어야지! 이런 느낌으로?

제 돈 주고는 안 사 먹는데 남이 사주면 잘 먹게 돼요.

아침햇살과 함께 뽐낼 음식이 있나요? 불닭볶음면과 우유, 햄버거와 콜라 같이 함께 곁들여 시너지를 낼 수 있는 음식이 있다면 조금 더 아침햇살에 대한 호감도가 높아질 것 같아요.

아침햇살 맛있죠. 그런데 아침햇살보다 맛있는 게 더 많으니까 범용성이 떨어진다고 해야 하나. 탄산은 치킨이랑 먹을 수 있고, 주스는 아침 대용으로 토스트랑 먹을 수 있는데 아침햇살은 같이 먹을 게 없어요.

우리는 이들의 답변에서 한 가지 공통점을 찾을 수 있었다. 바로 소비자 대부분이 '내돈내산(내 돈 주고 내가 산 물건)'이 아닌 '니돈니산(네 돈 주고 네가 산 물건)', 즉 '수동적인 소비'를 하고 있었다는 것이다. 누가 사 오면 잘 먹지만 정작 자신이 직접 사는 음료는 아니라는 이야기다.

수동적인 소비만 하고 있다는 것은 아침햇살을 직접 구매한 경험이 거의 없다는 말이다. 구매 경험이 없으니 구매 시 고려 대상에 속하지 못하고, 자연스레 매장에서 아침햇살을 찾을 일도 없다. 이러한 흐름이 소비자의 눈을 가려 아침햇살의 존재를 인지하지 못하게 하는 결과로 이어지게 된다.

따라서 아침햇살 팬을 되찾기 위해서는 아침햇살을 능동적으로 소비할 이유를 찾아야만 한다. 그렇다면 사람들은 어떨 때 음료를 능동적으로 소비할까? 사람들에게 아침햇살을 직접 구매한 경험과 즐겨 마시는 음료를 구매한 경험에 관해 물었다.

| 아침햇살 소비자의 인지 흐름 |

1.
수동적 소비
직접 구매
경험 없음

2.
구매
고려하지 않음
매장에서
찾지 않음

3.
존재를
인지하지
못하고 지나침

"
아침햇살
요즘도
파나요?
"

먼저 아침햇살을 구매한 경험을 살펴보자.

"

여름에 농구하고 목이 말라서 편의점에 갔는데
초록매실이랑 묶어서 2+1 행사를 하더라고요.
요즘은 맛이 어떻게 바뀌었는지 궁금해서 구매했어요.

한동안 잊고 살았었는데 사람들 사이에서 맛이 변했다는
얘기가 나오길래 '오랜만에 먹어볼까?'하고 먹게 됐어요.

얼마 전에 오빠가 생각나서 사 먹었어요.
어릴 적 오빠가 좋아해서 자주 빼앗아 먹었거든요.
음료를 사러 갔는데 문득 그때가 생각나서 사봤어요.

"

아침햇살을 구매하는 상황은 할인, 맛 이슈, 추억 등
다양한 이유로 이루어지고 있었다.

외톨이야 외톨이야 다리디리다라뚜~

그렇다면 다른 음료는 어떨까? 여러분도 '배달 음식을 시켰으면 당연히
콜라를 마셔야지', '숙취가 심하니까 포카리스웨트지'와 같이 특정 상황에
떠올리게 되는 음료가 있을 것이다. 콜라와 치킨, 쿨피스와 떡볶이처럼 잘
나가는 음료수들의 곁에는 소위 말하는 '짝꿍'이 있었다. 따라서 특정 상

Q. 평소 즐겨 마시는 음료?		Q. 음료를 마시는 상황은?
콜라를 엄청나게 좋아해요.	▶	특히 치킨이나 피자 같은 배달 음식을 시켰을 때 콜라를 꼭 마셔요.
제로 탄산음료를 선호해요.	▶	단독으로 마시진 않고 기름진 음식을 먹고 입가심할 때 마셔요.
포카리스웨트를 주로 마셔요.	▶	이온음료가 해장에 좋다고 해서 술 마시고 나서 먹어요.
포카리스웨트요.	▶	운동을 하거나 격한 활동을 했을 때 항상 생각이 나요.
쿨피스인 것 같아요.	▶	떡볶이 먹을 때 같이 오니까, 그때 늘 먹어요.

황이 되면 자연스레 특정 음료가 떠오르게 되고, 소비로 이어져 일상에서도 꾸준히 해당 음료를 소비하게 된다.

반면 아침햇살의 경우에는 아침햇살을 떠올리게 할 상황이 존재하지 않는다. 이는 앞선 인터뷰의 답변에서도 찾아볼 수 있었다. 아침햇살만 본다면 분명히 맛이 있지만, 아침햇살을 찾게 되는 상황이 존재하지 않아서 소비로 이어지지 않는다. 그리고 우연히 떠올린다고 하더라도 일회성에 그치고 마는 것이다.

#4.
외로운
아침햇살의
'짝꿍'을 찾아서

우리는 아침햇살의 커플 매니저

아침햇살의 부활을 위해서는 아침햇살이 돋보일 수 있는 환경을 만들어 줘야 할 것이다. 아침햇살이 능력을 최고로 발휘할 수 있는 상황을 찾는 것이든, 아침햇살과 시너지를 낼 수 있는 음식을 찾는 것이든 말이다.

이것은 분명 어렵고 힘든 과정일 것이다. 그렇지만 과정이 조금 어려울 뿐 불가능한 일은 아니다. 편의점을 하나하나 조사했던 것처럼 직접 경험해보며 차근차근 찾아 나간다면, 언젠가는 목적지에 다다를 수 있을 것이다. 우리는 정답을 찾기 위해 3일 동안 실험을 설계하고, 가설을 설정하고 기각하는 과정을 수없이 반복했다.

아침햇살의 짝꿍을 찾기 위해 우리 팀이 세운 가설은 다음과 같다.

"바쁜 현대인이 아침에 급하게 챙겨 나갈 것 같은 느낌이에요."

"허기지는데 탄산은 먹고 싶지 않을 때 마셔요."

가설 1.
아침햇살
=
식사 대용

"달콤하면서 든든한 걸 먹고 싶을 때 샀어요."

"우유나 쿨피스 느낌?"

가설 2.
아침햇살
&
매운 음식

"매운 것을 먹을 때 속을 달래 주는 음료"

그간 실시했던 조사 결과를 토대로 '아침햇살은 식사를 대체할 수 있는 음료수다'와 '아침햇살은 매운 음식과 잘 어울린다'는 가설을 세웠다. 우리가 세운 가설을 본 많은 사람이 이 가운데 답이 있을 것이라고 생각했다. 두 개의 가설 중 어떤 것이 정답일까? 아니, 정답이 있기는 했을까?

아침햇살이 아침식사를 대체할 수 있다?

가설 1
아침햇살은 식사를 대체할 수 있는 음료수다

아침햇살은 예전부터 아침식사를 대체하는 음료로 인식되었다. 우리는 아침햇살이 식사를 대체할 수 있는지 확인하기 위해 인체실험을 감행하기로 했다. 실제로 밥을 굶은 후에 아침햇살을 먹고 반응을 살피는 실험이었다. 다른 사람에게 밥을 굶으라고 강요하는 것은 아무래도 어려운 일이다. 따라서 팀원 스스로가 실험자이자 피실험자가 되어 시간대별 몸 상태를 기록하는 방식으로 실험을 진행했다.

실제로 공복 상태에서 아침햇살을 먹어보니, 초반에는 확실히 포만감이 느껴졌다. 하지만 단독으로 한 병을 다 마시기에는 부담스러웠고, 시간이 지나면 지날수록 배고픔이 심해졌다.

주린 배를 채우지 못하는 데는 아침햇살의 묽은 제형 또한 한몫했다. 제형이 묽다 보니 그냥 물을 마시는 것 같아 식사한다는 느낌이 들지 않았다. 오히려 용량이 적지만 꾸덕꾸덕한 제형의 요구르트 음료가 포만감이 컸다. 이렇게 아침햇살만으로는 식사를 대체할 수 없다는 결론을 내리며 첫 번째 가설은 기각되었다.

아침햇살은 매운 음식과 짝꿍이다?

가설 2
아침햇살은 매운 음식과 잘 어울린다

소비자 인식을 찾기 위한 여러 조사를 하면서 "아침햇살이 매운 음식을 먹었을 때 속을 달래 줄 수 있다"는 의견을 확인할 수 있었다. 그렇다면 혹시 매운 음식이 아침햇살이 그토록 기다리던 짝꿍이 되어 줄 수 있을까?

아침햇살이 매운 맛을 얼마나 중화할 수 있고, 또 아침햇살과 매운 음식이 얼마나 잘 어울리는지 알아보기 위해 상표를 가린 네 가지 음료(우유, 쿨피스, 아침햇살, 아몬드 브리즈)를 떡볶이와 함께 먹으며 비교해 보았다.

강의실 하나를 통째로 빌리고, 떡볶이와 음료수를 준비해 책상에 세팅하며 우리는 분주하게 아침햇살의 소개팅을 준비했다. 이 실험은 아침햇살을 조사한 지 한 달이 지나고 진행한 것으로, 당시 우리는 이미 주변 사람들에게 아침햇살로 얻을 수 있는 인사이트는 최대한 얻은 상태였다. 지인들은 슬슬 우리를 불쌍하게 여기며 아침햇살만 보이면 우리에게 연락해 올 정도였다.

우리는 지인을 대상으로 실험할 경우 신선한 응답을 얻지 못할 것을 우려했다. 날 것 그대로의 솔직한 반응을 얻기 위해 지인을 제외하고 실험을 진행하기로 했다.

"떡볶이 먹고 가세요~ 떡볶이 먹고 가세요~"

성냥팔이 소녀가 아닌 실험팔이 소녀가 되어 지나가는 사람을
붙잡고 실험에 참여해 줄 수 있는지 물었다.

매운맛 가설은 많은 사람에게 지지받았고, 실제로 어느 정도 효과가 있으리라 생각했다. 하지만 여기에는 너무나도 강력한 라이벌이 존재했으며, 매운맛이 오히려 아침햇살 특유의 맛을 가려버리는 대참사가 발생했다. 결국 적어도 매운맛에 있어서는 아침햇살이 쿨피스를 뛰어넘을 수 없다는 평과 함께, 두 번째 가설 역시 기각되고 말았다.

"매운맛이 완화되더라고 극장값을 모네이요."

"톡 쏘게 매운맛을 승화해 주는 것 같지 않아요."

망. 했. 다.

"똑같이 아픈 것 같아요."

"매운맛 매운맛 때문에 느껴지더라고 마이 은 통로 없어요."

"똑같이 맛이 물로 세게 느껴지지 않아요."

아침햇살 블라인드 테스트

야심 차게 내세웠던 두 개의 가설은 모두 기각되고 말았다. 많은 공을 들였고, 많은 사람의 도움을 받았던 실험이 무용지물이 되자 허탈한 마음에 앞으로 무엇을 더 해야 할지 막막했다. 하지만 우리는 아직 목적지에 도착하지 못했다. 그러니 이대로 가만히 앉아 있을 수만은 없었다.

아침햇살이 타의에 의한 비혼주의자가 되도록 내버려 둘 순 없었다. 우리 팀은 곧바로 새로운 실험을 설계하기 시작했다. 우리는 모든 편견을 버리고 맛으로만 평가를 받아보자는 마음가짐으로 블라인드 테스트를 진행했다.

아침햇살을 개발 중인 신제품 음료라고 속이고 시음한 후 맛에 대한 평가를 들어보는 실험이었다. 음료를 마시고 아침햇살 맛이 난다고 응답했던 눈치 빠른 참여자도 있었고, '아침햇살 팬'이라더니 끝까지 눈치채지 못해 우리를 놀라게 했던 참여자도 있었다.

블라인드 테스트 후 흥미로운 사실 하나를 발견했다. '아침햇살'이라는 하나의 음료에 상반된 평가가 공존하고 있다는 것이다. 하지만 우리는 시선을 조금 돌려보기로 했다. 가설 검증에 실패한 것뿐이지, 실험 자체가 실패한 건 아니었으니까.

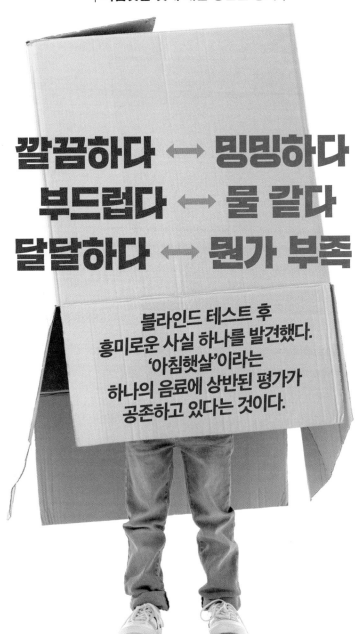

깔끔하다 ⟷ 밍밍하다
부드럽다 ⟷ 물 같다
달달하다 ⟷ 뭔가 부족

블라인드 테스트 후
흥미로운 사실 하나를 발견했다.
'아침햇살'이라는
하나의 음료에 상반된 평가가
공존하고 있다는 것이다.

285

#5.
웅진식품
사장님께 고함

**아침햇살의 단점을 장점으로 바꿀 수 있는 해답,
같은 그림체**

아침햇살은 식사로는 역부족이었고, 매운맛의 짝꿍은
'쿨피스'라는 강적이 있다. 우리는 다시 처음으로 돌아가
새로운 짝꿍을 찾아내야만 했다. 위대한 아이디어는
때론 머리를 꽁꽁 싸매며 끙끙거릴 때 나오는 게 아니라
기대하지 않은 순간에 찾아오기도 한다.
만족스럽지 않은 실험 결과에 볼멘소리하며
우리는 실험하고 남은 떡볶이로 배를 채우며
툭 툭 한 마디씩 던졌다. 그러던 중 우리는 정말
마법처럼 새로운 인사이트를 찾을 수 있었다.

'같은 그림체'를 찾다!

'같은 그림체' 이 단어를 생각하게 된 건 우연에 가까웠다.
흘러가듯 하던 대화에서 이 단어에 꽂힌 우리는,
그 즉시 단과대학 지하에 있는 편의점에서 빵을 샀다.
그리곤 부드러운 아침햇살과 부드러운 빵을 함께 먹기 시작했다.
두 가지를 직접 먹어본 결과, 아침햇살은 놀랍게도 빵과 잘 어울렸다.
심지어 빵의 든든한 짝꿍 중 하나로 꼽히는 우유보다
잘 어울린다는 것이 세 사람의 공통적인 의견이었다.
이제 실험의 피날레를 장식해 보자는 생각으로,
우리는 마지막 실험에 들어갔다. 사람들에게 아침햇살과 빵을 주고
잘 어울리는지 물어본 것이다. 그리고 결과는, 우리의 예상대로였다!

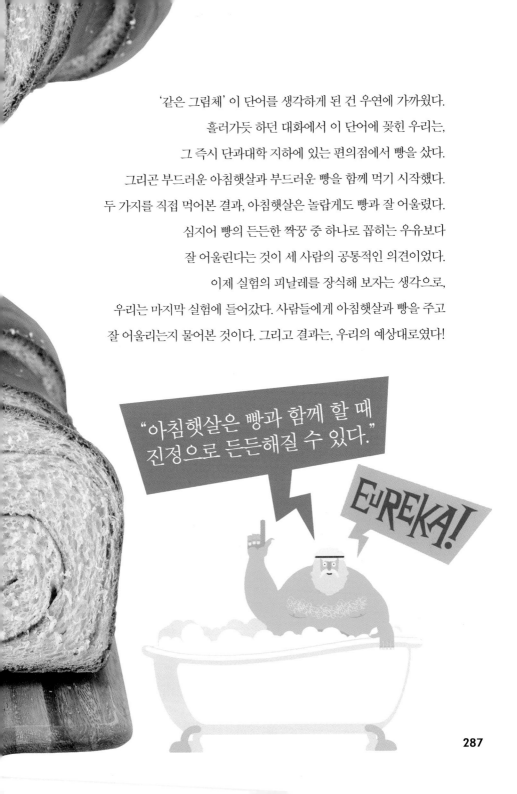

"아침햇살은 빵과 함께 할 때
진정으로 든든해질 수 있다."

EUREKA!

아침햇살과 같은 · · ·

'아침햇살'의 짝꿍은 · · ·

···▪ 그림체를 찾아라!

내가 만일 아침햇살 마케팅을 맡는다면

아침햇살이 다시 떠오를 날이 올까? 아침햇살이 전성기를 지나 하향 곡선을 그린 지 20년이 지났다. 누구나 전성기가 있다. 그리고 올라가면 내려오는 것이 순리다. 하지만 아침햇살은 상승과 하강 곡선이 너무 가팔랐다. 어쩌면 전성기가 다른 음료 부럽지 않을 정도로 화려했기 때문에 몰락한 지금 모습이 더욱 비참해 보이는지 모르겠다.

아침햇살이 현재의 기조를 이어간다면 어떻게 될까? 어쩌면 사람들을 속일 요량으로 대충 쓴 가짜뉴스가 현실이 되어버릴지 모른다. 아침햇살은 한국에선 추억의 음료로 모두의 기억에만 남게 될 것이고, 베트남(2015~2023년까지 베트남 누적 판매량 7000만 병)으로 여행 간 한국인이 그곳 마트에서 한국에서는 단종된 아침햇살과 재회하는 웃지 못할 광경이 펼쳐질지도 모른다.

아침햇살은 결코 단종되어서는 안 된다. 우리 쌀로 만든 음료라는 상징성이 있을 뿐 아니라, 소수이긴 해도 여전히 아침햇살을 사랑하는 사람들이 남아 있다. 또 웅진식품으로서도 기념비적인 음료를 이렇게 허망하게 떠나보내는 것을 원치 않을 것이다.

···▪▪▪▪▪▪▪▪▪▪▪ '빵'

하지만 웅진식품에서 오랜 연애 끝에 권태기가 온 커플의 모습이 보인다. 말로는 "사랑한다", "헤어지고 싶진 않다" 속삭이면서도 이미 연인에 대한 감정은 식어버린 커플. 이 관계가 계속 이어진다면 좋겠지만, 그렇다고 해서 관계를 유지하기 위해 노력해야 할 필요를 굳이 느끼지 못하는 커플.

그러나 마침내 연인을 떠나보낸 후 언젠간 깨닫게 될 것이다. 그것은 권태기가 아니라 당연함에서 오는 편안한 감정이었다는 것을……. 연인은 이미 떠났고 다시 붙잡을 방법은 없다. 웅진식품도 마찬가지다. 아침햇살이 영영 웅진식품 곁을 떠나가기 전에 지금이라도 아침햇살의 손을 잡고 사랑을 속삭여야만 한다.

지금은 권태기지만, 한때는 그 어느 커플보다 뜨겁게 사랑했던 웅진식품과 아침햇살. 그때 그 시절로 돌아가기 위해서 웅진식품은 어떻게 해야 할까? 사랑하는 데 있어서 사랑의 양도 중요하지만, 그 못지않게 중요한 것이 사랑의 방향이다. 웅진식품은 아침햇살에 잘못된 방향으로 사랑을 쏟고 있다. 설상가상으로 아침햇살에 쏟는 사랑의 양 또한 남들보다 더하다고는 할 수 없는 실정이다.

웅진식품은 다양한 브랜드와 함께 아침햇살을 콜라보하고, 또 젤리나 아이스크림 등 다양한 신제품을 출시하며 과거의 영광을 되찾고 싶어 했다. 만약 웅진식품이 진심으로 아침햇살의 전성기를 되찾고자 했다면 이런 식으로 안일하게 광고와 홍보를 집행했을까? 기업의 속사정은 알 수 없지만 적어도 외부에서 바라봤을 땐 그렇게 느껴질 수밖에 없다.

아침햇살의 전성기를 되찾기 위해선 이전처럼 적극적으로 광고와 홍보를 하며 소비자에게 아직 아침햇살이 살아있다는 것을, 여전히 맛있다는 것을 각인시켜야 한다. 웅진식품은 그 당연한 것조차 하지 않고 있다.

물론 무턱대고 광고와 홍보를 집행해야 한다는 이야기는 아니다. 소비자의 목소리에 귀 기울여서 아침햇살 러버가 진정으로 원하는 것이 무엇인지, 아침햇살이 다시 살아나 과거의 영광을 되찾기 위해선 어떤 방향으로 나아가야 할지……. 안일한 마음을 버리고 처음부터 다시 생각해야 한다.

웅진식품은 '부드러움'이라는 속성을 지닌 다양한 '같은 그림체'의 제품들을 찾아야만 한다. 뚜레쥬르와 손잡고 아침햇살과 어울리는 빵을 출시하거나 빵 구매 시 아침햇살을 할인해 주는 프로모션을 고려해 볼 수 있을 것이다. 또 부드러움이라는 속성을 살려서 귀여운 캐릭터를 만들어 보는 것도 방법일 수 있다. 아침햇살보다 더 나이 많은 빙그레 바나나우유(1974년 출시)가 캐릭터 '빙그레우스'와 함께 회춘한 사례도 있지 않은가. 한 가지 확실한 사실은 지난 20여 년간 사용했던 전략은 더 이상 통하지 않는다는 것이다.

소비자는 답을 알고 있다!

아침햇살의 진실을 찾아다니던 우리가 심층 인터뷰를 진행했을 때, "최근 일 년 동안 아침햇살을 소비하는 타인을 본 적이 있습니까?"라는 질문에 한 응답자가 이렇게 답변했다.

> "
> 예비군 훈련장에서 만난 대학원생, 20대 중후반으로 보였어요.
> 군대 PX에서 부드러운 빵과 함께 아침햇살을
> 구매하는 것을 보았어요.
> 그러면서 "난 아침햇살이랑 빵 먹어야겠다.
> 은근히 잘 어울려"라고 했어요.
> "

'아침햇살은 빵과 함께 소비되어야 한다'
는 우리의 최종 결론과 소름 돋을 정도로 일치하는
답변이었다. 소비자는 분명히 문제의 답을 알고 있다. 단지 우리가 그것이 답이라는 걸 자각하지 못했던 것뿐이다.

바보야,
아침햇살의 진짜 문제는
'외.로.움.'이야

필자가 두 번째로 다녔던 광고회사, 휘닉스컴에서 당시 가장 많은 광고비를 쓰는 광고주는 웅진식품이었다. 그 웅진식품이 의뢰한 제품이 '아침햇살'이었다. 당대 톱스타를 모델로 내세워 TV 광고를 어마어마하게 집행했다. 광고비를 쏟아부었던 만큼 매출은 폭발적이었다.

당시 많은 언론은 '직장인과 수험생의 아침 대용식'으로 인기를 끈 점이 아침햇살의 성공 요인이라고 꼽았다. 그런데 1~2년 후, 아침햇살의 인기는 정말 신기루처럼 사그라들었다. 한순간에 이루어진 성공과 추락을 옆에서 지켜보면서, 필자는 그 이유가 몹시 궁금했다. 아침햇살이 성공한 이유는 무엇이고, 이렇게 순식간에 인기가 사그라든 이유는 또 무엇일까?

적어도 기사에서 말하는 '직장인의 건강한 아침 대용식' 설이 아니라는 건 명확했다. 아침밥에 대한 니즈가 순식간에 뜨겁게 타오르다가 갑자기 꺼질 수는 없을 테니 말이다.

필자는 아침햇살팀의 발표를 듣다가 22년 만에 그 답을 알게 되었다. 우리가 섭취하는 식품 카테고리 중 음료는 다른 식품과 달리 특정한 TPO(Time, Place, Occasion)와 강력히 연계되어 소비되거나, 특정한 음식과의 페어링으로 상당 부분 소비된다는 것을 아침햇살팀이 찾아내서 알려주었기 때문이다.

피자엔 콜라, 운동에는 포카리스웨트, 떡볶이나 불닭볶음면에는 쿨피스, 정신을 깨우고 싶을 때는 커피와 같은 식으로 그 음료가 필요한 상황이나 함께 섭취할 때 어울리는 식품이 있어야 한다. 그런데 아침햇살은 '아침햇살만의 TPO'도 없고 '함께 먹기 좋은 최상의 식품'도 없었다.

아침햇살팀에서는 음료와 매치된 상황이나 페어링된 다른 식품을 '짝꿍'이라고 쉽고, 재미있고, 정확하게 표현했다. 이런 관점에서 아침햇살의 가장 큰 문제점이 '짝꿍이 없는 것'이라고 했다.

실험은 실험실에서만 하는 게 아니다. 언론정보대 로비에서도 할 수 있다. 프로젝트 후반부에 아침햇살팀은 '그렇다면 아침햇살에 어떤 짝꿍을 찾아주면 좋을

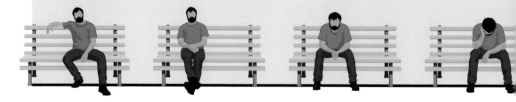

까?'하고 고민하기 시작했다.

이를 찾아내기 위해 팀원과 다른 학생을 대상으로 '공복 시 취식 테스트', '블라인드 테스트' 등 다양한 실험을 진행했다. 그리고 다양한 가설을 검증하기 위해 여러 차례 실험한 끝에 아침햇살의 짝꿍 '빵'을 찾아냈다.

빵과 아침햇살의 매칭을 어떻게 만들어 낼 수 있을 것인지와 관계없이 충분히 말이 되는 조합이라고 생각했다. 이후 그들은 인터뷰에서 우연히 똑같이 이야기하는 사람을 찾았다고 했다.

아침햇살팀 덕분에 개인적으로는 20여 년간 궁금했던 '아침햇살 부침의 이유'를 조금은 알게 되었다. 최근 베트남에서 아침햇살이 선전하고 있다는 반가운 이야기도 들었다. 외국뿐 아니라 한국에서도 아침햇살이 다시 한번 뜨거운 사랑을 받기를 바란다.

입이 아니라 눈으로 마시는 소주, 원소주의 길

2022년 2월, 혜성처럼 등장한 원소주. 출시한 첫날, 1분 만에 품절 사태가 빚어졌고 전국 각지 팝업스토어 앞에 하루 종일 대기행렬이 이어졌다. 그 후로도 원소주 재고를 찾아 수많은 사람이 GS편의점을 헤맸다. 몇 년 사이에 직접 경험해 본 소비자가 더 늘어나긴 했지만 여전히 마셔 본 사람보다 그렇지 않은 사람이 더 많은 소주. 원소주는 어떻게 신드롬급 인기를 끈 것일까?

#1.
줄 서서 사는
소주의 등장

고작 소주 한 병? 귀한 소주 한 병?

2년간 대학가에서 자취하며 가장 많이 드나들었던 곳은 바로 집 근처 편의점이다. 하루에 세 번이나 간 적이 있을 정도로, 편의점은 나의 일상과 떼려야 뗄 수 없는 곳이었다. 최근 몇 개월 동안 편의점에서 가장 눈에 띈 것은 누군가 써 붙인 작은 안내문이었다.

원소주 재입고 날은 목요일입니다.

아마도 아주 많은 사람이 편의점 문을 열자마자 원소주가 있는지 물었을 테다. 반복되는 질문에 답하다 지친 사장님과 알바생이 '입구컷(입장 전 출입구에서 제지)'을 감행하는 게 분명해 보였다.

한정판에 큰 흥미를 느끼지 못하는 필자는 원소주를 구하기 위해 근처 편의점 세 곳을 돌아다녔다는 친구의 경험담까지 듣고도 이해되지 않았다. '그렇게까지 할 일인가? 언제고 살 수 있는 게 소주인데, 대체 뭐가 그리 특별하다고 편의점을 순례하지?'라는 생각을 떨칠 수 없었다.

사람들이 편의점을 서성이며 오매불망 입고만을 기다리게 했던 건 원소주가 처음은 아니다. 어른이나 아이 모두의 동심과 수집욕을 자극했던 '포켓몬빵'부터 시작해서, 진열하기만 하면 품절되던 '연세우유 생크림빵', 편의점 맥주 코너를 기웃거리게 만든 '곰표맥주'와 '버터맥주'······. 이제 '대세'라 불리는 제품을 사려면 '오픈런' 아닌 '입고런'도 불사하는 시대가 되었다.

다수의 대체제가 있음에도 다섯 배 이상 비싼 원소주를 사겠다고 전 국민이 기꺼이 보물찾기하는 모습은 매우 흥미로웠다.

과연 대체 무엇이 이들을 편의점으로 이끈 것일까? 모든 소비가 합리적일 수 없다는 건 당연한 얘기다. 그렇다고 해도 빵, 맥주, 소주를 구하려고 노력과 시간을 아끼지 않는 모습은 비합리적이라 느껴진다. 그중에서도 원소주는 특별했다. 다수의 대체제가 있음에도 다섯 배 이상 비싼 원소주를 사겠다고 전 국민이 기꺼이 보물찾기하는 모습은 이상하면서 동시에 매우 흥미로웠다.

'소주'에 '원'이라는 글자 하나가 더 붙었을 뿐인데, 원소주가 폭발적인 관심과 사랑을 받는 이유는 무엇일까? 나아가 원소주 브랜드의 지속적인 성장을 위해서는 어떤 전략을 활용할 수 있을까?

원소주 신드롬

2022년 2월, 혜성처럼 등장한 원소주. 원소주는 '박재범이 만든 증류식 소주'라는 별명과 함께 출시 전부터 높은 관심을 받았다. 사랑하면 닮는다고 했던가. 박재범의 소주는 패키지부터 마케팅 전반에 힙함이 묻어 있다.

힙합 가수 박재범은 2019년부터 소주 회사를 만들어 운영할 계획이 있음을 꾸준히 이야기해 왔다. 2018년에는 소주를 사랑하는 마음과 소주를 널리 알리고 싶은 마음을 담아 〈soju〉라는 제목의 곡을 발매한 바 있다. 원소주는 소주에 대한 박재범의 일편단심이 여실히 드러난 결과물이라고 할 수 있다.

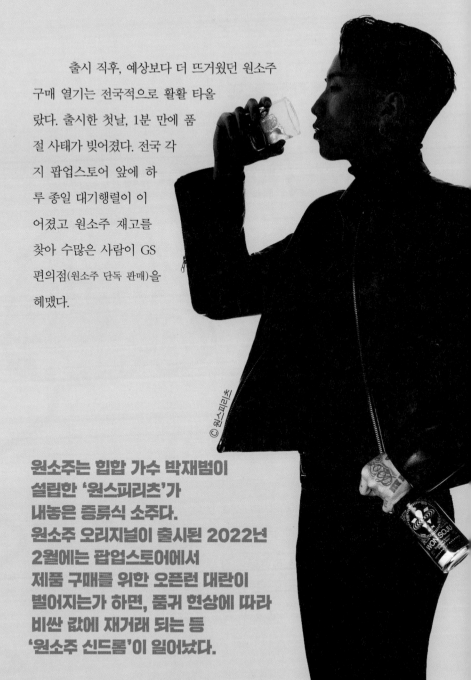

출시 직후, 예상보다 더 뜨거웠던 원소주 구매 열기는 전국적으로 활활 타올랐다. 출시한 첫날, 1분 만에 품절 사태가 빚어졌다. 전국 각지 팝업스토어 앞에 하루 종일 대기행렬이 이어졌고 원소주 재고를 찾아 수많은 사람이 GS 편의점(원소주 단독 판매)을 헤맸다.

© 원스피리츠

원소주는 힙합 가수 박재범이
설립한 '원스피리츠'가
내놓은 증류식 소주다.
원소주 오리지널이 출시된 2022년
2월에는 팝업스토어에서
제품 구매를 위한 오픈런 대란이
벌어지는가 하면, 품귀 현상에 따라
비싼 값에 재거래 되는 등
'원소주 신드롬'이 일어났다.

#2.
단돈 0원으로
찾아낸
소비자의 진짜 목소리

스크롤로 발굴한 소비자 모습

원소주는 몇 개월간 어딜 가나 품
귀 현상을 빚었고, 원소주를 손에 넣
은 사람은 마치 '원소주를 영접한 승리자'가 된 것 같은 나날들이
이어졌다. 그렇게 보물찾기에 성공한 이들의 생생한 이야기를 가장
쉽게 엿들을 수 있는 곳이 바로 '인스타그램'이다.

인스타그램은 원소주를 손에 넣은
사람들의 리얼한 목소리를 파악하는 데
있어 탁월하고 간편한 '무료 소비자 조사
도구'다. 업로드된 게시물들을 통해 '사람
들이 원소주를 왜 구하고 싶어 하는지',
'손에 넣은 뒤 언제 어디서 어떻게 소비하

인스타그램은 사진과 해시태그
를 기반으로 전 세계 수십억 명
의 삶을 보여준다. 이를 소비자
조사 관점에서 본다면, 누군가
가 자발적으로 업로드한 인스
타그램 게시물을 통해 특정 대
상에 관해 매우 주관적이고도
솔직한 반응을 살펴볼 수 있다.

는지', '직접 경험해본 후기는 어떠한지'를 알아내
기에 아주 적합하기 때문이다. 수백 번의 스크롤을
통해 발굴한 소비자 모습은 다음과 같았다.

원소주를 손에 넣은 이들은 #나만의 방식으
로 원소주를 전시하고, #원소주로 만든 꽃
다발을 주고받고, #특별한 날 근사한 한 끼
에 원소주를 곁들이고, #원소주를 콘셉트로
바디프로필 사진을 찍기도 했다.

> 공병을 사고파는 소비자 모습
> 은 원소주의 의미가 결코 병 안
> 에 담긴 물리적인 내용물에서
> 끝나지 않는다는 것으로 해석
> 할 수 있다.

공병까지 사고파는 이유가 대체 뭔데?

인스타그램에서 발견한 '원소주 소비 방법 A to Z'뿐 아니라 필자를 놀라
게 한 것이 또 있었다. 바로 원소주 공병을 사고판다는 점이었다. 소주 공
병을 떠올리면 어딘가 투박하면서 익숙한 초록색 병 모양과 트렌디한 것
과는 거리가 먼 서민적 감성이 연상되기 마련이다. 그런데 현시대의 가장
핫하고 트렌디한 아이템을 중고로 사고파는 플랫폼에서 원소주 공병을
아주 많이 볼 수 있었다.

공병을 사고파는 소비자 모습은 원소주의 의미가 결코 병 안에 담
긴 물리적인 내용물에서 끝나지 않는다는 것으로 해석할 수 있다. 정확히
무엇일지는 정의할 수 없겠으나, 원소주 제품디자인 그 자체에 대한 소유
욕 또는 대세에 합류하고 싶은 열망의 반증일 수도 있다.

초록색 병 '참이슬'이나 '처음처럼'이라면 어떨까? '술을 마시고 난 뒤 공병을 깨끗이 씻는다. → 중고거래 사이트에 올리기 위해 공병을 예쁘게 세팅한 후 사진 촬영을 한다'. 누구도 상상해 본 적 없는 모습일 것이다. 단언컨대, 이 현상은 원소주만이 만들어 낼 수 있는 것이라고 본다.

새롭지도 특출나지도 않은데 잘 나가는 이유가 뭘까?

그러나 이쯤에서 우리는 이 소주를 보다 객관적인 시각으로 낱낱이 들여다볼 필요가 있다. 원소주 내용물은 '강원도 원주산 쌀을 주원료로 만든 증류식 소주'다. 양질의 쌀로 만든 증류식 소주는 쉽게 찾아볼 수 있다. 그리고 원소주를 마셔본 사람들이 남긴 다수의 후기를 빌리자면, 원소주의 맛과 품질은 가격 대비 매우 특출난 편은 아니다. 게다가 소주는 1900년대부터 대한민국 대표 술로 자리 잡은 전통의 주류다. 그래서 원소주의 등장이 소비자에게 완전히 새롭거나 놀라운 일은 아니다.

자료에서 확인할 수 있듯, 소주 시장은 독점 수준의 막강한 점유율을 확보한 제품들이 있다. 견고할 대로 견고해진 소주 시장에 낯선 영혼인 '원소주'가 등장해 세운 기록은 가히 놀랍다고 할 수 있다. 2022년 7월 출시한 두 번째 원소주인 '원소주 스피릿'은 6개월여 만에 누적 판매량 400만 병을 돌파했으며, 2022년에 GS25에서 판매된 모든 상품 중 매출 7위를 기록하기도 했다.

분명한 사실은 다른 술과 비교했을 때 원소주는 소비자 반응이 완전히 다르다는 것이다. 지극히 개인적이고 평범한 소비자 시각으로 본다면 원소주는 '가수 박재범의 후광 효과와 디자인이 잘 빠졌기 때문에 잘 되는 게 아닐까?' 싶기도 했다.

원소주를 손에 넣은 이들은...

\# 나만의 방식으로
원소주를 전시하고,

\# 원소주로 만든
꽃다발을 주고받고,

\# 특별한 날 근사한 한 끼에
원소주를 곁들이고,

\# 원소주를 콘셉트로
바디프로필* 사진을
찍기도 했다.

* 바디프로필 : 고강도 다이어트와 운동으로 만든 몸매를 스튜디오 사진 촬영으로 남기고 SNS를 통해 인증하는 문화.

| 소주 · 청주 시장점유율 |

참이슬

소주 시장점유율 64.3%
한국인이 가장 좋아하는
소주 브랜드 1위
(29.8%)

화요

증류식 소주 시장점유율 1위
전통주의 현대화를 시도,
도수에 따라
화요 17, 25, 41, 53 제품군

청하

냉청주 시장점유율 93%
35년간 14억 병 판매,
지난 10년간
연평균 성장률 2.8%

인스타그램 속 멋진 사진들과 공병 사고팔기 현상으로 미루어 봤을 때 원소주의 병 디자인이 흥행에 분명 큰 몫을 하고 있다는 점은 부인할 수 없다. 그러나 어떤 제품이 '시장의 역사를 새로 쓰고 있다'라고 평가를 받을 만큼 높은 판매 실적과 영향력을 행사하고 있다면, 성공 요인이 '뛰어난 디자인' 하나일 수는 없다.

과연 소비자 인식 속 원소주는 대체 무엇일까? 그들에게 원소주는 어떤 의미와 가치가 있는 걸까? 정말 '박재범' 이름 석 자에서 비롯된 후광 효과일 뿐일까? 그렇다면 후광 효과만으로 원소주가 계속해서 흥행하는 것은 불가능하지 않을까? 이제 직접 조사를 진행하며 물음표들의 답을 찾아봐야 할 차례다.

#3.
유명 연예인의
후광 효과,
정말 그것뿐일까?

원소주 = 박재범, 정말 그것뿐?

첫 번째로 시작한 직접 조사는 구글폼을 활용한 온라인 설문조사였다. 원소주를 구하기 쉽지 않다는 점 때문에 유경험자의 절대적 숫자가 부족한 이번 조사 특성상, 불특정 다수를 대상으로 하는 정량조사의 목표는 그리 거창하지 않다. 원소주를 마셔본 경험 여부와 무관하게 '소비자들에게 원소주의 인상은 무엇일까?'에 대한 답변을 모으는 것이 설문조사의 목표다. 2030세대 소비자 103명을 대상으로 한 정량조사에서 유의미한 답변을 요약하면 다음과 같다.

Q. '원소주'라는 단어를 들었을 때
    가장 먼저 떠오르는 것은 무엇인가요?

답변 대다수가 '박재범', '힙하다'였다. 그다음으로는 '한정판', '소주', '증류주', '비싸다', '고급' 순으로 많은 답변이 나왔다. 답변자들은 브랜드 이미지와 관련 있는 단어인 '박재범'과 '힙합'을 가장 많이 언급했으며, 뒤이은 단어들은 제품의 단순 속성 및 특성과 관련이 있었다.

Q. '원소주'를 처음 알게 되었을 때 어떤 생각이 들었나요?

나도 한번 마셔보고 싶다
박재범이 소주도 만들었구나
저게 뭐길래 저렇게 난리지?
왜 저렇게 비싼 거지?

Q. '원소주'를 구매하실 생각이 있나요?

전체 응답자 중 총 52.4%의 응답자가 원소주 구매 의향이 6점 이상(10점 만점)이라고 밝혔다. 그 이유는 '궁금해서 한 번쯤 먹어보고 싶다'는 내용의 답변이 대부분이었다.

　　해당 조사를 통해 확인된 사실은 두 가지로 정리할 수 있다. 첫째, [원소주 = 박재범] 공식과 함께 박재범이라는 인물이 가진 '힙하다'라는 긍정적 이미지가 연상된다는 점이다. 둘째, 힙한 이미지를 가진 원소주가 어떤 맛인지 - 정확히는 다른 소주

에 비해 값이 비싸고 힘들게 구하는 노력에 상
응할 만한지 – 를 직접 확인하고자 소비 의향
을 드러낸다는 점이다.

외면할 수 없는 정량조사의 한계

정량조사는 원소주에 대한 인상 및 소비 의향과 관련한 인사이트를 발굴
했다는 의의가 있지만, 외면할 수 없는 한계점이 하나 있다. 바로 조사 결
과를 일반화하기 어려울 정도로 적은 표본 수다. 103명의 답변은 우리의
여정에서 아주 약간의 힌트 역할밖엔 할 수 없다. 설문조사의 신뢰도를 확
보하기 위해서는 적어도 500명 이상의 표본이 필요하다. 그런데 우리의
표본 수는 그 5분의 1에 불과했다.

하지만 절망하긴 너무 이르다. "이가 없으면 잇몸으로", "위기를
기회로"라는 말이 괜히 있는 게 아니다. 안타깝게도 우리 팀 모두가 아직
원소주를 영접해 보지 못했다. '처음 만나는 원소주'를 구하기 위해 직접
발로 뛰고, 신중히 시음해 보고, 어떤 가치가 있는지 함께 토론해 볼 기회
가 아직 남아 있다. 원소주 무경험자로서 편견 없이 소비자 구매 여정에
직접 뛰어들어 볼 수 있다는 뜻이다. 원소주의 소비 가치를 찾기 위한 여
정에 불을 지펴본다.

#4.
주고 싶고
받고 싶은 선물,
원소주

품귀 사태를 뚫고 소비자 되어 보기

> "소비자 조사의 가장 좋은 방법은
>   내가 직접 소비자가 되어 보는 것이다."

2022년 8월, 원소주가 처음 등장하고 6개월이 지난 시점임에도 불구하고 원소주를 구하려면 동네 GS25를 수소문해야 했다. 야속한 마음이 들 만큼 필자의 눈에 띄지 않던 원소주를 찾아 헤맨 지 3일 정도 되던 날, 단 과대 휴게실에서 원소주 구하기가 너무 힘들다며 푸념을 늘어놓고 있었다.

그때 한쪽에 앉아 과제를 하던 선배가 필자의 이야기를 듣더니 "어, 내 친구가 편의점 알바하고 있어서 구할 수 있는데! 필요하면 대신 구해다 줄까?"라고 하는 게 아닌가! 구세주가 여기 있었다니.

우여곡절 끝에 드디어 원소주를 손에 넣었다. 힘들게 구해서였을까? 원소주의 자개 라벨이 그렇게 영롱해 보일 수 없었다. '다들 이 영롱한 로고를 직접 보기 위해 원소주를 구하러 다니는 걸까?' 싶은 생각까지 들었다.

덕분에 필자는 금의환향하듯 영롱하게 빛나는 원소주 병을 들고 팀원들 앞에 나타날 수 있었다. 이제야 우리도 원소주를 썹고 뜯고 맛보고 즐길 준비가 되었다. 최소 50개 이상의 유튜브, 블로그, 카페, 인스타그램 후기에서 언급되었던 원소주 비교군 3종을 함께 세팅하고 적당한 안주까지 주문한 우리는 비장한 마음으로 둘러앉았다.

세 명의 팀원 모두가 원소주를 처음 경험해 보는 것인 만큼, 이번 조사에서 가장 중요하게 생각한 지점은 '껍데기를 벗긴 원소주의 본질이 무엇인지' 확인하는 것이었다. 그래서 찾아낸 방법은 블라인드 테스트였다. 테스트는 무작위로 배치한 술을 마신 후 자신의 감상평과 함께 술 이름을 맞추는 게임처럼 진행했다.

게임 같은 방식을 차용한 덕에 술에 대한 솔직한 평가를 쉽게 공유할 수 있었다. 학번이 1로 시작하는 선배 둘과 2로 시작하는 후배 하나. 셋이 모여 과제로 술을 마신다니, 이렇게 재밌는 조사방법론이 또 있을 수 있을까?

"기대만큼 특별하지 않네"

즐거운 분위기 속에서 진행된 블라인드 테스트 결과, 힘들게 구해온 원소주 맛은 우리의 기대만큼 특별하지 않았다. 테스트를 통해 원소주를 만져 보고, 사진을 남기고, 마셔보며 우리가 공유한 감상에 의하면, "비싼 돈 주고 힘들게 구할 만큼 독보적인 맛은 아니다"라는 것이었다.

그러면서 우리끼리 편하게 주고받은 대화 중 "사진은 진짜 잘 나오네. 이거 술자리에서 '짜잔' 하면서 보여주기 좋은 선물이 될 것 같지 않아?"라는 의견이 있었다.

맞다. 술자리에서 누군가 참이슬이나 처음처럼을 들고 와 "선물!" 이라고 건넨다면 누구도 반응하지 않을 것이다. 하지만 가방 속에 꽁꽁 숨겨 온 원소주를 꺼낸다면 너도나도 그를 칭송하며 열심히 인증샷을 남길 것이 분명하다.

이렇게 직접 온몸으로 느끼고 리뷰해 보는 시간을 통해 도달한 결론은 다음과 같다. ① 궁금하니까 한 번쯤 먹어보고 싶은 원소주는 ② 다른 소주와는 달리 선물로서 의미가 있을 수도 있겠다는 것이다.

하지만 아직까진 가설에 불과한 이 문장에
확신을 더해줄 사람이 필요했다.

이번 조사에서 가장 중요하게 생각한 지점은
'껍데기를 벗긴 원소주의 본질이 무엇인지' 확인하는 것이었다.
그래서 찾아낸 방법은 블라인드 테스트였다.
테스트는 무작위로 배치한 술을 마신 후 자신의 감상평과 함께
술 이름을 맞추는 게임처럼 진행했다.
게임 같은 방식을 차용한 덕에
술에 대한 솔직한 평가를 쉽게 공유할 수 있었다.

Blind Test

"맥주 한 잔 쏠게. 원소주 경험담 좀 다오!"

지금이 바로 심층 인터뷰의 힘이 필요할 때다! 원소주 경험자와의 대화에서 얻을 수 있는 여러 가지 정보와 맥락을 통해 우리의 가설을 검증해 보려 했다. '싫은 밥은 있어도 싫은 술은 없다'고 하지 않는가. 원소주를 마셔보았다는 애주가 두 명을 직접 만나 맥주 한잔을 사례금으로 질문폭격을 가했다. 이들의 원소주 영접 후기를 한번 들어보자.

> "
> ### 원소주의 가치는 '나도 먹어봤다'는
> 느낌에 있다고 생각해요.
> 근데 한번 마셔보니까 특별한 맛은 아니라 재구매 의향은 없어요.
> ## 하지만 누가 사준다면 좋을 것 같아요.
> 반대로 제가 누구한테 선물한다고 생각하면
> 구하려고 노력할 것 같아요. 오픈런까진
> 아니어도 편의점 갈 때마다 있는지
> 확인해 볼 것 같아요. - A, 23세, 남성
>
> 친구가 사 왔을 때 한 번 먹고 안 먹었어요.
> ## 제값 주고는 절대 안 사 먹을 것 같아요.
> ## 하지만 인스타용으로 선물 받으면 좋긴 할 것 같아요.
> 여자친구 주면 좋아할 것 같아요. - B, 26세, 남성
> "

아이스 브레이킹 목적의 질문과 답변이 꼬리를 물고 이어지며 1시간 이상 진행된 인터뷰 내용을 요약해 보았다. 후기에서 붉은색으로 처리한 문장들이 바로 이번 조사에서 발굴할 수 있었던 핵심이다.

본인이 직접 마시기 위해 재구매할 의향은 없으나 쉽게 구할 수 없는 술을 마셔볼 수 있다는 새로운 경험, 인스타용으로 사진 찍기에 좋은 디자인이 원소주의 가치이다. 이는 동시에 원소주만이 갖는 '선물'로서의 가치로 이어진다. 블라인드 테스트의 결론이었던 가설 – 다른 소주와는 달리 선물로서 의미가 있을 수도 있겠다 – 을 수용할 수 있다고 판단되었다.

오래 사랑받는 선물이 되려면…….

누군가를 축하하는 상황이나 감사함을 전하는 상황에서 오가는 재화가 바로 선물이다. 선물의 가치를 인간관계의 맥락에서 해석해 보면, '상대와 좋은 관계를 맺고 싶다는 욕구를 전달하는 값비싼 신호'이기도 하다.

그렇기에 선물은 단순히 실용적이거나 합리적인 것보다는 브랜드 가치가 높은, 같은 값을 치르더라도 격이 높다고 판단되는, 정성이나 마음을 나타낼 수 있는 것이라야 높은 가치를 인정받을 수 있게 된다.

원소주에 대입해 보자. 내가 1만 5000원 상당의 선물을 주고받는다고 가정했을 때 참이슬 일곱 병이 아닌 원소주 한 병을 선택하는 것이 '선물'의 가치에 좀더 부합한다는 것이다. 직관적으로 당연한 선택처럼 보이는 것엔 선물과 맞닿은 심리가 숨어있었다.

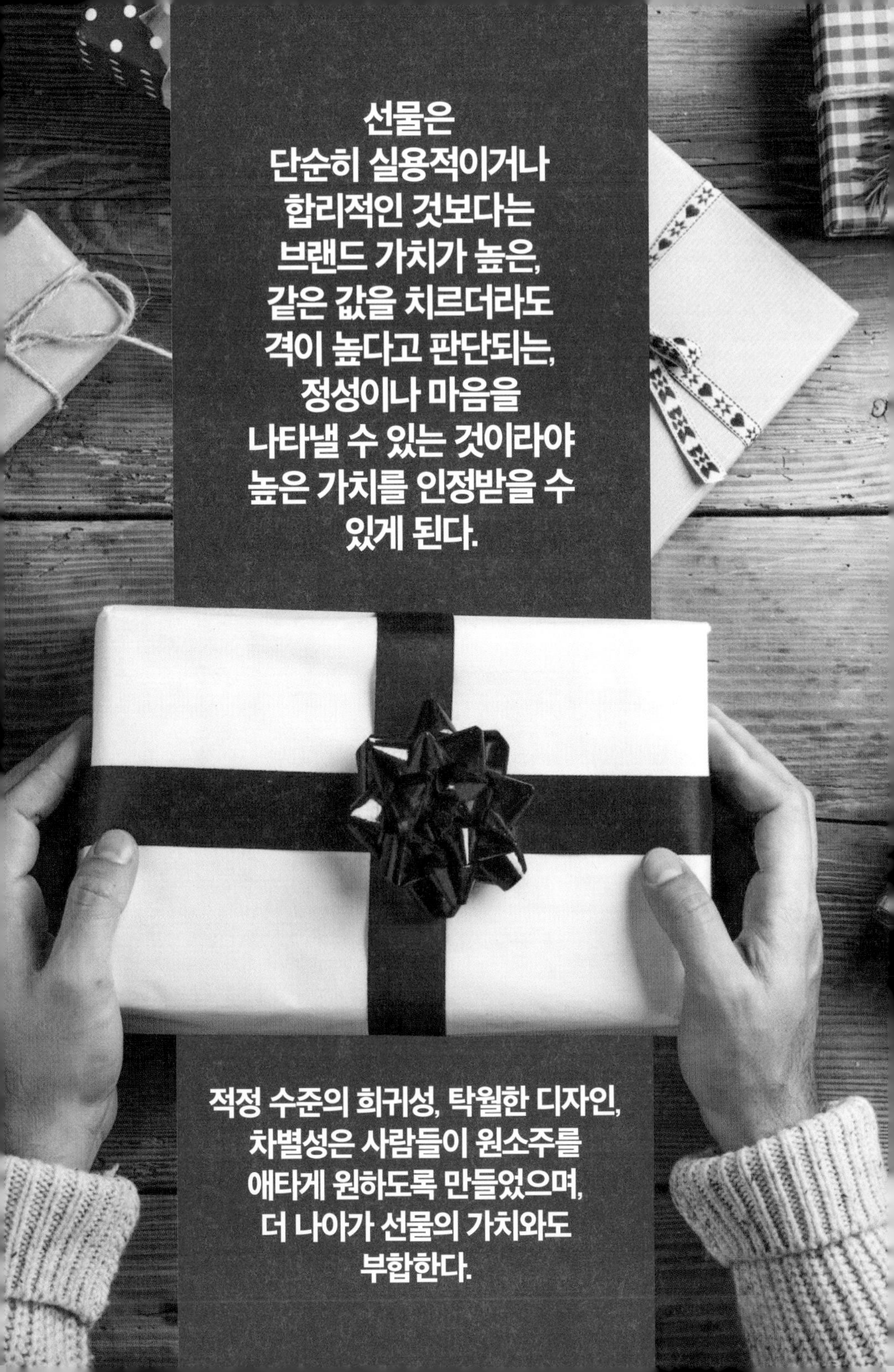

선물은
단순히 실용적이거나
합리적인 것보다는
브랜드 가치가 높은,
같은 값을 치르더라도
격이 높다고 판단되는,
정성이나 마음을
나타낼 수 있는 것이라야
높은 가치를 인정받을 수
있게 된다.

적정 수준의 희귀성, 탁월한 디자인,
차별성은 사람들이 원소주를
애타게 원하도록 만들었으며,
더 나아가 선물의 가치와도
부합한다.

원소주를 언급한 글 전반에서 찾아볼 수 있듯,

쉽게 구하기 어렵지만 여러 편의점을 수소문하거나

'지인 찬스'를 통해 구매할 수 있다는 '적정 수준의 희귀성'.

브랜드 전체를 관통하는 독특하고 '탁월한 디자인'.

박재범 고유의 긍정적 이미지를 바탕으로 하는 '차별성'.

이러한 특성이 사람들로 하여금 원소주를 애타게 원하도록 만들었으며,

더 나아가 선물의 가치와도 부합한다.

요즘은 온 국민이 특정 제품을 갈망하는 '소비 열기'가 고공행진을 하다가도

언제 그랬냐는 듯 싸늘하게 식어버리는 사례가 늘어나고 있다.

원소주가 '선물'의 가치와 감성을 담는 브랜드가 된다면 많은 소비자에게

오래도록 매력적인 선택지로 자리매김할 수 있지 않을까?

선물에는 비효율성을 지우는 아주 커다랗고 강력한

'정서적 가치'가 담겨있으니 말이다.

원소주가 앞으로도

'주고 싶고
받고 싶은 선물'이

되길 바라는 작은 소망을 남기며

탐사를 마친다.

술, 마시는 것이 다가 아니다

"모르는 사람도 없지만, 정작 마셔본 사람도 없다." 1년 사이에 직접 경험해 본 소비자가 더 늘어나긴 했지만 여전히 마셔 본 사람보다 그렇지 않은 사람이 더 많은 원소주. 그런데 우리는 어떻게 마셔보지도 않았으면서 원소주에 대해서 '참이슬' 못지않게 잘 알고 있을까? 여러 가지 이유가 있겠지만 가장 큰 영향을 끼친 건 'SNS'가 아닐지 싶다.

'박재범이 진심을 담아 만든, 세상 힙한 전통주'라는 차별적인 브랜드 자산과 정체성이 있다고 하더라도 '인터넷 상에서 빠르게 확산되지 않았다면' 자칫 찻잔 속의 태풍으로 끝날 수 있었기 때문이다.

"그런데 말입니다, 어렵게 구한 원소주를 소비자들은 어떤 용도로 사용하고 있었을까요?"

당연히 음용 목적으로 구매했겠지만, SNS에 올린 그 또는 그녀들의 포스팅을 보면 '마시는 소주가 맞나?' 하는 생각이 들었다. 소비자들은 원소주를 '마시는' 게 아니라 '자랑하고' 있었다. 입으로 마시는 게 아니라 눈으로 마신다고 할까?

과연 중장기적으로 보았을 때 '자랑하는' 용도만으로 소주 브랜드가 성장하고 발전하고 판매량을 늘릴 수 있을까? 미래를 회의적으로 예측한 까닭은 술의 본질은 어디까지나 '음용'하는 데 있고 원소주도 결국 술이기 때문이다. 'SNS를 통한 자랑질'은 곧 시들해지고, 언제고 이를 대체할 새로운 아이템이 나타날 것이다.

원소주가 널리 알려진 데는 SNS가 가장 큰 영향을 미쳤다. 사진 찍어 올리기 좋은 제품 디자인과 마셔봤다고 자랑할 수 있는 희귀성 등이 맞물리며, 사람들은 SNS를 통해 자발적으로 제품을 홍보했다.

그러다가 원소주팀이 SNS에서 찾아낸 한 장의 사진이 있었다. 어느 생일파티에 양초가 있어야 할 가운데 부분에 원소주를 꽂아서 완성한 생일 케이크가 놓여 있었다.

'만약 저 자리에 참이슬을 꽂는다면? 에이, 격이 너무 안 맞지. 예쁘지도 않고. 그런데 원소주라면? 찰떡이지! 디자인도 예쁘지만 귀하니까 선물로 주기에 부족하지 않지.'

이후에 원소주팀이 찾은 많은 SNS 사진 속에서 원소주는 친구, 동료에게 '센스 있는 선물' 역할을 하고 있었다. 원소주의 살 길은 바로 이것, '선물 시장이겠구나'라는 확신이 들었다.

소주는 '서민의 술'이라고 불린다. 가장 저렴하기에 부담 없이 누구나 즐기는 술이기도 하다. 정부에서 가격을 통제할 정도니까. 한마디로 말해 소주는 '매일 사용하는 샴푸' 같은 존재가 아닐지 싶다.

그에 반해 원소주는 '소주'라는 이름이 붙어 있지만 매일 마시기에는 부담스럽다. 가격도, 도수도, 유통 방식도……. 이런 비일상성 때문에 오히려 선물로 기능하기에 딱이다. 내 돈으로 사기에는 애매하지만 선물 받으면 기분 좋은 '향수' 같달까?

입이 아니라 눈으로 마시는 소주, 원소주. SNS에서의 '자랑'으로 유명세를 탔지만, 브랜드의 지속적인 성장과 발전을 위해서는 선물 시장에서 적극적인 포지셔닝을 해 보는 것이 어떨까?

유니클로는 안 되고 닌텐도는 되는 'NO JAPAN' 운동의 아이러니

일본산 제품을 사지 않고, 일본 여행을 자제하자는 사회적 분위기가 형성되며 'NO JAPAN' 운동은 상당 기간 힘을 얻었다. 그런데 불매운동 열기가 한참 뜨거웠던 2020년 3월 출시한 닌텐도의 '모여봐요 동물의 숲'은 온·오프라인 할 것 없이 품귀 현상이 벌어졌다. 2023년 개봉한 영화 <더 퍼스트 슬램덩크>는 487만 명이 관람하며 흥행 돌풍을 일으켰다. 소비자들이 '선택적 불매운동'을 하게 한 이유는 무엇일까?' '국가와 민족을 사랑하는 국민'이 아니라 '소비자와 브랜드를 공부하고 연구하는 연구자'로서는 너무 흥미로운 주제였다.

#1.
'동물의 숲'에서
일본 불매운동을
외치는 사람들

NO JAPAN!

2020년 한 장의 사진이 논란이 되었다. 닌텐도의 콘솔 게임인 '모여봐요 동물의 숲(이하 동물의 숲)' 안에서 'NO JAPAN'을 외치는 유저의 행동이 화제가 된 것이다. 일본산(産) 게임 속 세상에서 일본산 제품을 사지 않겠다는 구호를 외치다니⋯⋯. 왜 이런 아이러니한 사진이 나오게 된 것일까?

2019년 7월, '가지 않습니다', '사지 않습니다'라는 말이 대한민국 곳곳에 퍼져나가기 시작했다. 일명 'NO JAPAN'이라 부르는 일본 불매운동이 일어난 것이다.

일본 불매운동은 일본의 대한민국 수출 규제로 촉발되었다. 일본 경제산업성이 반도체·디스플레이 핵심 소재 등 세 가지 전략 물자 품목

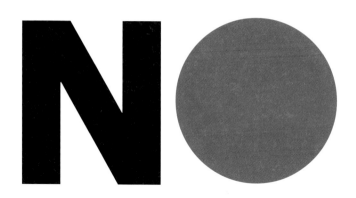

BOYCOTT JAPAN
'가지 않습니다'
'사지 않습니다'

에 대한 수출 통제를 시작했다. 일본의 갑작스러운 수출 규제는 일제 강점기 강제 징용 피해자들에 대한 손해배상을 명령한 한국 대법원 판결에 대한 보복 조치였다. 2018년 10월 대법원은 신일철주금(현 일본제철)에 강제 징용 피해자 1인당 1억 원씩을 배상하라고 판결했다.

일본의 경제 보복 조치에 국민들은 불매운동으로 맞대응했다. 네티즌들은 일본 불매운동 제품 리스트와 대체품 리스트를 공유하며, 불매운동 동참을 독려했다. 결국 불매운동은 일본 기업, 일본 여행, 일본 문화 거부로 확대되었다.

일본 불매운동은 이번이 처음은 아니었다. 가깝게는 2013년, 일본이 '다케시마의 날' 행사에 차관급 정무관을 참석시킨 데 항의하는 의미로 불매운동이 일어났다. 당시 SNS에 '일본 불매운동'이 1만

일본이 우리 대법원의 강제 징용 배상 판결에 대한 보복 조치로 반도체 첨단 소재 세 가지 품목에 대한 수출 규제를 시행하자, 일본 제품 불매운동이 확산되었다.
사진은 일제 강점기 일본에 끌려가 노역을 살다 쓰러진 조선인들을 기리는 취지로 건립된 <강제 징용 노동자상>.

272회 언급되는 등, 2013년 일본 불매운동은 역대 최대 규모로 꼽혔다.

그러나 2019년에는 이를 능가했다. SNS에서 '일본 불매운동'이 2013년보다 100배 이상 많은 100만 회 언급되었다. 실제로도 편의점 업계의 일본 맥주 매출이 최대 62.7% 감소했다. 일본산 자동차·부품 매출은 16.8% 감소했으며, 혼다코리아는 매출이 22.3% 감소하며 적자가 발생했다. 유니클로도 매출이 30% 줄었으며, 일본 여행 예약자 수는 70~80% 감소했다.

선택적 노 재팬?

그러나 일본 불매운동이 모든 상품에 동일하게 적용되지는 않았다. 2020년 3월 닌텐도 스위치의 '동물의 숲'은 출시 직후 '한우리(콘솔 게임 판매 사이트)'에서 판매 점유율 80%를 달성했다.

이어 한우리에서 역대 최대 판매 점유율을 차지했다. 이마트 계열에 풀린 물량도 완판되며, 유통업계는 '동물의 숲' 최신작을 구하려고 애태웠다. 일본 불매운동과는 정반대의 행보. 이런 분열된 모습은 우리팀 안에서도 볼 수 있었다.

필자는 일본 불매운동에 동참하는 것이 '애국심'의 발현이라고 생각했다. 그래서 유니클로 대신 탑텐을 소비하려고 노력했다. 그러다 보니 유니클로를 고집할 필요가 없다고 느꼈다.

그러던 중 친구에게서 메시지가 왔다.

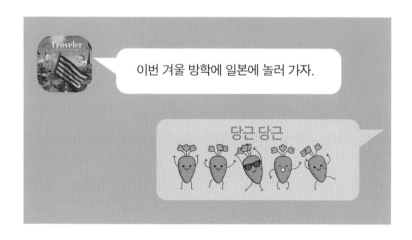

이번 겨울 방학에 일본에 놀러 가자.

당근당근

필자는 고민도 없이 당근 이모티콘을 전송했다.

한 친구는 일본 불매운동이 확산하자, 학창 시절부터 써온 '제트스트림' 펜을 '모나미'로 바꿨다. 바꾸고 보니 필기감 차이도 느껴지지 않았다고 말했다. 그러나 친구는 무심코 SNS 프로필 음악을 좋아하는 일본 밴드 음악으로 설정하는 자신을 발견하고 흠칫 놀랐다고 했다.

한 선배는 애니메이션 〈너의 이름은.〉이 흥행할 때도 '일본 것'이라는 생각에 관람하고 싶지 않았다고 했다. 그러나 화장을 지울 때는 일본 '센카 퍼펙트 휩 폼클렌징(이하 센카 폼클렌징)'은 바꾸지 않고 계속 사용하고 있다고 했다.

NO YES
JAPAN JAPAN

유니클로와 일본 여행,
제트스트림과 일본 밴드,
일본 영화와 센카 폼클렌징.
이들은 어떤 차이가 있는 것일까?

#2.
나에게 넌,
대체 가능한 존재

You're the only one

일본 제품 불매를 외치면서도 일본 제품과 문화를 소비하는 것. 우리는 그 이유를 알고자 2차 자료조사를 통해 일본 제품 불매를 희망하면서도 일본 제품을 소비한 사람들의 글을 찾아봤다.

"

일본산 불매는 맥주, 유니클로 등만 진행되는 것 같다.
카메라 같은 경우는 특수해서 국적을 따져가며 사기보단
제품의 성능에 따라 사게 되니까⋯⋯.

닌텐도 스위치는 일본 거밖에 없으니. 대체할 수 없는 것 같다.

NO JAPAN이라고 해도 대체재가 없는
어쩔 수 없는 상황이면 써야지.

"

자신의 행위에 정당성을 부여하며, 동일하게 하는 말이 있었다. 바로 '대체 불가능'. 대체할 만한 대상이 없어서 어쩔 수 없이 구매하게 된다는 것이다.

대구대학교 심리학과 박은아 교수에 따르면 2030세대의 소비 특성상 대체재가 많은 경우 불매에 동참해도 불편함을 못 느끼지만, 대체재가 없는 데다 쾌락적 욕구까지 충족시키는 것은 불매하지 않아도 죄책감을 느끼지 않는다고 한다. 그렇다면 대체할 수 있는 것은 무엇이고 대체할 수 없는 것은 무엇일까?

제품은 소비자의 구매 과정에 따라 고관여와 저관여 제품으로 나눌 수 있다. 소비자가 구매를 결정하는 데 상대적으로 적은 시간과 비용을 투입하는 제품을 '저관여 제품'이라고 한다. 저관여 제품은 가격이 낮은 편이고 소비자가 비교적 간단하게 구매를 결정한다. 손실에 대한 위험성이 낮아 구매까지 의사결정이 빠르게 이루어지는 특성이 있다. 식품이나 생활용품 등이 대표적인 저관여 제품이다.

반대로 '고관여 제품'은 가격이 높은 편이라 구매를 결정하기까지 많은 시간을 투자해 다양한 정보를 비교하고 수집하는 등의 과정을 거친다. 구매에 대한 리스크가 높은 편이며 구매 빈도는 낮다. 가전제품, 자동차, 주택 등이 대표적인 고관여 제품이다.

우리가 처음 설정한 방향은 이러했다. 게임, 영화, 음악 같은 일본 문화 상품과 카메라 같은 고관여 제품은 유일함과 높은 품질 때문에 대체할 수 없다. 반면 유니클로로 대변되는 몰개성적인 SPA의류, 제트스트림 같은 필기구 등의 저관여 제품은 대체할 수 있는 브랜드가 많아서 쉽게 대체 가능하다는 것이다.

너 아니면 안 돼 vs. 네가 아니라도 괜찮아

그런데 꼭 일본 문화 상품과 고관여 제품이 대체 불가능하고, 저관여 제품은 대체가 가능한 것일까?

팀원 중 C는 센카 폼클렌징을 대체할 폼클렌징은 국내에 없다고 단언한다. 다른 제품으로 몇 차례 바꿔본 적이 있지만, 그때마다 제형이 맞지 않거나 얼굴에 트러블이 생기는 등의 문제로 다시 센카 폼클렌징으로 돌아왔다고 했다. 팀원 C는 2차 자료조사 중 하나의 글을 봤다. 센카 폼클렌징을 대체할 국산 제품을 찾아 헤맨 끝에, 드디어 대체품 발굴에 성공했다는 글이었다. 똑같은 세안제인데, 팀원 C는 대체할 수 없다고 했고 SNS 속 다른 소비자는 대체할 수 있다고 했다.

대체 가능 여부는 문화나 제품 특성에 달린 게 아니었다. 우리는 이 점을 중점으로 고려하면서 주변인을 대상으로 정량 및 정성 조사를 실시했다. 조사 과정에서 '대체재 유무가 불매를 결정짓는다'라는 가설을 송두리째 흔든 답변이 나왔다.

> Q. 일본 제품 불매운동 분위기에서 소비하지 않는 게
> 어려웠던 제품이나 콘텐츠가 있었나요?
> 있었다면 왜 불매가 어려웠나요?

"
> A. 일본 제품을 불매하는 건 어렵지 않았어요.
> 평소 사용하지 않던 것도 있고 대체할 만한 제품도 많았고요.
> 그런데 이상하게 '제트스트림'은 불매해야 한다는 생각 자체가
> 떠오르지 않았어요. 제트스트림은 제 학창 시절 성적이
> 가장 정점인 시기를 책임졌던 유서 깊은 볼펜이에요.
> 불매해야 한다는 생각 자체가 떠오르지 않으니,
> 제트스트림을 써도 양심에 찔리지 않았어요.
"

Light Blue Blue Purple Pink Red Orange Lime Green Green Light Blue Blue Purple

제트스트림은 앞서, 팀원 B가 대체할 국산 제품이 있다고 한 볼펜이다. 실제로 팀원 B는 제트스트림을 모나미로 대체한 뒤 쭉 불매하고 있다. 불매는 제품의 대체 가능 여부와 관련 있는 게 아니라는 이야기다.

같은 제품이라도 각자의 가치관에 따라 대체 가능 여부가 다르게 인식되고 있었다. 어떤 사람은 제트스트림이 모나미로 대체 가능하다고 하고, 어떤 사람은 제트스트림을 대체할 볼펜이 없다고 한다. 어떤 사람은 센카 폼클렌징을 대체할 국산 클렌징 제품을 찾았다고 하고, 어떤 사람은 센카 폼클렌징만큼은 대체품이 없다고 느낀다.

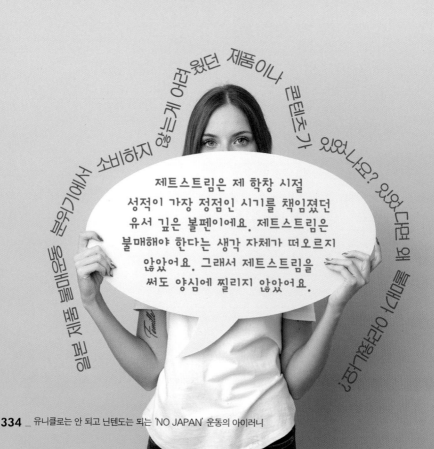

#3.
문제의 근원을 찾아서

불매운동 인식 흐름을 쫓아서

특정 브랜드 불매를 결심하기까지 한 사람의 머릿속에는 어떤 생각의 흐름이 펼쳐질까? 불매운동을 결심하기 위해서는 먼저 브랜드를 인식하고, 그다음 일본 브랜드임을 인지하고, 일본에 대한 부정적인 감정이 개입되어 불매로 이어진다.

'브랜드A'에서 '일본'까지, 그리고 '일본'에서 '불매'까지. 이 두 번의 도약 중 한 단계라도 제대로 된 도약이 이루어지지 않으면, 소비자의 머릿속에서 그 브랜드는 불매운동 대상이 아니게 된다.

두 단계 중 어느 곳에서 문제가 발생하는지를 찾아낸다면 우리가 모순적 소비 행태를 보이는 이유에 대한 실마리를 찾을 수 있을 것이다. 이를 알아보기 위해 일본 제품 혹은 문화에 관심이 있는 사람들을 대상으로 인터뷰를 진행했다.

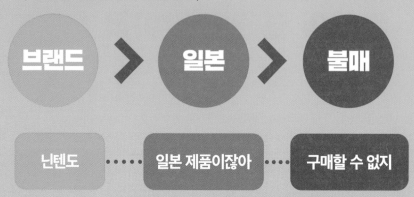

| 일본 불매운동 인식 프로세스 |

브랜드 > 일본 > 불매

닌텐도 ······ 일본 제품이잖아 ······ 구매할 수 없지

'일본'에서 '불매'로 이어지는 인식 점검

먼저 '일본 → 불매'까지의 인식이 잘 이어지는지 살펴보기로 했다. 첫 번째로 '일본'이라고 하면 떠오르는 키워드 세 가지를 물어봤다.

Q. '일본'이라고 하면 떠오르는 키워드는?

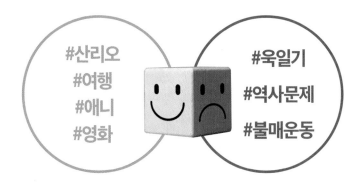

응답에서 눈여겨봐야 할 부분이 있다. 바로 '산리오', '애니메이션', '영화', '여행'처럼 본인이 좋아하는 일본의 긍정적인 모습을 키워드로 애기하는 동시에 '욱일기', '역사', '불매운동' 등 부정적인 키워드도 함께 응답하고 있다는 것이다.

두 번째로 일본에 대한 선호도를 점수(10점 만점)로 매기고 그렇게 평가한 이유를 물었다. 4점에서 8점까지 점수 분포는 다양하지만, 이들의 답변에는 한 가지 공통점이 있었다. 점수를 매긴 이유를 말할 때, "좋아해요" 뒤에 "그런데"가 붙는다는 것이다. 각기 다른 이유로 일본을 좋아하고 있지만, 여러 이유로 점수를 깎을 수밖에 없다는 것이다.

Q. '일본'이라는 나라를 얼마나 선호하나요?

8점
일본의 문화에 관심이 많지만, 우리나라와 관계가 좋지 않아서 2점 깎았어요

7점
여행 갔을 때 경험이 좋았어요. 그런데 불매운동 때문에 꺼려져서 3점 정도 호감도를 뺐어요.

7점
일본의 분위기를 정말 좋아하는데, 독도와 위안부 등 여러 문제가 있었잖아요. 3점은 대한민국 국민으로써의 양심이에요.

4점
오타쿠 문화만 보면 10점이에요. 하지만 여태까지 있었던 정치적 문제로 호감이 다 깎였어요.

두 가지 질문에 대한 응답을 취합하며 흥미로운 점을 발견했다. 조사를 계획하며 우리는 일본에 대한 선호도가 높은 사람들은 일본에 긍정적인 응답을, 선호도가 낮을수록 부정적인 응답을 하리라고 예측했다. 그러나 예상과 달리 선호도 점수와 관계없이 모두 일본에 관한 부정적인 키

브랜드 > 일본 > 불매
— 연결에 이상 없음 —

워드 또한 이야기했다는 점이다. 이를 통해 일본에 대한 우리의 인식 기저에 부정적인 감정이 깔려 있다는 것을 알 수 있다. 즉, '일본'에서 '불매'로 이어지는 인식의 흐름은 잘 연결되고 있다고 볼 수 있다.

'브랜드'에서 '일본'으로 이어지는 인식 점검

그렇다면 '브랜드 → 일본'까지의 인식은 어떨까? 유년기를 함께 보낸 소중한 게임기, 여운이 깊게 남은 애니메이션, 아이 어른 할 것 없이 좋아하는 만물상 다이소, 좋아하던 친구와의 추억이 담긴 캐릭터…….

사람들은 자신이 소비하고 있는 브랜드를 떠올릴 때, 일본이 아닌 브랜드와 자신의 관계를 떠올린다. 개개인에게 구축된 긍정적인 관계가 브랜드를 대표하는 인식으로 자리 잡았기 때문이다.

즉, 소비자와 긍정적 관계가 형성된 브랜드는 '일본'이라는 나라에 대한 부정적인 감정을 밀어낸다. 일본 브랜드인 것을 떠올리지 못하니 불매를 다짐할 필요도 없다.

Q. 일본 브랜드를 소비한 경험 중,
가장 인상 깊었던 경험을 말씀해 주세요.

중학생 때 아주 귀여웠던 친구가 ○○○ 캐릭터를 좋아했어요.
그래서 ○○○을 쓰면 귀여운 사람이 된 것 같아요.
제품과 콘텐츠는 만든 나라와는 별개라고 생각해요.

같은 애니메이션인데 ○○○은 원래 제가 소비하지 않던 것이라
불매하는 게 어렵지 않아요. 하지만 제가 좋아하는 □□□는
여운이 강하게 남았던 작품이라, 계속 찾아보게 돼요.

○○○이 근처에 있어서
생필품 사러 자주 가요. 대체 할만한
다른 곳을 딱히 생각해 본 적도
없어요. 그냥 ○○○은 제 삶의
필수재인 것 같아요.

○○○은
제 유년기를 함께 보낸
소중한 친구 같은 존재라,
일본 제품이라는 생각이
들지 않았어요.

#4.
모든 것은
소비자 인식에 달려 있다

'나'와 브랜드와의 거리

우리는 이제 선택적 불매운동이 왜 발생하는지 알고 있다. 그리고 인식의 연결 여부는 우리가 느끼는 브랜드와의 관계, 다시 말해 '거리감'이 결정한다는 것 역시 알게 되었다.

소비자와 브랜드와의 관계가 멀 때를 생각해 보자. 일본 제품 불매운동이라는 환경이 조성되자, '브랜드 A'는 '일본의 A'로 인식된다. 그래서 브랜드 A를 떠올릴 때, 다른 모든 인식을 제치고 '일본'이 대표 인식이 된다. 쉽게 '불매하자'는 인식까지 연결되는 것이다.

이번에는 소비자와 브랜드와의 관계가 밀접할 때를 생각해 보자. '브랜드 B'는 '나'와의 관계가 가장 우선이다. 이때 '일본'이라는 인식은 배경 중 일부가 된다. 일본이라는 작은 부분에서 더 작은 '불매'로까지 생각이 이어지기는 어렵다.

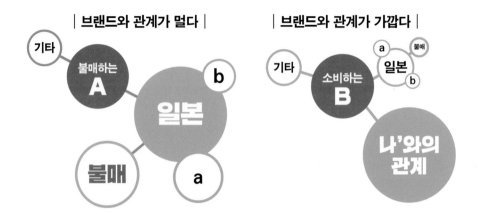

| 브랜드와 관계가 멀다 |

| 브랜드와 관계가 가깝다 |

앞서 언급한 볼펜 사례를 다시 떠올려 보자. 제트스트림 볼펜이 내게 '그냥 펜' 정도의 존재라고 가정해 보자. 그냥 펜은 모나미도, 또 다른 볼펜도 될 수 있다. 그냥 펜에 불과한 제트스트림 볼펜은 불매운동으로 일본에 대한 부정적인 감정이 커졌을 때, 쉽게 대체할 수 있다.

그런데 그냥 펜이 아닌 '나의 수험생활을 함께한 필기감이 좋은 펜'이라면 어떨까? 그렇다면 상황은 조금 달라질 것이다. 나와 동고동락한 필기감이 좋은 펜은 세상에 단 하나뿐이다. 따라서 일본에 대한 부정적인 감정이 커지더라도 다른 것으로 바꿀 수 없는 대체 불가한 존재가 되는 것이다.

같은 펜이더라도 내가 펜과 함께한 시간을 거치면서 만들어진 관계는 제각기 다른 모습을 하게 된다. 그래서 같은 브랜드여도 누구는 대체할 수 있고, 누구는 대체할 수 없다고 하는 것이다. 이 인식의 차이가 소비와 불매를 가른다.

모든 것은 마음먹기에 달려있다는 말이 있다. 소비자의 행동 역시 마음먹기, 내가 그 브랜드를 어떻게 인식하고 있는지에 달려있다. 팀원 A는 팀원 B의 선택적 불매에 대해 이렇게 공감했다.

> 제트스트림 같은 볼펜은 시중에 많으니 다른 제품으로 대체할 수 있다고 봐. 그런데 B가 좋아하는 일본 밴드는 오롯이 일본어로 음악을 만들고, 그들만 할 수 있는 음악을 하는 거잖아. 그래서 대체 불가능한 게 아닐까?

처음에는 쉽게 답이 나왔다. 그러나 왠지 "답을 찾았다!"라고 선언하고 마침표를 찍기에는 2% 부족하다고 느껴졌다. 대체 여부는 제품이 결정하는 게 아니라, 제품을 사용하는 개인에게 달린 것이라는 걸 알기 전까지는 말이다. 즉, 대체 여부를 결정하는 건 제품과 사용자 간의 '관계'다.

'NO JAPAN' 운동은 실패한 것일까?

누군가는 일본 제품 불매를 외치면서 일본 제품을 소비하는 행위를 '모순'이라고 비난할지 모른다. 그러나 완벽한 사람은 없다. 삶의 많은 모순을 깨기 위해 공부하고 노력할 뿐이다. 일본에 대한 부정적인 감정과 인식은 역사 문제가 해결되지 않는 한, 한국인에게는 부채 의식 또는 해결하지 못한 숙제처럼 늘 찜찜하게 남아있을 것이다.

2022년 '포켓몬빵'은 편의점 앞에 수많은 사람을 줄 세웠다.
2023년 일본 맥주는 한국에서 '수입국 1위' 자리를 되찾았다.
2023년 한국인이 가장 많이 방문한 국가는 일본이다.

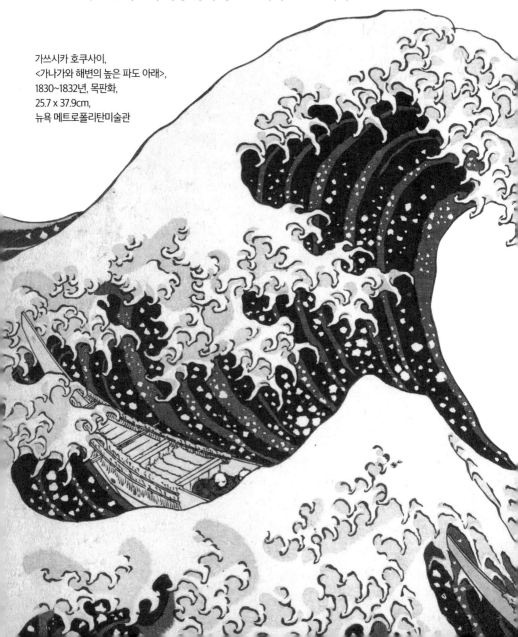

가쓰시카 호쿠사이,
<가나가와 해변의 높은 파도 아래>,
1830~1832년, 목판화,
25.7 x 37.9cm,
뉴욕 메트로폴리탄미술관

'NO JAPAN' 운동은 실패로 끝난 걸까? 유니클로, 도요타, 아사히맥주 등
글로벌 기업과 브랜드를 한 나라가 불매운동으로 망하게 하는 건 불가능하다.
불매운동은 소비자가 소비하지 않음으로써 해당 기업과 국가에
적극적으로 의사를 표시하는 데 방점이 찍혀 있다.

2019년 유니클로 본사와 한국 법인은 'NO JAPAN' 운동을
폄훼한 자사 임원 발언에 대해 머리 숙여 사과했다.
2021년 경영진의 '혐한' 발언으로
논란을 빚은 DHC는 19년 만에 한국 시장에서 철수했다.
'NO JAPAN' 운동의 시발점이 된
일본의 수출 규제 품목 중 일부는
국산화에 성공하고 수출하는 수준까지 발전했다.

완벽한 불매가 아니면 어떤가. '불매'는 소수의 누군가가 책임지고
이와 관련한 것을 모두 배제해서 성공할 수 있는 게 아니다.
그보다는 많은 사람이 지속해서 불매운동의 발화점이 되었던
생각과 감정을 의식하고 살아가는 게 중요할 것이다.

거울 속 우리 자신에 관한 이야기

국뽕, 독도, 애국심……. 한국인으로서 당연히 가져야 하는 생각과 감정이 있다. 그 연장선상에서 일본 제품 불매운동이 본격적으로 시작된 이후, 우리 중 다수는 일본 수입차를 타는 사람에게 불편한 시선을 보냈다. 심지어 일본 제품 소비를 면전에서 비난하는 사람도 있었다. 반면에 우리가 '눈을 질끈 감고' 소비하는 제품과 브랜드도 분명히 존재했다.

'유니클로는 안 되지만 닌텐도는 되는 일본 제품 불매운동에 대한 우리의 모순된 행동의 이유가 궁금하다.' 이런 이야기를 꺼내면 불편해하는 사람도 많겠지만, '국가와 민족을 사랑하는 국민'이 아니라 '소비자와 브랜드를 공부하고 연구하는 연구자'로서는 너무나 흥미로운 주제가 아닐까 생각했다.

일본 제품 불매운동팀이 찾아낸 첫 번째 가설이자 결론은 '대체 불가능성'이었다. 그러고 보니 <더 퍼스트 슬램덩크>의 완성도 높은 작화와 박진감 넘치는 연출, 닌텐도의 유니크한 즐거움, 헬로키티의 사랑스러움, <귀멸의 칼날>의 스토리텔링, 일본 여행의 편안함과 미식의 즐거움은 무엇으로도 대체할 수 없다는 공통점이 있다.

그에 반해 소비자 입장에서 보면 세계 정상급 패션 기업이지만 유니클로는 탑 텐으로, 도요타는 현대기아차로, 아사히맥주는 테라로 충분히 대체할 수 있었다 (물론 일본 제품 불매운동팀의 두 번째 결론을 듣고 나면, 이 제품들의 대체 가능성에 전적으로 수 긍할 수 없게 된다).

그런데 20년 전이라면 어땠을까? 아마 대체품의 숫자가 훨씬 적었을 것이다. 일본 제품과 국산 제품 간의 품질 차이가 현저했기 때문이다. 그런 측면에서 보면 일본 제품 불매운동은 우리나라의 국력과 경제력이 뒷받침되었기에 가능했다고 볼 수 있다.

대체 불가능성을 더 깊이 있게 파고든 일본 제품 불매운동팀이 내린 두 번째 결론은 '관계성'이었다. 대체 불가능성이 다분히 제품 중심적 관점이라면, 관계성은 소비자 중심이다. 그래서 누군가에게는 대체할 수 없는 존재지만, 다른 누군가에게는 대체할 수 있는 존재였던 것이다.

누구는 '왜 굳이 일본으로 여행을 가냐?'고 하고, 누구는 '이렇게 저렴하고 안전하면서 맛있는 먹거리가 많은데 왜 가면 안 되냐?'라고 한다. 소비자는 애국자도 반역자도 아니라 그저 딱 소비자다.

No Delivery, No Food
: 달라진 식문화에 관해

'배민' '요기요' '쿠팡이츠' 등 음식배달서비스 애플리케이션(이하 앱) 시장은 코로나19 팬데믹을 계기로 폭발적으로 성장했다. 그러나 엔데믹으로 전환한 이후에도 많은 소비자가 음식배달서비스를 찾는다. 음식배달앱 이용자 다수는 최소 주문 금액을 맞추느라 필요한 음식보다 더 많은 음식을 주문해야 하는 것과, 3000~4500원 가량의 배달비에 큰 부담을 느낀다고 토로한다. 그런데 주머니 사정이 여의찮은 20대의 음식배달앱 이용률은 전 연령대 중 두 번째로 높다. 왜 20대는 음식배달서비스를 끊지 못하는 걸까?

#1.
"우리가
어떤 민족입니까?"

손이 가요~ 손이 가~

얼마 전, 우연히 SNS에서 재미있는 글을 하나 발견했다. 프란츠 카프카 Franz Kafka 의 『변신』첫 문장을 패러디한 이 글(오른쪽)에 필자는 상당히 공감했다. 필자는 배달앱으로 음식을 시키는 것을 반쯤 '실수'라고 생각하며 살고 있기 때문이다.

어제 역시 그러했다. 느지막이 일어나 침대에 앉아 있는데 갑자기 떡라면이 먹고 싶어졌다. 나도 모르게 배달앱을 켜 떡라면을 주문했다. 라면을 입에 넣자마자 '아! 굳이 배달시켜 먹을 필요까지는 없었는데……'라는 생각이 들었다. 사실 라면은 만들기 간편하고 조리하자마자 바로 먹었을 때 가장 맛있는, 굳이 배달해서 먹을 음식이 아니기 때문이다. 필자는 종종 배달 음식을 먹고 나서야, '시키지 말걸'하고 후회한다.

비단 필자에게만 해당하는 사례라고 생각하지 않는다. 어쩌면 금

베베
@be_better___

어느 날 아침,

그레고르 잠자가 불안한 꿈에서 깨어났을 때

그는 침대 속에서 실수로 배달앱을 눌러

로제 떡볶이 하나,

오징어튀김 세 개,

날치알 주먹밥과

쿨피스를 시킨 자신을 발견했다.

오후 7:13   2023년 6월 12일   **45.7만** 조회수

- -

7,303 리트윗 **484** 인용 **1,897** 마음에 들어요 **160** 북마크

필자는 무언가 먹고 싶을 때 반사적으로 배달 음식을 시키는 실수를
반복하고 있다.

전적 여유도, 건강도 잃을 수 있는 배달 음식을 우리는 왜 계속 가까이하는 걸까?

거리 두기 해제에도 여전히 활황 중인 배달앱

음식배달앱 시장은 코로나19 팬데믹(pandemic : 전 세계적 유행) 시기에 폭발적으로 성장했다. 그렇다면 코로나19 엔데믹(endemic : 일상적 유행)으로 전환한 최근 상황은 어떨까?

〈국내 주요 음식배달앱 월별 사용자 추이〉 자료를 보면 '거리 두기 해제' 직후 약간의 휘청거림이 보인다. 그러나 점차 거리 두기 해제 직전 수준으로 회복하고 있다는 것을 알 수 있다. 즉 코로나19로 인한 거리 두기가 끝났음에도 여전히 소비자는 음식배달서비스를 찾는다는 것이다.

그런데 소비자들은 음식배달서비스에 만족하고 있을까? 통계(《음식배달서비스 만족도 조사》)에 따르면 소비자들은 음식배달서비스에 대해 대체로 만족하는 것으로 보인다. 다만 한 가지가 유독 눈에 띈다. 금액적인 측면에서 소비자 만족도는 다소 낮은 것으로 나타났다. 실제로 음식배달서비스 이용자는 가격 측면에

| 국내 주요 음식배달앱* 월별 사용자 추이 | 단위 : 만 명

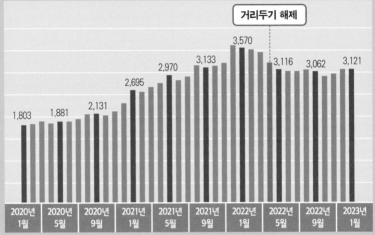

거리두기 해제

1,803　1,881　2,131　2,695　2,970　3,133　3,570　3,116　3,062　3,121

| 2020년 1월 | 2020년 5월 | 2020년 9월 | 2021년 1월 | 2021년 5월 | 2021년 9월 | 2022년 1월 | 2022년 5월 | 2022년 9월 | 2023년 1월 |

* 자료 : 와이즈앱, 2023년 3월
* 배달의민족, 요기요, 쿠팡이츠 합산 값

음식배달서비스는 코로나 19 팬데믹의 큰 수혜를 입었던 만큼, 엔데믹으로 가장 큰 타격을 입을 것으로 전망됐다. 그러나 거리 두기 해제 이후 음식배달서비스 수요는 잠시 주춤했다가 이전 수준으로 빠르게 회복하고 있다.

| 음식배달서비스 만족도 조사 |

세부 항목	평균
배달된 음식이 대체로 맛이 좋았다.	3.79
배달된 음식의 양이 대체로 적당했다.	3.65
배달된 음식의 내용물이 뒤섞여 있지 않고 보기 좋았다.	3.56
배달된 음식이 대체로 가격이 비싸지 않았다.	2.81
배달된 음식은 나의 삶을 좀 더 윤택하게 해준다.	3.48
전체	**3.46**

* 자료 : 히든그레이스, 2021년 8월

서 큰 부담을 느끼고 있었다. 음식배달서비스 가격의 큰 축인 배달비에 대한 소비자 인식만 봐도 그렇다.

여러분은 현재 배달비에 대해 만족하는가? 필자는 9000원인 음식 가격을 보고 괜찮다고 생각해 주문하려다가, 배달비 3000원이 포함된 최종 금액을 보고 놀란 적이 한두 번이 아니었다. 배달앱 이용자를 대상으로 설문조사 한 결과, 이용자의 66%는 "배달비가 적절하지 않다"고 답했다(한국리서치 정기조사 〈여론 속의 여론〉, 2022년 2월).

20대에게 '음식배달서비스'란?

금전적 부담은 확실히 서비스를 이용하는 데 영향을 미칠 것이다. 이러한 측면을 고려하면, 어떤 연령대가 음식배달서비스를 주로 이용할까? 단순하게 생각하면 경제적으로 어느 정도 여유 있는 세대라고 예상해 볼 수 있다.

그러나 통계는 예상이 "틀렸다"라고 이야기하고 있었다. 배달앱 이용자의 연령대를 분석한 자료를 보면, 사회생활을 하지 않는(직설적으로 말하면 금전적 여유가 없는) 18~29세가 배달앱 이용 경험이 두 번째로 높게 나타났다. 우리 팀은 이 데이터에 착안해서, 탐사 주제를 잡았다.

왜 20대는 비용 측면에서 큰 부담을 느끼면서도 음식배달서비스를 끊지 못하는 걸까?

최근 6개월 내
음식배달앱을 통해 음식류를
주문해 본 경험이 있다

■ 경험 있다 ■ 경험 없다

* 한국리서치 정기조사 〈여론 속의 여론〉 (2022년 2월)

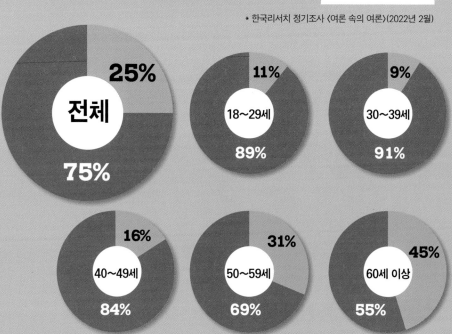

전체 — 25% / 75%

18~29세 — 11% / 89%

30~39세 — 9% / 91%

40~49세 — 16% / 84%

50~59세 — 31% / 69%

60세 이상 — 45% / 55%

#2.
배달앱이 없으면
배달 음식도 없다!

배달 음식을 시킬 때 가장 먼저 하는 일

배가 고파 배달 음식을 시킨다고 가정해 보자. 어떤 행동을 먼저 하는가? 10년 전이었다면 전화번호부를 찾아 보거나, 114에 전화해 물어보거나, 음식점에서 나눠준 이쑤시개 상자나 쿠폰 같은 걸 찾아서 음식점 번호를 알아냈을 수 도 있다. 지금도 포털사이트에서 검색해 번호를 알아내는 방법이 있기는 하지만, 아마도 대부분 '배달의민족' 같은 배달앱을 켠다고 답할 것이다.

필자는 앞서 음식배달 서비스와 배달앱 이용을

동일시해 서술한 바 있다. 혹시 이 점에 대해서 이상하다고 느꼈는가? 아마 대부분 자연스럽게 넘어갔으리라 예상한다.

근래에는 '배달 음식을 먹는다'는 말이 '배달앱을 이용한다'는 것과 다르지 않다. 실제로 이번 탐사를 하면서 소비자에게 간단한 인터뷰를 진행했는데, 음식배달서비스와 배달앱을 동일시한다는 결과가 나왔다.

Q. 배달 음식을 시킨다고 가정할 때, 시키는 과정에 대해 묘사해 주세요.

"

배고프다고 느끼면 '배달의민족'을 켜서 막 뒤져요.
그런데도 메뉴가 안 정해지면, 인기 순위도 보고 평소 찜해놓은
가게도 살펴봐요. 15분 정도 고민한 뒤 이벤트에 참여하거나
쿠폰을 써서 주문해요. – 이○○, 23세

메뉴를 선정하고, 배달의민족을 봐요. 아니면 먹고 싶은 걸
생각하다가 떠오르는 메뉴를 검색하고요. 리뷰나 가격을 보고,
배달비가 괜찮은 곳에서 시켜요. – 정○○, 24세

배가 고픈데 나가기는 귀찮고 포장하기도 귀찮으면
같이 먹을 사람을 구해서 배달앱에 들어가요. 친구랑 상의해서
종류를 정하면 거의 끝나죠. – 엄○○, 23세

"

근래에는 '배달 음식을 먹는다'는 말이
'배달앱을 이용한다'는 것과 다르지 않다.

공통점을 발견했는가? 아무 언
급 없이 음식을 시켜 먹는다고 가정했음
에도 소비자는 모두 바로 배달앱을 찾는다고
답했다.

반대로 배달 음식을 그만 시켜야 한다고
느낄 때 소비자는 "배달앱을 삭제한다"라고 응답
했다. 이것이 시사하는 것은 이제 배달 음식을 시킬
때 배달앱이 필수적인 통로가 되었다는 것이다.

그렇다면 실제로는 어떨까? 정말 현실에서
배달앱이 음식 배달의 필수 통로라는 것이 검증된다
면, 20대가 비용이 많이 드는데도 불구하고 음식배달서비스를 이용하는
이유에 대한 첫 번째 실마리를 얻을 수 있을 것이다.

갑자기 배달앱이 사라진다면?

한 가지 실험을 해 보았다. 지금 당장 소비자의 핸드폰에서 배달앱이 사라
진다면? 다음의 관찰 노트를 함께 보자.

일반적으로 배달 음식을 시키는 데 걸리는 시간
은 평균 5~10분 내외라고 한다. 이보다 두 배 넘
는 시간을 썼는데도 불구하고 실험 참여자 1은
전화로 주문할 수 없다는 통보를 받아야 했다.

전화 주문은 안 돼요!

조사 대상자 : 2인

실험 목표 : 가게와 메뉴 선정
에서 주문까지 음식 배달 전
과정에서 배달앱을 사용하지
않고 배달받을 수 있는지, 소
비자는 어떤 과정을 거치는지
관찰한다.

| 1. 첫 번째 실험 참여자 : 정○○, 24세 |

〔관찰자〕 오늘은 배달 음식을 시킬 건데, 제가 사줄 게요.
그런데 한 가지 조건이 있어요. 배달앱을 쓰면 안 돼요.

〔참여자 1〕 어? 전화해서 배달받을 수 있는 데가 별로 없을 거 같은데요?

〔관찰자〕 실험 내용이니까 어쩔 수 없어요. 자, 실험 내용을 들은 소감부터 들어 볼게요.

〔참여자 1〕 음⋯⋯. 오랜만에 사회생활을 하려니까 떨리네요. 전화로 주문을 잘 못하는 편이라 배달앱을 애용했거든요. 직접 얘기 안 해도 되니까.

〔관찰자〕 평소에는 어떻게 배달 음식을 시키나요?

〔참여자 1〕 평소에는 핸드폰 용량 때문에 배달앱을 삭제해 둬요. 배달 음식을 시키려면 다시 깔죠. 어쩔 수 없어요. 음식점들이 앱에 모여 있고, 분야별로 거리별로 볼 수 있으니까 편해요. 검색해서 주문하려면 음식 분야부터 생각해야 하니까요.

〔관찰자〕 그런데 오늘은 앱을 사용할 수 없네요.
포털사이트에서 직접 검색해서 찾으니까 어때요?

〔참여자 1〕 (핸드폰 화면으로 리뷰를 확인하며) 앱이 그리운 순간이네요. 앱은 리뷰가 더 노골적인 느낌이랄까? 여기는 그냥 블로그를 위해 쓴 거 같아요.

지금 주문까지 체감상 30분 걸린 것 같아요. 악! 제가 성질이 급해요.

〔관찰자〕 다 골랐어요?

〔참여자 1〕 네. 이거 주문할 거예요. 음…… 전화로는 주문이 안 될 거 같은데……

〔참여자 1〕 (통화 중) 전화 주문되나요?

〔가게 측〕 어…… 전화 주문은 불가능하고요.

배민으로 주문해 주셔야 할 것 같아요. 전화 배달은 안 돼요.

〔참여자 1〕 (전화를 끊고) 봐, 안 되잖아요! 우리나라는 배민이 정복했다고요!

여기까지 20분 31초가 소요됐다. 일반적으로 배달 음식을 시키는 데 걸리는 시간은 평균 5~10분 내외라고 한다. 이보다 두 배 넘는 시간을 썼는데도 불구하고 실험 참여자 1은 전화로 주문할 수 없다는 통보를 받아야 했다. 그럼 두 번째 실험 참여자는 주문에 성공했을까?

| 2. 두 번째 실험 참여자 : 박○○, 23세 |

〔관찰자〕 오늘은 배달 음식을 시킬 건데요.

배달앱을 사용하지 않고 시킬 거예요.

〔참여자 2〕 배달앱이 안 된다고요? 왜요? 왜 군이 그렇게 해야 하죠? 불편한데……. 저 밥 빨리 먹고 싶어요.

〔관찰자〕 오늘 실험 내용이에요. 자, 실험 내용을 들은 소감이 어떠세요?

〔참여자 2〕 이거 (주문) 어떻게 해야 하는지 모르겠어요. 검색을 먼저 해야 하나? 근데 여기 사장님들도 배민으로 시키라고 할 걸요?

〔관찰자〕오랜만에 검색으로 시켜 보시죠? 지금 어떤가요? 주문까지 잘될 거 같나요?

〔참여자 2〕포털사이트 검색 자체가 사람들이 배달시키려고 하는 게 아니라 직접 매장을 방문하려고 하는 거잖아요. 검색해서 나오는 내용이 방문에 초점이 맞춰져 있어서, 굉장히 어려워요. 일단 배달을 하는지 안 하는지도 모르겠고 배달이 가능한 메뉴가 어떤 게 있는지도 안 나오고요. 메뉴판 구성 자체가 매장에서 먹는 대로 되어 있으니까요. 지금 너무 어렵네요.

〔관찰자〕이제 메뉴 골랐으면 전화를 해 볼까요?

〔참여자 2〕전화 주문하기 싫은데……. 메뉴 좀 다시 볼게요. 적어 놓고 시켜도 되죠? 떨린다. 리뷰 서비스는 뭐 할까요? 아, 지금은 못 하는구나!

두 번째 참여자는 음식을 배달받는 데 성공했다. 비록 16분 38초나 소요되었지만, 배달앱을 이용하지 않았다고 가게에서 3000원을 할인해 주겠다는 이야기도 들었다. 그러나 참여자 2에게 다시 전화 주문을 이용할 것이냐고 묻자, 이렇게 답했다.

> "진짜 너무 불편한 경험이었어요.
> 다시는 전화로 안 시킬 것 같아요."

전화 주문이 가능하더라도 여전히 소비자에게 배달앱 사용은 배달 음식을 시키는 데 있어 필수불가결한 수단으로 보인다.

불확실성에 대해 소비자가 느끼는 두려움

실험에 참여한 두 사람은 여러 어려움에 부닥쳤다. 배달이 가능한지, 배달로 어떤 메뉴가 오는지 확인해야 했으며 리뷰는 믿을 만한지 살펴야 했다. 이벤트에 참여할 수 없는 것까지 모두 배달앱을 사용할 수 없기에 겪어야 했던 일이다.

그러나 이 모두를 배달앱이 충족시켜 주기 때문에 배달앱을 이용하게 되는 것이라고 설명하기에는, 약간의 부족함이 있다. 두 번째 참여자는 배달앱을 이용하지 않음으로써 오히려 금전적으로 혜택을 받았기 때문이다. 그럼에도 다음에는 배달앱을 사용하겠다고 했다. 어째서일까?

혹시 두 명의 실험 참여자가 보인 공통된 반응을 찾았는가? 첫 번째 참여자는 전화 통화를 '사회생활'이라고 부르며 어려움을 토로했다. 두 번째 참여자도 마찬가지로 전화하기 전에 말할 내용을 메모하며 준비했다.

배달앱을 사용하지 않으면, 소비자는 직접 가게에 전화해서 많은 정보를 확인해야 한다. 정보에 대해서도 그리고 본인이 확인해야 할 정보를 모두 물어보았는지에 대해서도 말이다. 전화 주문에 있어서 소비자는 즉각적인 불확실성에 처하게 된다. 실제로 소비자들은 인터뷰에서 전화 주문에 대해 이렇게 답했다.

"'전화 공포증' 같은 게 있어서
주문할 때 빠뜨리고 말하곤 했어요.
반면 배달앱은 말해야 하는
부담이 없어 좋아요." _엄ㅇㅇ, 23세

"전화로 주문하는 게
부끄러워서 배달앱이 편한 것 같아요.
코로나 때는 자가격리나 식당에 가기
꺼려질 때 잘 썼어요." - 박ㅇㅇ, 23세

"밖에 나가는 것 자체가 싫어서
'오가는 시간'도 구매한다는
생각으로 배달앱을 써요.
메뉴를 하나하나 검색해 보는 수고를
줄여 주기도 하고요." - 이ㅇㅇ, 23세

배달앱은 사전에 준비할 필요 없이
클릭 몇 번으로 주문을
끝낼 수 있는 서비스다.
즉 리허설과 시행착오가 필요없다.

이러한 편의성은 배달앱을 음식 배달의 당연한 과정으로
자리 잡도록 만든 것이다.
그러므로 소비자에게 배달앱 이용은 더 이상 비용이 절감되어도,
전화 주문이 가능하더라도 선택의 문제가 아니다.

#3.
내 인생의 동반자,
배달 음식

"밥은 먹고 다니냐?"

여기까지 읽었을 때, 여러분이 품었던 의문은 반 정도만 풀렸을 것이다. 지금까지는 배달 '서비스'에 치중된 이야기였지, '배달'에 대한 내용은 거의 없었으니까. 그래서 지금부터는 20대가 '배달' 서비스를 끊을 수 없는 본질적인 이유가 무엇이 더 있는지 살펴보고자 한다.

그것에 앞서 여러분에게 한 가지 퀴즈를 내보려 한다. 일명 '한국인은 이런 상황에서 이렇게 말한다' 퀴즈다. 오른쪽 문장을 듣고 여러분이라면 어떻게 말할지 맞히면 된다.

여러분의 주식이 '밥'이라면 문제를 쉽게 풀었을 것이다. 대개 우리는 만나서 인사할 때 "밥 먹었어?", 헤어질 때 "나중에 밥 한번 먹자", 설득하거나 감사해야 할 일이 생기면 "밥 한 번 살게"라고 말한다. 이처럼

YOU QUIZ?

QUIZ 1.

점심시간, 여러분이 회사(학교)에서 지나가다가 동료(친구)를 만났습니다.
여러분은 어떤 인사말을 건네실 건가요?

QUIZ 2.

그리고 그 동료(친구)와 이제는 헤어져 각자 갈 길을 가야 할 상황입니다.
이때는 뭐라고 인사하실 건가요?

QUIZ 3.

그런데 그 뒤로 그 동료(친구)에게 도움을 받을 일이 생겼습니다.
여러분은 뭐라고 말하며 설득하거나 고마운 마음을 표현하실 건가요?

한국인에게 끼니는 문자 그대로의 의미만 있지 않다. 우리는 먹는 걸 참 중요하게 생각한다.

혹시 영화 〈살인의 추억〉에서 이 장면을 기억하는가? 패러디도 많이 된 아주 유명한 장면이다. 형사 박두만(송강호 분)은 연쇄 살인범일지 모를 인물(박해일 분)과 대치하던 중 그에게 이렇게 묻는다.

"밥은 먹고 다니냐?"

이 말의 속뜻은 '너 그런 짓을 하고도 잘 먹고, 잘 사냐?'라는 의미와 유사하다. 먹는 것을 잘 챙긴다는 것은 현재 나의 상태를 안정적으로 꾸려 나가는 것과 관련 있다. 반대로 생각하면 불안정한 상태에서는 안정을 얻기 위해 할 수 있는 게 먹는 것이라는 얘기다. 즉 잘 먹는 것 자체가 나의 상태를 나타내기도 하고, 보상으로 작용하기도 한다는 의미다.

나에게 음식배달서비스는 ○○○이다

잘 먹는 행위에 이러한 의미가 담겨있다면, 음식배달서비스 또한 이와 관련된 인식이 존재하지 않을까? 우리는 인스타그램 설문조사와 인터뷰를 통해 음식배달서비스에 관한 답변을 모아 보았다.

조사를 통해 우리에게 음식배달서비스가 어떤 존재인지에 대한 힌트를 얻을 수 있었다. 음식배달서비스에 대한 소비자 인식은 놀라울 만큼

음식배달서비스에 대한 소비자 인식은 놀라울 만큼 긍정적이었다. 소비자들은 음식배달서비스를 '잠시 끊을 수는 있어도 지울 수는 없는 존재'라고 정의했다.

나에게 음식배달 서비스는 ○○○이다.

내 인생

내 일상   나의 소확행

나의 밥을 책임져 주는 존재   삶

인생 동반자

생존어플   엄마   내가 음식을 먹는 모든 과정에 있는 긍정적이었다. 소비자는 음식배달서비스에 대해 이렇게 말하고 있었다. "나의 생존과 관련된, 끼니를 챙기는 모든 과정에 있는, 나의 삶이며 인생의 동반자"라고 말이다. 결론적으로 소비자들은 음식배달서비스를 '잠시 끊을 수는 있어도 지울 수는 없는 존재'라고 정의했다.

음식배달서비스가 우리 삶에서 이렇게까지 중요한 위치를 차지하게 된 이유는 무엇일까? 역시나 소비자의 답에 따르면 그것도 '먹는 것'이기 때문으로 귀결된다. 그렇다면 배달 음식은 소비자의 무엇을 충족시키고 있는 것일까?

배달 음식을 끊을 수 없는 이유

최근 배달 음식과 관련된 연관어를 분석한 내용을 살펴보면 다음과 같았다.

여기서 단연 돋보이는 단어는 '스트레스'다. 해당 게시물을 찾아보니 '스트레스를 배달 음식으로 푼다'라는 말이 눈에 띄었다. 이와 관련하여 기사를 찾아보니 이러한 내용이 있었다.

"치킨, 피자, 족발 등 대부분의 배달 음식은 달고 짠 자극적인 맛이고 기름지다. 이런 음식은 뇌 속 쾌감중추를 자극해 신경전달물질인 세로토닌 분비를 촉진한다. 배달 음식을 즐겨 먹으면 쾌감을 느끼기 위해 자극적인 음식을 계속 찾게 되는 음식 중독에 빠지기 쉽다."

– '집콕' 생활에 습관 된 배달 음식…탈출법은, 2021년 2월 18일, 뉴시스

실제로 배달 음식이 스트레스를 즉각적으로 해소하는 방법과 밀접하게 관련이 있다는 내용이다. 기사는 스트레스와 함께 수면 부족, 손쉽게 24시간 먹거리를 접할 수 있는 환경도 배달 음식을 찾게 되는 추가 원인으로 지목하고 있다.

이런 분석을 보며 최근 친구와 나눴던 대화가 떠올랐다. 친구는 한창 활발히 학교 생활과 대외 활동을 병행할 때, 함께 살던 룸메이트 두 명과 수시로 야식 배달을 시켰다고 했다.

한 번은 다코야키가 먹고 싶다며 세 명이 66알을 주문했다고 한다. 다코야키 집어 먹는 꼬치가 10개 넘게 딸려 온 걸 보고서야 '우리가 너무 많이 시켰구나'라고 생각했다고 한다. 그런데 그 친구는 휴학한 뒤에는 아예 배달 음식을 먹지 않고 있다고 했다. 그래서 소비자에게 다시 물어봤다.

Q. 언제 배달 음식을 찾으시나요?

"

오늘은 꼭 거나하게 고기와 밥을 먹어야겠다는 생각이 드는,
나에게 소소한 상을 주고 싶을 때. - 김○○, 24세

바빠서 점심을 걸렀을 때 배달앱에 들어가요.
오늘 고생했으니까 든든히 먹어야겠다고 생각할 때요. - 성○○, 23세

배달 음식은 약간 특식 같아요.
기분 전환을 하고 싶을 때, 보상처럼 찾게 돼요. - 박○○, 22세

특히 스트레스를 엄청나게 받을 때 꼭 시켜 먹는 것 같아요.
내 일상 속 '소확행'을 느끼고 싶을 때라고 할까요. - 박○○, 25세

"

즉, 20대 소비자에게 배달 음식은
'오늘 나를 위해' 시키는 특별한
한 끼라는 것이다. 그리고 이 특별한 보상은
결국 소비자가 배달 음식을
끊을 수 없게 하는 고리가 된다.

20대 소비자가 돈이 없어도, 건강에 문제가 생겨도, 다시 음식배달 서비스를 찾는 이유에 대해 알아보았다. 요약하자면 20대에게 배달 음식은 스트레스를 해소할 수 있는 즉각적인 창구다. 그리고 배달 음식을 시키기 위해서는 배달앱이 제공하는 서비스를 필수로 이용할 수밖에 없기 때문에 서비스 이용이 지속된다는 것이다.

오늘도 필자는 여러 과제를 처리하면서 계속해서 배달앱을 들여다봤다. 문득 이런 생각을 했다. '아! 스트레스가 모조리 없어지지 않는 이상 이 굴레에서 벗어나기 힘들겠구나.' 아마 20대 소비자에게 음식배달서비스는 잠시 이별할 수는 있어도 영원히 헤어져 살 수 없는 존재이지 않을까 생각한다.

디지털 시대에 우리가
가장 아끼고 예뻐하는
'꽃신'에 관하여

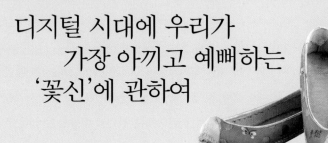

별 근심 걱정 없이 살던 원숭이가 있었다. 어느 날 오소리가 찾아와 원숭이에게 꽃신을 선물했다. 맨발로도 잘 다녔던 원숭이는 신발이 필요 없었지만, 선물이라니 받아 신었다. 그 후로도 오소리는 꽃신을 계속 바쳤고 굳은살이 박혀 있던 원숭이의 발은 어느새 말랑말랑해졌다. 마침내 신발 없이 다닐 수 없게 된 원숭이는 그만 오소리의 노예가 되고 말았다.

* * *

동화 <원숭이 꽃신>의 줄거리다. 필자는 디지털 시대의 성공한 거의 모든 비즈니스를 관통하는 키워드가 '원숭이 꽃신'이라고 생각한다. 처음에는 (아무도 전혀 원하지 않았음에도) '공짜이니 한 번 써보라'라며 무료로 제공한다. 그러다 어느 시점이 되면 지금까지 들였던 비용 혹은 그 이상을 뽑기 위해 - 이미 그 서비스에 익숙해져 버린 소비자들에게 - 다양한 방법으로 유료로 전환하는 것이다(기업이나 특정 비즈니스의 도덕성을 비난하려는 게 아니라 이면의 진실을 말하는 것이다).

가랑비에 젖듯 이제 우리에게 없어서는 안 될 서비스가 되어버린 '음식배달플랫폼 서비스'. 다들 잘 알고 있듯, 그 시작도 확산 과정도 원숭이를 노예로 부리기 위한 오소리의 수법과 크게 다르지 않다. 음식배달플랫폼팀의 이야기를 듣고 필자가 놀랐던 것은, 이제 2029 세대는 '전화로 짜장면을 시키는' 일을 덜 좋아하는 정도가 아니라 '스트레스'를 받기 때문에 절대 하고 싶지 않은 일이라고 하는 것이었다.

어쩌면 지금의 20대들은 - 배민, 요기요, 쿠팡과 함께 - 심리학에서 말하는 '감정 에너지 소모'를 덜할 수 있는 방향으로 진화해 온 것은 아닐지 생각하게 되었다. 그런 관점에서 그 또는 그녀들이 배민을 '인생의 동반자'라고 말하는 게 충분히 수긍되었다.

소비자(=사람)를 이해하려 할 때 '옳고 그름'의 잣대를 들이대면 제대로 된 이해의 기회는 사라진다고 생각한다. 이미 음식배달플랫폼은 그저 '짜장면을 시키는 덜 귀찮거나 조금 더 똑똑한 방법'이 아니라 '반드시, 필연적으로 사용해야만 하는 방식'으로 자리 잡지 않았나 생각한다.

그리고 음식배달플랫폼이 더 사랑받는 브랜드와 서비스가 되기 위해서는 '이런 소비자들의 진짜 목소리에 좀 더 귀를 기울여야 하지 않을까?'하는 생각이 들었다(그들이 강자니까). 소비자의 목소리에 귀기울이는 과정을 통해 결국, 소비자와 산업 모두가 윈윈할 수 있는 방법의 힌트를 얻을 수 있을 것이다.

언제는 기다리고 언제는 기다리지 않는다

: 포토부스 대기줄 앞에서의 심리

젊은 세대는 오늘 찍을 '인생샷'을 내일로 미루지 않는다. 이들에게 '인생네컷' '하루필름' '포토이즘' 등의 포토부스는 친구를 만나면 꼭 방문하는 필수코스다. 사진을 찍겠다고 포토부스 앞에서 몇 미터씩 줄 서기 하는 광경도 쉽게 볼 수 있다. 그러나 항상 그런 건 아니다. 어떤 때는 기다렸다가 사진을 찍고, 또 어떤 때는 "시간이 아깝다"며 기다리지 않는다. 도대체 어떤 요인이 소비자에게 상반된 행동을 이끌어내는 걸까? 이번 탐사 주제는 포토부스 대기줄 앞에 선 소비자의 상반된 심리다.

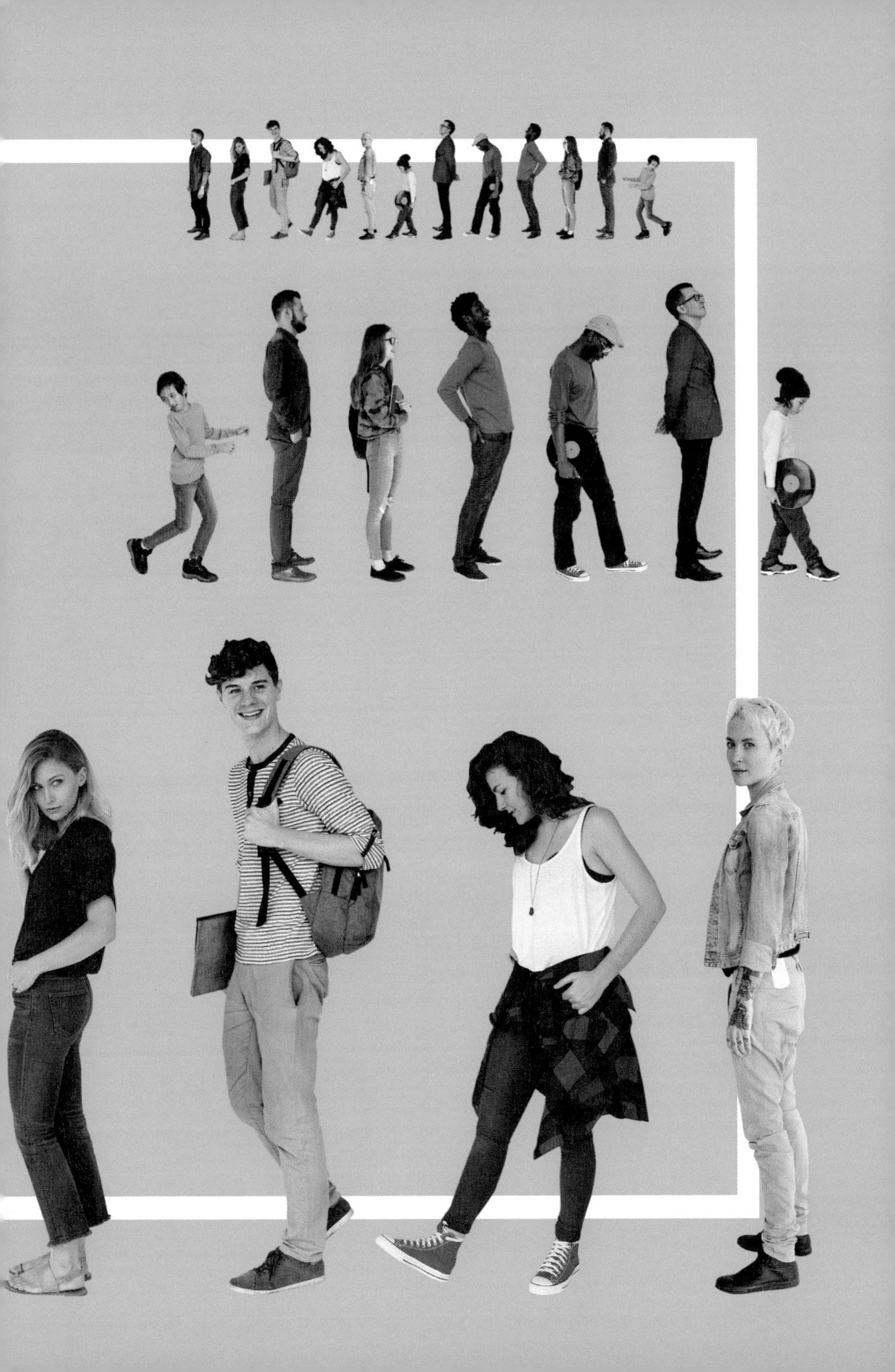

#1.
뙤약볕에서
몇 시간씩 줄을 서서
사진 찍는 사람들

즉석사진에만 20만 원 넘게 썼어요

20세기를 대표하는 프랑스의 전설적인 사진작가 앙리
카르티에 브레송Henri Cartier-Bresson, 1908~2004은 "찰나의
순간을 영원으로 남기고 싶은 욕망"이 우리로
하여금 사진을 찍게 한다고 했다. 여러분은
어떤 이유로 사진을 찍는가?

"
*지금까지 즉석사진에만 20만 원 넘게
썼을걸요? 즉석사진만 모아놓은
포토앨범도 있어요.* – 조○○, 22세, 대학생
"

즉석사진에 20만 원 넘게 썼다는 답변에 꽤 놀랐지만, 생각해 보면 필자 역시 크게 다르지 않았다. 지금 필자의 방에도 스물세 장의 즉석사진이 있다. 한 장에 4000원이라고 생각하면 총 9만 2000원이다. 필자 또한 즉석사진에 10만 원 가까운 돈을 썼다.

'뭐 하다 이렇게 많이 찍었을까?'하는 생각이 들어 한 장씩 보면서 촬영한 이유를 떠올려 보았다. 이건 강릉에 여행 갔을 때 찍은 거고, 이건 야구장에 간 기념으로 찍었고, 이건 밴드 동아리 공연을 끝내고 찍은 거네……. 필자는 무언가를 기념하기 위해 그리고 우리의 모습을 기록하기 위해 즉석사진을 찍고 있었다.

20년 만에 귀환한 즉석사진

즉석사진은 어느새 우리 일상에 깊숙이 들어와 있다. 시작은 1995년 출시된 일본 ATLUS의 'Print Club 1'이다. 즉석사진은 보정과 꾸미기 기능을 제공하고 그 자리에서 바로 인화되어 나온다는 점에서 일본 내에서 인기를 끌었다. 그 시절 즉석사진은 국내에서 '스티커사진'이라고 불렸다. 1998년에는 스티커사진 자판기

앙리 카르티에 브레송은 "찰나의 순간을 영원으로 남기고 싶은 욕망"이 우리로 하여금 사진을 찍게 한다고 했다. 여러분은 어떤 이유로 사진을 찍는가?

가 우리나라에 도입돼 크게 유행했다. 그러나 스티커사진은 디지털화와 사진 기술 발전으로 점차 입지가 좁아지다 2000년대 중반 우리 곁에서 사라졌다.

즉석사진은 2018년 네 장의 컷으로 이루어진 '인생네컷'이 등장하며 다시 한번 유행하기 시작했다. 인생네컷은 1020세대에게는 새로운 놀거리로, 3040세대에는 옛 추억을 소환하는 복고 문화로 여겨졌다. QR코드를 통해 사진을 온라인으로 저장할 수 있다는 점에서 과거의 감성(스티커사진)을 현대의 방법(SNS)으로 재해석했다는 호평을 받았다.

인생네컷의 성공에 힘입어, 새로운 즉석사진 브랜드가 등장하고 제공하는 서비스 또한 발전했다. 다양한 캐릭터나 작가와 콜라보레이션(이하 콜라보)한 프레임을 제공하는 인생네컷, 보정이 예쁜 '하루필름', 소품이 많은 '포토 시그니처' 등 기존의 즉석사진을 발전시킨 브랜드와 '강릉네컷', '홍대네컷' 등 여행지와 번화가의 특색을 바탕으로 만들어진 브랜드도 등장했다. 또 카메라를 천장 혹은 바닥에 위치시켜 독특한 구도의 촬영물을 제공하는 '무브먼트 스튜디오'도 가세했다.

줄 서서 찍는 네컷사진

1990년대 후반 유행했던 즉석사진과 현재의 즉석사진을 구분하기 위해, 2020년대 즉석사진은 '네컷사진'이라고 명명하자.

네컷사진은 다양한 콘텐츠를 제공함으로써 젊은 세대에게 일종의 핫한 놀이 수단이 되었다. 유행하는 놀이를 즐기기 위해 우리는 기꺼이 돈을 쓸 뿐 아니라, 줄 서는 것 또한 마다하지 않는다.

"

포토이즘에서 기다렸다가 찍은 적 있어요.
'최고심'이라는 캐릭터랑 콜라보한 프레임을 얻으려고
(프레임으로 사진을 찍으려고) 한 20분 기다린 것 같아요. - 김○○, 24세, 대학생

올해 1월이었나? 하루필름이 유행했을 때 익선동 하루필름에서
1시간 30분 정도 기다린 적이 있어요. - 구○○, 24세, 대학생

홍대에서 기다린 적 있어요. 안 그래도 홍대가 굉장히 핫플인데,
그 당시 하루필름이 진짜 인기가 많아서 어느 지점을 가도
줄이 쫙 서 있더라고요. 특히 홍대 하루필름이
유명해서 30분 정도 기다렸던 것 같아요. - 김○○, 23세, 대학생

"

"인생 사진 건진다"…
뙤약볕에 몇 시간 줄 서도 웃음 터지는 이곳

"네컷사진? 요즘은 이렇게 찍어요"
줄 서는 '핫플'

세 명의 인터뷰이 모두 대기 시간의 차이만 있을 뿐, 네컷사진을 촬영하기 위해 기다린 경험이 있다고 답했다. 포토부스 앞에 길게 줄 선 사람들을 다루는 기사가 여러 차례 나올 만큼, 네컷사진을 찍으려고 줄 선 모습은 그다지 놀랍지 않다.

생각해 보면 필자 역시 네컷사진을 찍기 위해 줄을 서 기다린 경험이 있다. 앞서 이야기한 야구장 사진 또한 20분을 대기해 찍었으며, 친구들과 여행을 갔을 때도 10분 정도 기다려 촬영했다. 여기서 한 가지 의문이 생겼다.

왜 우리는 사진을 찍기 위해 줄을 서서 기다리는 것일까?

#2.
기다리지 않는
기다림

칼국수와 만두를 파는 음식점 '명동교자'는 〈미쉐린 가이드 서울 2023〉에 등재된 유명 맛집이다. 명동교자 본점은 항상 손님으로 북적이고, 2층 가게 출입구에서 계단 그리고 건물 밖으로 이어진 대기 행렬을 쉽게 볼 수 있다. 필자는 명동교자 칼국수를 무척 좋아하지만 20분 이상을 기다려야 한다고 하면 줄 서는 것을 포기하고 다른 먹거리를 찾아 나선다. 기다리는 게 왠지 손해를 보는 것 같은 기분이 들기 때문이다.

맛있는 음식을 먹기 위해서도 기다리지 않는 필자이지만, 왠지 네컷사진을 찍을 때만은 기다림에 관대해지는 듯하다. 우리가 인터뷰한 사람들 역시 네컷사진을 촬영하기 위해 기꺼이 대기할 의향이 있다고 응답했다.

소품 정하고, 포즈 정하고, 머리 손질하고, 옷매무새 점검하는 등 소비자들은 대기 시간을 사진을 찍기 위한 '준비 시간'으로 활용하고 있었다.

Q. 네컷사진을 찍기 위해 기다려 본 적 있나요?

"

30분에서 40분 정도는 기다린 것 같아요. - 이○○, 23세, 대학생

보통 20~30분 정도는 기다립니다. - 홍○○, 24세, 대학생

"

　　필자는 그 이유를 사진의 의미에서 찾아봤다. "찰나의 순간을 영원으로 남기고 싶은 인간의 욕망". 야구장에서도, 여행지에서도, 오랜만에 친구를 만났을 때도 필자는 추억을 기억하고 기록하기 위해 사진을 촬영했다. 필자는 '네컷사진 촬영이 기다림으로 인한 불편함 그 이상의 가치가 있는 순간이기 때문에 기다렸다가 사진을 찍는 게 아닐까?'라는 가설을 세웠다.

가설을 확인해 보기 위해 '포토 아이브' 안산 한양대점 사장님과 인터뷰를 진행했다.

Q. 사장님이 보시기에 네컷사진을 촬영하는 이유는 무엇인가요?

"
네컷사진의 매력은 결국 인화된 사진이 남는 거로 생각해요. (창업을 위한) 조사를 하면서 친구들과 사진을 찍었는데 확실히 인화된 사진이 있으면 '그때 이런 일 있었지!' 하면서 추억을 쉽게 꺼내볼 수 있었어요. 아무래도 핸드폰 갤러리에 담긴 것과는 다르더라고요. 게다가 사진 파일도 주니까 인스타에도 올릴 수 있고요. 네컷사진의 매력이 결국에는 그날의 추억을 기억할 수 있게 하는 매개체인 점이지 않나 싶습니다.
"

우리의 예상처럼 포토 아이브 사장님은 네컷사진의 매력이자 촬영 이유를 '추억'이라고 답했다. 또한 추억을 실물 사진과 데이터로 소장할 수 있다는 점에서 네컷사진이 가치가 있다고 봤다.

소비자도 같은 생각일지 확인하기 위해 소비자 인터뷰를 진행했다.

Q. 최근에 네컷사진을 촬영한 경험이 있나요?
있다면 어떤 상황에서 사진을 찍었나요?

"

친구 생일이라서 파티하고 집 가기 전에 찍었습니다.

오랜만에 친구들을 만나서 밥 먹고
헤어지기 전에 찍어야지 싶어서 찍었습니다.

사촌 오빠 결혼식 갈 때 예쁘게 꾸미고 갔는데,
내 모습이 괜찮다 싶어서 사진을 남기고 싶었어요.

"

소비자들은 친구와의 만남, 생일, 예쁜 나의 모습을 기억하기 위해 네컷사진을 찍는다고 답하며 '추억을 소장하기 위해 찍는다'고 한 사장님의 의견에 상응하는 양상을 보였다. 우리는 포토 아이브 사장님과 소비자들의 답변을 통해 네컷사진을 촬영하는데 '추억'이 커다란 영향을 미친다는 점을 확인했다.

"준비하다 보면 시간 가는 줄 몰라요"

네컷사진을 촬영하는 이유는 '추억'이지만, 추억이라는 요소가 줄을 서서 기다리는 이유로 이어질 수 있을지에 대한 궁금증이 생겼다. 이에 필자는 '사진을 찍는 것'과 '줄을 서는 것'을 분리하고, 줄을 서는 이유를 더 깊이 알아보기 위해 추가 인터뷰를 진행했다.

Q. 사람들이 기다리면서까지 네컷사진을 찍으려는 이유도 추억을 소장하고 싶은 마음 때문이라고 생각하시나요?

> **"**
>
> *추억의 영향도 있을 거예요. 그런데 대부분이 기다리는 것*
> *자체를 지루해하지 않더라고요. 사진에 예쁘게 나오기 위해서*
> *고데기로 머리 만지고, 어떤 소품을 사용할지 고민하고,*
> *어떤 포즈를 취할지 친구랑 상의하고……. 사진을 촬영하기 위해*
> *준비하는 시간이 필요하더라고요. 오히려 아무 준비 없이 들어가면*
> *애매한 결과물이 나오는 경우가 많았어요.*
>
> **"**

포토 아이브 사장님 이야기에 따르면 소비자는 대기 시간을 그냥 기다리는 게 아니라 사진을 찍기 위한 '준비 시간'으로 활용하고 있는 듯했다. 실제 소비자가 이와 같은 양상을 보이는지 확인하기 위해 소비자 인터뷰를 진행했다.

Q. 네컷사진 대기줄에서 기다릴 때
보통 무엇을 하나요?

"

소품 정하고, 포즈 정하고, 머리 손질하고, 옷매무새를 점검해요.

그리고 대부분 매장에 전신 거울이 있거든요.

거기서 전신 거울 샷 찍고 애들이랑 따로 사진도 찍어서

인스타에 올리기도 해요. 할 게 아주 많아서 준비하다 보면

지루하지도 않고 시간 가는 줄도 몰라요.

어떤 배경에서 찍을지랑 소품 고르고, 거울 보면서 화장도 고쳐요.

고데기를 비치해 둔 곳이 많아서 머리도 한 번 정리해요.

다른 사람들이 찍은 사진을 보면서 포즈를 정하기도 하고,

배경색을 고르기도 해요. 또 어떤 소품을 사용하면

좋을지도 생각하는 것 같아요.

"

음식점 대기 고객의 만족도를 연구한 논문(「패밀리 레스토랑 웨이팅 고
객 서비스 만족도에 관한 연구」, 오희경, 2003년)에 따르면, 대기 행렬은 현재 수
요가 서비스 제공 능력을 넘어설 때 발생한다. 연구자는 "기다림의 경제
적 가치는 공급자 입장에서는 비용이며, 소비자에게는 금전적인 부담"이

라고 정의한다. 그러면서 "흥미 거리가 증대되면 대기 시간에 대한 인지가 줄어든다"라고 분석하고 있다.

즉, 기다림이 길어질수록 손실 회피 성향 (사람들은 같은 폭의 이득과 손실이 발생할 수 있을 때 손실에서 더 큰 고통을 느끼기 때문에 손실을 줄이는 선택을 한다는 것)으로 인해 고객의 만족도는 감소한다. 하지만 흥미를 끌 수 있는 요소가 있다면 고객의 만족도는 향상된다는 것이다.

네컷사진은 사진 촬영 전에 준비해야 할 것(외모, 포즈, 소품, 배경 등)이 많았고, 이러한 요소들이 일종의 흥미 거리로 작용해 소비자의 불만족을 감소시키고 있었다.

앞서 우리는 예쁜 사진을 찍기 위해, 추억을 다양한 방식으로 기록하기 위해 소비자가 '기꺼이' 줄을 선다고 생각했다. 하지만 소비자는 기다리는 시간을 사진 촬영을 위한 준비 과정으로 생각하며 활용하고 있었다.

즉, 네컷사진 소비자에게 대기는 기다림이 아니라 목적 달성을 위한 사전 준비 시간이었다.

#3.
언제는 기다리고
언제는 기다리지 않는다

화장실 들어가기 전이랑 후랑 다르다더니

우리는 처음 줄을 서서 기다리는 것을 지루한 '기다림'이라고 생각했다. 그러나 외모를 단장하고 포즈 · 소품 · 배경 등을 고르는 등 오히려 소비자들은 사전 준비를 통해 사진 촬영에 대한 흥미가 증대된다는 것을 확인했다. 그렇다면 네컷사진을 찍기 위해 대기하는 현상은 앞으로도 계속될 것으로 보인다. 하지만 우리는 네컷사진을 촬영하는 과정을 되짚어 보며 또 다른 궁금증이 생겼다.

우리는 네컷사진 촬영 과정을 다음과 같이 다섯 단계로 나누어 보았다. `입장 전 - 촬영 전 - 촬영 중 - 촬영 후 - 퇴장`. 우리가 앞서 살펴본 '사전 준비 시간'은 '촬영 전' 단계에 해당한다. 즉, 아직 '입장 전' 단계에서 기다리는 행위에 대한 의문은 해결되지 않았다. 이 부분을 더 깊게 파헤치고자 입장 전 단계에서 기다리는 행동에 관한 질문을 이어갔다.

Q. 포토부스에 입장하기 전에 줄을 서서 기다릴 수 있나요? 가능하다면 대기할 수 있는 시간은 얼마나 되나요?

"

보이면 들어가는데, 막 기다려서까지 찍지는 않아요.

기다리지 않아도 되는 곳을 갈 거 같아요.
한 번씩 다 가봤는데 거기서 거기인 것 같더라고요.

기다리는 시간이 아까워서 안 기다려요.

"

대기 시간을 세분화해 '입장 전' 단계에 관해 질문하니 사람들은 더 이상 기다리지 않는다고 응답했다. 우리가 발견했던 포토부스 매장 앞에서 길게 늘어선 줄은 단지 일시적인 현상이었던 것일까? 일부만 보고 섣부르게 판단했던 것일까? 이런 의문을 품고 우리는 인터뷰 자료를 다시 살펴봤다.

그러던 중 우리는 사막에서 오아시스를 발견하듯, 새로운 단서를 발견했다.

> **"**
>
> *술 먹고 헤어지려다가 사진 찍으려고 줄을 섰어요.*
>
> *친구랑 함께 가서 30분 기다린 적도 있어요.*
>
> **"**

"기다리지 않는다"라고 말했던 앞의 응답과는 완전히 반대되는 내용이었다. 놀랍게도 이 답변은 앞서 인터뷰한 사람과 같은 사람에게서 들은 내용이다.

소비자들은 어떤 때는 기다린다고 하고 또 어떤 때는 기다리지 않는다고 했다. 우리는 소비자들의 일견 변덕스러워 보이는 행동을 파고들기로 했다. 다시 말해 입장 전 단계에서 기다림을 결정하는 진짜 이유가 무엇인지 밝혀낸다면, 모든 의문이 해결될 것으로 생각하고 탐사를 지속해 나갔다.

> "20대가 네컷사진을 촬영할 때 줄을 서서 기다리기도 하고 기다리지 않기도 하는 이유가 궁금하다."

야누스Janus는 로마신화에서 문, 대문, 문간을 상징하는 신이다. 고대 로마인들은 문에 앞뒤가 없어 두 개의 얼굴을 가지고 있다고 생각했다. 포토부스 대기줄 앞에서 상반된 행동을 하는 소비자의 모습은 마치 두 얼굴의 야누스 같다.

"기다리는 시간이
아까워서
안 기다려요."

"친구랑 함께
가서 30분
기다린 적도 있어요."

#4.
줄을 설지 말지
결정하게 하는
네 가지 요인

쪼개고 쪼개면 보일 것이니

네컷사진을 찍기 위해 기다리거나 기다리지 않는 이유를 알아보려면, 사진 촬영에 영향을 미치는 요인에 대한 분석이 우선이라고 생각했다. 상황적 요인에서 발생하는 차이로 촬영 및 대기 여부를 결정한다고 생각했기 때문이다.

설문 참여자에게 네컷사진을 촬영하며 가장 인상 깊었던 경험을 묻고 받은 85개의 응답을 분석해서 반복되는 내용을 찾아보았다. '친구' 관련한 내용이 59번, '여행'과 '놀러 가서'와 관련한 내용이 26번, '술 마시고 집 가기 전에'와 유사한 내용이 13번 등장한다는 것을 발견했다. 이 내용을 바탕으로 '촬영자', '촬영 동행자', '촬영 전후 상황', '방문 빈도'의 네 가지 상황적 요인을 설정했다.

그리고 네컷사진을 촬영하는 상황적 요인을 고정한 후, 한 가지 요인에 변화를 주며 네 가지 요인이 촬영 및 대기 여부 결정에 어떠한 영향을 미치는지 실험했다.

가설 검증 1 촬영자 요인

촬영자 요인은 사진을 촬영하는 당사자의 외적 상태에 따라 촬영 및 대기 여부가 달라진다는 가설이다. 촬영자 요인을 구성하는 키워드는 '자기표현 욕구'와 '자기애적 성향'이다.

| 네컷사진을 찍을 때 대기 여부에 영향을 미치는 네 가지 요인 |

현대인은 자기표현 욕구에 따라 자신을 이미지화한 것을 타인에게 보여주며 살아간다. 셀프카메라(이하 셀카)는 이러한 커뮤니케이션 욕망을 대변하는 대표적인 표현이다.

또한 현대 사회는 겉모습으로 사람을 평가하고 외모의 등급을 매겨 인정과 보상에 차등을 두는 일이 비일비재하다. 이러한 사회적 분위기 속에서 개인들은 겉모습을 가꾸는 데 더 많은 시간과 비용을 할애한다.

타인에게 자기 모습을 공유하고 싶은 마음,
자기 외모를 더 멋지게 꾸미고 싶은 마음.
두 마음을 네컷사진에 대입했을 때

네컷사진은 타인에게 본인을 보여주기 위한 하나의 표현 수단으로 작용하며, 타인에게 인정받기 위해 더 꾸민 상태로 촬영하고 싶어 할 것으로 예상할 수 있다.

촬영자 요인 가설은 소비자 인터뷰를 통해 검증할 수 있었다.

"
사진을 찍으러 갈 때 잘 나오기 바라는 마음으로
가기 때문에 열심히 준비해요.

내 얼굴이 잘 나와야 마음에 들어요. 머리를 했다거나,
메이크업을 받은 날, '오늘 좀 예쁘다' 싶으면 찍으러 갔어요.

기억하고 싶은 착장을 했거나
'오늘 나 좀 괜찮다'라고 느끼면 사진을 찍어요.

"

소비자들은 자기 모습이 잘 나오기를 희망하는 양상, 즉 자기애적 성향을 보였다. 또한 소비자들의 자기표현 욕구에 대해 알아보기 위해 제시한 '나는 네컷사진 결과물을 온라인에 올려 다른 사람에게 공유하고 싶다' 문항에서 66.8%의 응답자가 6~10점을 선택했다. 즉, 소비자들은 잘 나온 사진을 타인에게 공유하고 싶어 하는 양상(자기표현 욕구)을 보였다.

자기애와 자기표현 욕구, 두 성향을 바탕으로 소비자는 외적 상태가 준수할 경우 네컷사진 촬영을 위해 기다림을 감수할 것으로 예측했다. '본인이 화장 · 헤어 · 네일 등을 했을 때 대기줄을 기다릴 것이다' 문항에서 77.4%

의 응답자가 '기다리겠다'고 답했다. 반대로 꾸미지 않았다면 75.3%가 '기다리지 않겠다'고 답했다(402쪽, 〈그래프 2. 꾸밈 여부에 따른 대기 의향 조사〉).

조사 결과를 바탕으로 '소비자들은 본인의 외적 상태를 적극적으로 준비했을 경우 대기줄을 기다릴 의향이 있다'라는 결과를 도출하며, 촬영자 요인이 성립함을 확인했다.

가설 검증 2 ▶ 촬영 동행자 요인

촬영 동행자 요인은 함께 사진을 촬영하는 상대에 따라 촬영 대기 여부가 달라진다는 가설이다. 촬영 동행자 요인을 구성하는 키워드는 '촬영 인원수'와 '만남의 빈도'다.

많은 사람이 함께 촬영할수록, 함께 사진 찍는 사람이 자주 만나지 못하는 사람일수록 촬영을 위해 대기할 의향이 있을 것으로 예측했다. 먼저 인원수와 관련된 소비자 인터뷰 결과를 살펴보자.

"
혼자 갔을 때는 아무래도 함께 기다리며 떠들어 줄
사람도 없고, 보통은 여럿이 찍으러 오는 사람이
대부분이라 그들 속에서 혼자 있다는 게
눈치가 보이는 경우가 있어요.

혼자는 10~15분이 최대인 것 같고,
친구랑 갔을 때는 20~30분은 기다릴 수 있을 것 같아요.

보통 혼자는 절대 안 가요. 포토부스 분위기 자체가 귀엽고
아기자기한데 혼자 가면 외로울 것 같아요.

애초에 포토부스는 왁자지껄함이 있어야 한다고 봐요.
그래서 혼자 가기는 꺼려져요.

"

대다수 응답자는 네컷사진이 여러 명이 함께 촬영하는 것이라고 인식하고 있었다. 또한 군중 속에 혼자 있는 게 분위기상 어울리지 않는다며, 혼자서는 촬영하지 않을 것 같다고 답했다. 이를 통해 소비자는 다수 인원이 촬영하는 걸 선호함을 확인할 수 있었다.

이어서 촬영 인원수가 대기 여부에 영향을 미치는지 확인하기 위해 '혼자 네컷사진을 찍을 때 대기줄을 기다릴 것이다'라는 문항을 제시했다(403쪽 〈그래프 3. 인원수 변화에 따른 대기 의향 조사〉). 응답자의 72%가 '기다리지 않겠다'고 답하며, 혼자 촬영 및 대기하는 것을 꺼린다고 얘기했다.

또한 2인 그리고 3인 이상일 경우에는 '기다린다'는 응답이 각각 57%, 69.9%로 나타났다. 이를 통해 촬영 인원수가 늘어날수록 대기 의향이 커지는 소비자의 심리를 파악할 수 있었다.

| 1. 네컷사진 공유 의향 조사 |

나는 네컷사진을 온라인에 올려서
다른 사람과 공유하고 싶다.

66.8%

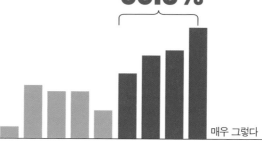

매우 아니다   매우 그렇다

| 2. 꾸밈 여부에 따른 대기 의향 조사 |

**본인이 화장·헤어·네일 등을
했을 때**
대기줄을 기다릴 것이다.

77.4%
22.6%

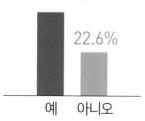

예   아니오

**본인이 화장·헤어·네일 등을
하지 않았을 때**
대기줄을 기다릴 것이다.

75.3%
24.7%

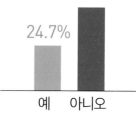

예   아니오

| 3. 인원수 변화에 따른 대기 의향 조사 |

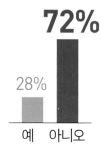
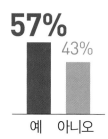

**혼자 네컷사진을
촬영할 때**
대기줄을 기다릴 것이다

72%

28%

예   아니오

**본인 포함 2인이
네컷사진을 촬영할 때**
대기줄을 기다릴 것이다

57%

43%

예   아니오

**본인 포함 3인 이상이
네컷사진을 촬영할 때**
대기줄을 기다릴 것이다

69.9%

30.1%

예   아니오

| 4. 만남 빈도에 따른 대기 의향 조사 |

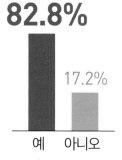

**자주 볼 수 있는 친구와
만났을 때**
대기줄을 기다릴 것이다

79.6%

20.4%

예   아니오

**자주 볼 수 없는 친구와
만났을 때**
대기줄을 기다릴 것이다

82.8%

17.2%

예   아니오

다음은 만남 빈도와 관련된 심층 인터뷰 응답이다.

"

오랜만에 만난 친구들이 사진 찍자고 해서 찍고,
저녁 먹고 헤어지기 아쉬워서 또 찍었어요.

3년 만에 오래된 친구들을 만났어요.
여러 지역에 흩어져 있어서 중간 지역에서 만나서
밥 먹고 한 명이 먼저 간다고 해서 가기 전에 찍었어요.

친구가 오랜만에 만난 김에 사진 한 번 찍자고 해서
집 앞 포토이즘에서 촬영했습니다.

"

인터뷰 응답에서 공통으로 등장하는 단어가
'오랜만에'다.
쉽사리 만날 수 없는 친구와의 만남을 기념하기 위해 사진을 찍고 싶어 하는 소비자의 심리를 확인할 수 있었다.

'오랜만에 만난 친구'라는 조건이 촬영 대기 여부에 영향을 미쳤는지 확인하기 위해(403쪽 〈그래프 4. 만남 빈도에 따른 대기 의향 조사〉) 제시한 '자주 볼 수 있는 친구와 만났을 때 대기줄을 기다릴 것이다'라는 문항에 79.6%가 '기다리지 않겠다'고 답했다. 자주 볼 수 없는 친구와 만났다면 82.8%가 '기다리겠다'고 답했다.

쉽게 찾아오지 않는 기회를 놓치고 싶지 않은 마음, 긴 대기줄을 기다려서라도 추억을 남기고 싶어 하는 소비자의 심리를 확인하며 촬영 동행자 요인 역시 성립함을 확인했다.

| 5. 음주 여부에 따른 대기 의향 조사 |

음주 후 기분이 좋아진 상태에서 네컷사진을 촬영할 때 대기줄을 기다릴 것이다.

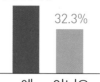

67.7% 32.3%

예   아니오

| 6. 추가 일정 여부에 따른 대기 의향 조사 |

네컷사진 촬영 후 집으로 돌아갈 예정이라면 대기줄을 기다릴 것이다.

71% 29%

예   아니오

네컷사진 촬영 후 다른 일정이 있다면 대기줄을 기다릴 것이다.

29% **71%**

예   아니오

| 7. 방문 빈도에 따른 대기 의향 조사 |

자주 방문하는 곳에서 촬영할 경우 대기줄을 기다릴 것이다.

25.8% **74.2%**

예   아니오

자주 방문하지 못하는 곳에서 촬영할 경우 대기줄을 기다릴 것이다.

77.4% 22.6%

예   아니오

#5.
일상 속 '찰칵' 셔터를
누르고 싶은 순간들

가설 검증 3 | 촬영 전후 상황 요인

앞서 살펴본 촬영자와 촬영 동행자가 네컷사진 촬영 과정에 영향을 미치는 요인이었다면, 촬영 전후 상황은 이용 순간을 넘어 방문 순간(입장 전후)에 영향을 미치는 요인이다. 즉, 촬영 전 소비자의 상태 및 기분과 촬영 후의 일정 또한 대기 의향에 영향을 미칠 것으로 보았다.

촬영 전 입장에 영향을 미치는 요인으로 '음주 후 기분 상태'를 선정했다. 음주와 네컷사진과의 관계를 이해하기 위해 포토 아이브 안산 한양대점 사장님에게 "사람들이 포토 아이브를 어떤 경로로 방문한다고 생각하시나요?"라고 질문했다.

"

매장 위치를 선정할 때 인근 술집의 매출 건수와 매출액을 봤어요.
매출 건수가 곧 한양대학교 에리카 상권 내 방문객(팀) 수라고
볼 수 있기 때문이죠. 평균 몇 팀인지 분석했어요. 만약 술집을

방문한 팀의 10%가 사진을 찍는다면, 무조건 남는 장사인 거예요. 그리고 시장조사 결과 술 먹고 집에 가기 전이나 1차에서 2차로 옮길 때 사진을 많이 찍는다고 하더라고요. 그래서 포토 부스가 술집 가운데 있어야 한다고 생각했어요. 우리 매장이 앵커 포인트가 되는 거죠.

대학가라는 특성이 있지만, 포토 아이브 사장님은 대다수 소비자가 술을 먹고 사진을 촬영한다고 얘기했다. 또한 술을 마시고 대기하는 행위에 대해 사장님은 다음과 같이 말했다.

기다리는 걸 불편해하는 모습을 본 적이 없어요. 함께 얘기할 사람이 있어서 그런 것 같아요.

실제로 소비자는 술을 마셨을 때 대기하는 데 거부감을 느끼지 않을까? 그래서 '음주 여부'라는 조건이 대기 의향에 영향을 미쳤는지 확인해 보았다(406쪽 〈그래프 5. 음주 여부에 따른 대기 의향 조사〉). '음주 후 기분이 좋아진 상태에서 네컷사진을 찍을 때 대기줄을 기다릴 것이다'라는 문항에, 응답자의 67.7%가 '기다리겠다'고 답했다. 소비자 인터뷰에서도 유사한 양상을 발견할 수 있었다.

"

길 가다 보이면 당연한 듯이 *(사진을)* 찍어요.
술 먹으면 더 많이 찍는 것 같아요.

술 먹고 헤어지기 아쉬워서 사진 찍으려고 줄 서요.

대부분 약간 저녁쯤에 만나서 술 한잔하고
헤어지기 전에 찍는 것 같아요.

"

조사 결과, 음주 후에는 대기 행위에 관대해지는
소비자의 심리를 확인할 수 있었다.

다음은 방문 후 요인이다.
방문 후 요인으로는 촬영 후 추가 일정 여부를
선정했다. 네컷사진을 찍을 때 줄을 서서
대기해야 했던 경험에 관해 이야기해 달라는
요청에 소비자들은 다음과 같이 답했다.

"

줄이 길면 다른 일정을 마친 뒤에
다시 돌아와서 촬영하곤 합니다.

밥 먹고 한 명이 먼저 간다고 해서
가기 전에 찍어야지 싶었어요.

"

앞선 응답처럼 소비자들은 일정에 따라 유동적으로 사진 촬영을 진행했다. 따라서 소비자들은 낭비되는 시간을 최소화하기 위해 모든 일정을 마치고 집에 귀가하기 전이라면 대기 의향이 있을 것으로 예측했다.

'네컷사진 촬영 후 집으로 갈 예정이라면 대기줄을 기다린다'는 문항에 71%가 '기다리겠다'고 답했다(406쪽 〈그래프 6. 추가 일정 여부에 따른 대기 의향 조사〉). 반면 다른 일정이 있다면 71%의 응답자가 '기다리지 않겠다'고 했다. 촬영 후 일정 유무가 대기 여부에 영향을 미친다는 것을 알 수 있다. 소비자 인터뷰에서도 비슷한 양상을 발견할 수 있었다.

"

집 가는 길에 헤어지기 전에 사진 찍자고 해서 찍었어요.

헤어지면 사진 찍는 게 마지막 일정이
되는 거니까 찍고 끝내지 싶어요.

마무리하며 안 찍고 가면 아쉬울 것
같아서 파할 때 사진 찍는 것 같아요.

"

방문 빈도 요인은
자주 방문하는
곳인지,
그렇지 못하는
곳인지에 따라
대기 여부가
달라진다는
가설이다.

가설 검증 4 　방문 빈도 요인

방문 빈도 요인은 자주 방문하는 곳인지, 그렇지 못하는 곳인지에 따라 대기 여부가 달라진다는 가설이다. 여행지는 쉽게 방문할 수 없는 장소이기 때문에 촬영을 희망할 것으로 예측했다. 다음은 가장 기억에 남는 네컷사진 촬영 경험에 대한 소비자 응답이다.

> "
> 여행 가서 여행지에서 찍었던 게 인상 깊었던 것 같아요.

> 부산 롯데월드에서 찍은 사진이 기억에 남아요.
> 특별한 장소에서 특별한 옷을 입은 이상
> 무조건 사진으로 남겨야 한다고 생각했던 것 같아요.

> 친구들과 여행 갔을 때 찍은 '강릉네컷'이 기억에 남아요.
> 프레임 디자인이 강릉 풍경으로 구성되어 있어서
> 유니크한 사진이었다고 생각해요.
> "

　　인터뷰 응답자 대부분이 여행 혹은 유원지 등에 방문한 기억을 소장하기 위해 촬영을 희망한다고 했다. '여행지'라는 조건이 대기 여부 결정에 영향을 미치는지 확인하기 위해, 자주 방문하는 곳에서 촬영할 경우 대기줄을 기다릴 것인지 물었다(406쪽 〈그래프 7. 방문 빈도에 따른 대기 의향 조사〉). 75.7%의 소비자가 '기다리지 않겠다'고 답했다. 반면 자주 방문할 수 없는 곳이라면 79.6%의 소비자가 '기다리겠다'고 답했다.

응답자들은 추가로 "관광지나 여행지면 줄 서서 찍을 것 같아요. 이번 아니면 못 찍으니까요", "혼자서는 사진 안 찍긴 하는데 혼자 여행 갔을 때 포토부스가 있으면 기다려서 찍을 것 같아요"라고 답하기도 했다. 특별한 장소에서 추억을 남기기를 희망하는 소비자의 모습을 통해, 방문 빈도 요인이 성립함을 확인했다.

포토부스 앞에 줄 서게 하는 이유, '모처럼'

"제 지인들은 현관문이나 냉장고처럼 보기 편한 곳에 사진을 붙여 놓더라고요. 인스타에 저장하기도 하고요." 사람들이 네컷사진을 활용하는 방식에 대한 포토 아이브 사장님의 설명이다. 지갑 속, 핸드폰 배경, SNS, 벽, 앨범 등 우리는 항상 시선이 닿는 곳에 네컷사진을 두고, 때때로 사진 속 시간을 회상한다. 네컷사진은 언제 어디서나 추억을 재생할 수 있는 '플레이 버튼'인 셈이다.

준수한 외모 상태, 많은 인원, 오래만에 만난 친구, 음주 후 기분 좋은 상태, 일정의 마무리, 자주 방문하기 어려운 장소. 총 여섯 가지가 소비자들이 포토부스 앞에서 기다리거나 기다리지 않는 일견 일관성 없어 보이는 행동을 유발하는 요인이라는 걸 확인할 수 있었다. 그리고 우리는 여섯 가지 요인에서 공통점을 한 가지 발견했다.

'벼르고 별러서, 일껏 오래간만에'라는 의미의 '모처럼'. '모처럼'은 무엇보다 강력한 행동의 동기가 되는 단어다. '모처럼'이 붙는 상황에는 반복된 일상에서 살짝 벗어난 작은 특별함이 있다.

우리가 사진으로 남기고 싶은 건 소소하지만 특별한 찰나들이다. 평소보다 근사해 보이고, 대기 시간이 지루하다 느낄 틈이 없게 누군가가 곁에 있고, 지금 아니면 몇 달 후에나 볼 수 있는 사람과 함께이며, 술기운에 흥이 나고, 느슨해져도 괜찮은 시간이며, 잠시 머물렀음을 기억하고 싶은 장소에 있다. 누군가에게는 별것 아닌 이 상황이 나에게는 '셔터'를 누를 완벽한 조건일 수 있는 것이다.

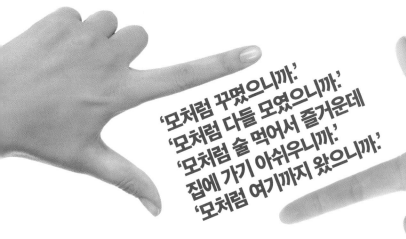

'모처럼 꾸몄으니까.'
'모처럼 다들 모였으니까.'
'모처럼 술 먹어서 즐거운데 집에 가기 아쉬우니까.'
'모처럼 여기까지 왔으니까.'

사람들이 포토부스 앞에 줄을 서게 하는 동인은 '모처럼' 찾아온 시간이다. 추억하고 기억하고 싶은 찰나의 순간을 영원으로 남기기 위해, 우리는 기꺼이 포토부스 앞에 줄을 선다.

사소한 것을
사소하지 않게 만들어 주는
네컷사진

인생의 후반전을 시작할 나이의 필자가 네컷사진의 인기를 실감한 것은 두 팀에서 네컷사진을 탐사해 보고 싶다고 얘기했을 때다. 흥미로웠던 것은 한 팀은 여학생, 한 팀은 남학생만으로 이뤄진 팀이라는 점이다. 팀 구성원의 성별이 다르니 소재가 같아도 관점과 가설이 다르지 않을까 기대하게 되었다(눈치챘는가? 이번 팀이 남학생만으로 구성된 팀이다).

네컷사진 두 번째 팀에게 필자가 가장 감탄한 점은 '썰고 또 썰면 다른 게 보인다'는 사실을 증명한 것이었다. 이들은 흔하다고 할 수 있는 '네컷사진'이라는 현상을 '소비자의 니즈'에 따라, '시계열적인 단계'에 따라 이렇게도 썰어보고 저렇게도 썰어보려고 시도했다.

그렇게 빈틈없이 하나씩 짚어가며 점검했기에 네컷사진이라는 새로운 산업과 현상이 또렷이 보이기 시작했다. 또 단계마다 하나씩 짚어가면서 가설들을 점검했기 때문에 마지막에 "사람들이 포토부스 앞에 줄을 서게 하는 동인(動因)은 '모처럼' 찾아온 시간이다"라고 이야기했을 때 모두가 수긍할 수 있었다.

『셜록 홈스』나 <CSI> 같은 수사물을 보다 보면 가끔 '어이없는 범인'을 만날 때가 있다. 무슨 대단한 원한 관계도 아니고, 악의로 충만한 악당도 아닌 고양이나 자연 현상 같은 우연한 범인 말이다. 어쩌면 네컷사진이라는 새로운 서비스도 그렇지 않을까?

네컷사진 두 번째 팀의 결론처럼 소비자들은 무슨 대단한 목적과 이유가 있어서 시간과 비용을 들여서 네컷사진을 찍는 게 아닐지 모른다. '모처럼'이라는 일상을 벗어난 아주 약간의 특별함이 지금 이 순간을 기록하고 싶게 하는 것일 수 있다.

사람들이 포토부스 앞에 줄을 서게 하는 동인은 '모처럼' 찾아온 시간이다. 추억하고 기억하고 싶은 찰나의 순간을 영원으로 남기기 위해, 우리는 기꺼이 포토부스 앞에 줄을 선다.

마케팅의 시작과 끝

'왜 우리는 더 이상 껌을 씹지 않을까?'부터 '왜 포토부스에서 어떤 때는 줄을 서서 기다
리고 어떤 때는 기다리지 않을까?'까지, 소비자의 마음 깊은 곳에 감춰진 이야기를 듣기
위해 떠난 탐사대원들의 여정은 어느 하나 순조롭지 않았다. 탐사대원들이 좌충우돌한
이유는, 우리의 탐사 대상인 사람의 마음이 헤아리기 어려운 존재이기 때문이다. 이번
장에서는 '속 모를 사람'을 이해하는 핵심 키워드, '1 Rule & 3 Value'를 공개한다.

0 123456 789012

#1.
결국
소비자!

시작도 끝도 ○○○와 관련된 일

마케팅은 '무엇에 관한 일'일까?

누군가는 '제품과 서비스를 돕는' 일이라고 한다.

누군가는 '판매'에 관한 일이라고 한다.

누군가는 '목표와 성과'에 관한 것이라고 말한다.

누군가는 '진정성 있는 콘텐츠'라고 이야기한다.

누군가는 '스토리텔링'이라고 한다.

필자의 생각은 조금 다르다.

마케팅이란
결국 '사람'에 관한 일이라고 생각한다.

그 사람의 이름은 바로
'소비자'다.

I'd like to know
you better.

멋지고 감동적인 CF,

SNS를 활용한 흥미로운 이벤트와 콘텐츠,

많은 사람이 열광하는 유튜브 콘텐츠와 댓글 이벤트,

국내뿐 아니라 해외 2030들까지 찾아오는 화려한 팝업스토어,

하나의 콘텐츠로 수백만 명을 움직이는 인플루언서와의 협업,

구름 떼 인파를 몰고 다니는 월드 스타와 함께하는 사인회,

서울 주요 지역을 온종일 돌아다니는 버스랩핑광고까지…….

어떤 종류의 마케팅 활동도 결국은

'소비자에게 영향을 미치기 위해' 벌이는 것이기 때문이다.

그렇다면 마케팅을 잘 하기 위해서 가장 필요한 것은 무엇일까?

단연코,
사람(즉 소비자)을 제대로 이해하는 일이다.

"열 길 물속은 알아도 한 길 사람 속은 모른다"

그러나 사람 마음은 참으로 알기 어렵다.

심지어 우리 자신의 마음을 알기도 결코 쉽지 않다.

마음을 알기 어려우니 말과 행동의 의도가

1무엇인지, 진심인지 아닌지,

드러나지 않은 뜻이 있는 건 아닌지 도무지 알 길이 없다.

물론 쉽게 "안다"고 말할 수도 있다.

하지만 앞서

60~61쪽에서 이야기한 것처럼

쉽게 "안다"고 해버리면,

영영 소비자의 마음을 모르게 될 것이다.

'왜 우리는 더 이상 껌을 씹지 않을까?'부터

'왜 포토부스에서 어떤 때는

줄을 서서 기다리고

어떤 때는 기다리지 않을까?'까지,

소비자의 마음 깊은 곳에 감춰진 이야기를 듣기 위해 떠난

탐사대원들의 여정은 어느 하나 순조롭지 않았다.

가설을 검증하고 뒤집기를 수차례 반복하고,

현상과는 상반된 설문 결과의 늪에 빠져 허우적대고,

소비자의 일거수일투족을 몰래 엿보고,

모르모트가 되기를 자처해 인체실험을 감행하기도 했다.

421

탐사대원들이 좌충우돌한 이유도
사람의 마음이 헤아리기 어렵기 때문이다.

필자는 성공과 실패의 길을 모두 가본 선배로서
그리고 앞으로도 새로운 탐사를 계속해 나갈 동료의 한 사람으로,
'왜?'라는 의문 하나를 가슴에 품고
소비자 마음속으로 탐험을 떠날 이들을 도울 방법이 없을까 고민했다.
그래서 광고쟁이로 25년 동안 일하며 필자가 찾은
'사람을 이해하는 제1원칙'과
'사람이 가진 세 가지 가치'를 소개하고자 한다.

#2.
사람을 이해하는
제1원칙

우리 모두가 '가장 사랑하는 사람'은 누구일까?

우리가 가장 사랑하는 사람은 누구일까?

연인, 남편과 아내, 부모, 자식, 연예인, 스포츠 스타……

'사람과 사랑'에 대해

고대부터 많은 선지자, 철학자, 심리학자, 작가가

연구와 탐구를 거듭한 끝에

다음과 같은 결론을 내렸다.

"사람이 가장 사랑하는 존재는
바로 **자기 자신**이다."

필자는 바로 이 문장이야말로
지구상의 모든 사람의 말과 행동을 이해할 수 있는
제1원칙이자, 최고의 '황금 열쇠'라고 생각한다.

우리는 우리 자신을 가장 사랑한다.
김영희는 김영희를
마이클은 마이클을
요시무라는 요시무라를
세상에서 가장 사랑한다.

성인에서 범죄자까지 모두를 이해할 수 있는 원칙

우리는 자신을 가장 사랑하기 때문에 '거짓말과 새치기'를 한다.
위기를 모면하기 위해 거짓말을 하거나,
추위에 떨기 싫어 새치기하는 것은
결국 '우리가 가장 사랑하는 자기 자신을
지키기 위해' 하는 말과 행동이다.

이런 본능적이고 1차원적인 말과 행동뿐 아니라
사람들을 구원하기 위해 스스로 육체적 고통을
감내하는 성인의 성스러운 행동도,
한푼 두푼 돈을 모아 익명으로
어려운 이들을 돕는 얼굴 없는 독지가의

아름다운 선행 또한
'그런 행위를 하는 자신을 가장 사랑하기에'
할 수 있는 행동이라고 생각한다.

모든 사람(소비자)의 모든 말과 행동 또한
이 제1원칙에 기대어 생각해 보면
모두 맞아떨어진다.
그들의 말과 행동이 비로소 이해된다.

이집트의 파라오와 노예,
팔레 루아얄 광장에 모인 분노한 민중과 어떤 왕비,
기업인 혹은 노동자의 말과 행동까지
'사람이 가장 사랑하는 존재는
바로 자기 자신'이라는
원칙에 빗대어 생각해 보면 쉽게 이해된다.

"만일 그대가 그대 자신을 사랑한다면,

그대는 모든 사람을 그대 자신을 사랑하듯 사랑할 것이다.

그대가 그대 자신보다도 다른 사람을 더 사랑하는 한,

그대는 정녕 그대 자신을 사랑하지 못할 것이다.

그러나 그대 자신을 포함해서 모든 사람을 똑같이 사랑한다면,

그대는 그들을 한 인간으로 사랑할 것이고

이 사람은 신(神)인 동시에 인간이다.

따라서 그는 자기 자신을 사랑하면서

마찬가지로 다른 모든 사람도 사랑하는

위대하고 올바른 사람이다."

– 에리히 프롬, 『사랑의 기술』 중에서

#3.
10 SAY :
20 THINK :
70 REAL

SAY 머리에 떠오르고 말해도 되는

철수가 친구 영희에게 사랑을 고백했다.

고백을 듣고 하루를 고민한 영희는 철수에게 이렇게 말했다.

"철수야 미안해. 너랑은 오래오래 좋은 친구로 지내고 싶어."

영희의 말은 진실일까, 거짓일까?

설득커뮤니케이션 전문가들의 연구에 따르면

영희가 한 이야기는 '진실'이다.

단, 우리가 가지고 있는 가치 중 10%에 해당하는

'SAY'라는 가치에 해당하는 진실이다.

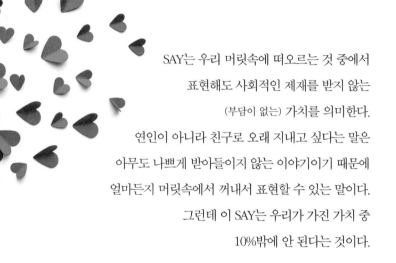

SAY는 우리 머릿속에 떠오르는 것 중에서
표현해도 사회적인 제재를 받지 않는
(부담이 없는) 가치를 의미한다.
연인이 아니라 친구로 오래 지내고 싶다는 말은
아무도 나쁘게 받아들이지 않는 이야기이기 때문에
얼마든지 머릿속에서 꺼내서 표현할 수 있는 말이다.
그런데 이 SAY는 우리가 가진 가치 중
10%밖에 안 된다는 것이다.

많은 기업과 기관에서 소비자를 이해하려고 진행하는
정량조사로는 이 SAY밖에 알 수 없다.
질문에 응답할 때 '부담 없이 가볍게 진실을 말할 수 있는' 건
이 SAY라는 가치밖에 없기 때문이다.

THINK 알고 있지만 결코 말하지 않는

앞의 이야기에 숨겨진 사연이 하나 있다.
실은 영희는 어려서부터
'현금은 50억 원, 부동산은 100억 원 정도 보유하고,
자동차는 포르셰 정도를 타는

부자가 아니면 절대 사귀지 않겠어'라고 생각해 왔다.

영희가 철수의 고백을 거절했다는 소문을 들은

친구 미현이가 영희에게 이렇게 물었다.

"철수 정도면 똑똑하고, 착하고, 키도 크고 괜찮지 않아?

왜 거절했어?"

영희는 미현이에게 '현금 50억 원, 부동산 100억 원

그리고 포르셰'라는 기준에 관해 이야기할까, 하지 않을까?

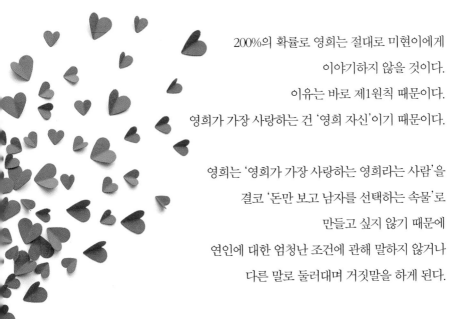

200%의 확률로 영희는 절대로 미현이에게

이야기하지 않을 것이다.

이유는 바로 제1원칙 때문이다.

영희가 가장 사랑하는 건 '영희 자신'이기 때문이다.

영희는 '영희가 가장 사랑하는 영희라는 사람'을

결코 '돈만 보고 남자를 선택하는 속물'로

만들고 싶지 않기 때문에

연인에 대한 엄청난 조건에 관해 말하지 않거나

다른 말로 둘러대며 거짓말을 하게 된다.

일반인들이 출연해 며칠간 합숙하며 짝을 찾는
〈나는 솔로〉라는 TV 프로그램에서
남성 출연자에게 여자의 어디를 먼저 보냐고 물어보면
대부분 '눈'이나 '마음'이라고 말한다.
반대로 여성 출연자에게
남자의 어떤 부분을 가장 중요하게 생각하냐고 물어보면
대부분 '성실함'이나 '태도'라고 말한다.

그 어떤 남성 출연자도
'몸매(혹은 얼굴)'를 먼저 본다고 말하지 않고,
그 어떤 여성 출연자도 '남자의 재정 상태(혹은 연봉)'를
가장 중요하게 생각한다고 말하지 않는다.

영희는 '영희가 가장 사랑하는 영희라는 사람'을
결코 '돈만 보고 남자를 선택하는 속물'로
만들고 싶지 않기 때문에
연인에 대한 엄청난 조건에 관해 말하지 않거나
다른 말로 둘러대며 거짓말을 하게 된다.

현금은 50억 원,
부동산은 100억 원 정도 보유하고,
자동차는 포르셰 정도를 타는
부자가 아니면
절대 사귀지 않겠어.

이유가 무엇일까?

바로 우리는 우리가 가장 사랑하는 '자기 자신'을
'사람의 외모를 가장 중요하게 보는 저급한 사람'이나
'돈으로 사람을 선택하는 속물'로 만들고 싶지 않기 때문이다.

일반적인 정량조사나 잘못 설계된 대부분의 소비자 조사에서
소비자는 가장 사랑하는 자신을 보호하기 위해
'대놓고 거짓말'을 한다.

이 가치를 'THINK'라고 한다.
THINK 가치는 SAY보다 큰 20%를 차지한다고 한다.

REAL 당신은 당신을 모르고 나는 나를 모른다

앞의 두 가지 가치를 모두 더해도 겨우 30%밖에 안 된다.
이제 남은 건 70%의 'REAL'이다.

이 REAL이라는 가치를 철수와 영희의 고백 에피소드에 대입해
한 마디로 설명하자면 다음과 같다.

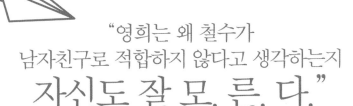

"영희는 왜 철수가
남자친구로 적합하지 않다고 생각하는지
자신도 잘 모. 른. 다."

예나 지금이나 코카콜라와 펩시콜라의 시장점유율은

지역에 따라 조금씩 다르지만 보통 7 : 3이거나 8 : 2 정도다.

이런 상황을 타개하고자 1975년부터 펩시콜라는

마케팅 역사에 길이 남을 '펩시 챌린지'라는 캠페인을 진행했다.

전 세계 수많은 도시를 돌아다니면서

펩시와 코카콜라 두 잔을 블라인드 테스트하고

그 결과를 공개했다.

'맛'만 놓고 보면 우리가 더 맛있다는

펩시의 자부심에서 시작된 캠페인이다.

한국에서도 진행한 펩시 챌린지 결과는 전 세계 결과와 비슷하게
7 : 3 혹은 8 : 2로 펩시가 이겼다.
펩시 입장에서는 기세등등할 수밖에 없는 결과였다.

이후에 펩시콜라의 시장점유율은
블라인드 테스트 결과처럼 역전되었을까?
전혀 그렇지 못했다!
단 한 번도 펩시는 코카콜라를 이긴 적이 없다.
왜 그럴까?

사람들에게 어떤 콜라를 더 좋아하냐고
물어보면 7 : 3이나 8 : 2의 비율로
'코카콜라'를 좋아한다고
말하는 사람들이 더 많다.
이건 그야말로 팩트 그 자체다.

2013년 펩시가 할로윈을 맞아 낸 광고(오른쪽 사진). 펩시콜라 캔이 코카콜라
망토를 두르고 있고, '무서운 할로윈을 보내기 바란다'라는 카피가 적혀있다.
코카콜라는 똑같은 사진에 카피 한 줄만 바꿔(위쪽 사진) 펩시를 시원하게 반격
했다. 코카콜라가 바꾼 카피는 '모두 영웅이 되기를 바라지!'.

그런데 코카콜라를 더 좋아한다는 사람에게
'왜 코카콜라를 더 좋아하세요?'라고 물어본다고 해보자.
그들은 뭐라고 대답할까?

"빨간색이라서요."
"탄산이 더 많아서요."
"맛이 다르죠. 코카콜라가 더 맛있어요."

과연 우리는 '맛' 때문에 코카콜라를 더 좋아할까?
우리는 블라인드 테스트를 통해서
자신이 좋아하는 제품을 골라낼 수 있을까?
필자는 절대로 골라낼 수 없다고 장담한다.

30잔의 커피를 준비하고
그 가운데 스타벅스 커피가 한 잔인지 다섯 잔인지
아니면 하나도 없는지를 알려주지 않는다면
여러분은 과연 스타벅스 커피를 정확히 골라낼 수 있을까?

중요한 건 우리는 꽤 많은 식품(혹은 식품 브랜드)을
그저 '미각과 후각'으로 소비하는 게 아니라는 것이다.
'에비앙'을 들고 다니며 마시는 사람은
의식적으로 혹은 무의식적으로
'자, 봐라! 나는 에비앙을 마시는 사람이다'라는

메시지를 전하고 싶어서 굳이 비싼 물을 구입하는 것이다.

만약 무인도에 혼자 산다면

포르셰나 구찌, 에비앙, 아이폰이 무슨 소용이 있을까?

앞서 콜라 이야기로 다시 돌아오면,

코카콜라를 좋아하는 나에게 누군가

"왜 코카콜라를 좋아해?"라고 물어본다면

정답은 "맛이 더 좋아서"가 아니라

"글쎄? 잘 모르겠는데?"가 맞다(그냥 좋아하는 거니까).

산을 오르는 데 필요한 태도

우리 속담에 "사람 싫은데(좋아하는데)

무슨 이유가 있어야 하나?"라는 말이 있다.

필자는 이 말 속에 정말 사람에 대한 깊은 이해와

무릎을 '탁' 치게 만드는 진짜 인사이트가 있다고 생각한다.

우리가 어떤 존재를 좋아하거나 그렇지 않은 것은

누구나 쉽게 알 수 있다(몸과 마음이 그렇게 움직이니까).

좋아하거나 혹은 좋아하지 않는 것은 그야말로 '팩트'인 것이다.

그런데 '이유가 없다'라는 건 무슨 뜻일까?

좋아하거나 좋아하지 않는 데 이유가 없다는 얘길까?

그럴 리가. 이유는 당연히 있다. 이유 없는 행동은 없으니까.

필자가 저 속담을 정말 대단한 통찰이라고 탄복한 이유는
"어설프게 그 현상에 대한 이유를 안다고 하지 말라"는
메시지가 들어있기 때문이다.

우리가 누군가를 혹은 무엇인가를 좋아한다는 사실 자체는
명확하고 알기가 쉽다.

하지만 그 이유는 찾기 정말 어렵다.

그러니 함부로 안다고 말해선 안 된다.

사람이 가진 가장 크고 넓고 깊은 가치인 'REAL'.

이 안에서 찾아낸 깊숙이 숨어있던 어떤 것을
마케팅과 광고에서는 'Insight'라고 부른다.

지난 120년간 마케팅이 항상 어렵고 재미있었던 이유가
바로 여기에 있다.

사람은, 쉬운 것 같지만 복잡하고,

다른 것 같지만 같은 면이 있고,

어제와 오늘이 같아야 할 것 같은데 전혀 다르고

그렇게 도무지 종잡을 수 없는 존재이기 때문이다.

 이란

- 마치 닿기 어렵고 정복하기 어려운 에베레스트산처럼 -

가장 알기 어려운 존재인 '사람'을 다루는 일이라서
매번 답이 달라지며 답안지를 가지고 있는 사람이 아무도 없다.

HUMAN'S 3 VALUES

| SAY 10 | : | THINK 20 | : | REAL 70 |

세상에서 자기 자신을 가장 사랑하고, 자신의 말과 행동 이유를 스스로도 잘 모르는 '소비자'라는 산을 오를 때 필요한 태도는 **"나는 잘 모르니 지금부터 제대로 알아볼 것이다"**이다.

셰르파인 필자와 열아홉 명의 탐험가가 오른 그 봉우리가
에베레스트에서 가장 높은 봉우리일지,
우리가 오른 길이 가장 좋은 길인지,
과연 우리가 오른 산이 애초에 오르기로 한 산인지는
필자도 100% 자신 있게 이야기할 수 없다.
아마 그 누구도 장담할 수 없을 것이다.

하지만 적어도 자신 있게 이야기할 수 있는 건,
우리보다 먼저 이 산을 오르려고 했던
그 어떤 탐험가들도 생각하지 못했던 방식을 고민하고
새로운 길을 찾아내려고 했다는 것이다.

20명이 함께 오른 봉우리와 올라온 길에 대해서
여러분께 알려드리고 싶어 글을 썼지만,
이 책을 통해 무엇보다 이야기하고 싶었던 사실은

"나는 그 이유를 모른다. 그래서 지금부터 제대로 알아볼 것이다"라는 우리가 산을 오를 때 필요한 태도였다.

소비자 심리 탐사대원

셰르파 : 최상학

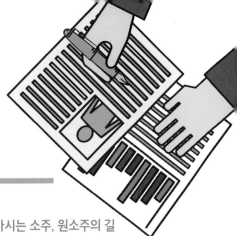

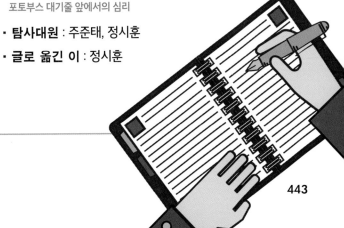

세상에 '그냥'은 없다! '그냥', '어쩌다'는 이유를 제대로 따져보지는 않았지만 강력하게 나를 움직인 무엇인가가 있다는 말이다. 이 책은 우리의 관심을 '그 무엇인가'로 인도한다. 익숙한 현상을 설문과 관찰 조사를 통해 세 꺼풀쯤 벗겨보는 재미와 인사이트를 누려 보시길 바란다.

_ **문상숙**(세이브더칠드런 부문장)

21세기 가장 위대한 대한민국 광고를 뽑으라면 SK텔레콤의 "사람을 향합니다" 캠페인을 뽑고 싶다. 그리고 이 책이 지금 사람을 향하고 있다. 마케팅에서 가장 중요한 '소비자'를 분석하고, 이해하고, 활용하는 법! 놓치기 쉬운 이 부분을 껌딱지처럼 뇌에 착 달라붙게 알려주는 마케터들의 필독서가 등장했다!

_ **정준화**(BBDO KOREA ECD)

우리 일상에서 가장 친숙했던 껌의 하락부터 올리브영과 스타벅스의 독보적 존재감, 아침햇살의 몰락까지 아홉 개의 탐사 과정은 마치 〈CSI〉같은 수사물처럼 긴장감이 넘친다. '소비자'라는 핵심을 잡고, 본원적인 이유(Real Why)를 찾아가는 여정은 흥미로울 뿐 아니라 감동적이기까지 하다. 살아 꿈틀대는 이 시대의 광고(Advertising) 현장을 만나보시길 바란다.

_ **김현중**(풀무원 부사장)

소비자의 마음은 갈대라고 했던가? 이전에는 베스트셀러였던 제품이 한철 지나간 메뚜기처럼 이제는 다시 찾지 않는 제품이 되었다. 왜 그럴까? 디지털 미디어 시대에 소비자들의 행동 변화에 대한 이유는 알고리즘만큼이나 알 수 없고 다양할 것이다. 이러한 소비자의 변화를 단순하게 치부하지 않고 하나씩 실타래를 풀어가듯 파헤친 이 프로젝트의 완성에 박수를 보낸다.

_ **이형석**(한양대학교 ERICA 광고홍보학과 교수)

광고는 소비자를 설득하는 것이다. 물론 세상이 디지털로 바뀌었어도 광고의 목적은 변하지 않는다. 이 책은 광고회사의 역할과 존재 이유를 소비자에게서 찾아낸다. 또한 소비자에 대한 탁월한 통찰력과 사례를 통해 중요한 원리와 전략을 명쾌하게 설명하면서, 마케팅과 소비자의 핵심을 파고든다. 미적분보다 풀기 어려운 지금의 소비자의 마음을 제대로 이해할 수 있게 하는 대체 불가능한 책이다. 입문자뿐만 아니라 현업 마케터들에게 필독서로 권하고 싶다.

_ **최영섭**(차이커뮤니케이션 대표)

마케팅은 어렵고 커뮤니케이션도 어렵다. 그 어려운 걸 어렵게 이야기하면 어렵기 짝이 없다. 어려운 이야기를 쉽게 풀어낸 이 책을 마케터와 커뮤니케이터에게 권한다.

_ **이일호**(이노션 제작1센터 상무)

회사 신입사원 교육 때 꼭 하는 얘기가 바로 "광고와 마케팅의 핵심은 사람에 대한 통찰"이라는 것이다. 이 책은 내가 초보 광고인에게 반드시 전달하고자 했던, 사람을 통찰하는 방법을 요즘 트렌드와 함께 이야기하고 있다. 재미있게 술술 읽는 동안 세상을 바라보는 깊은 관점, 깊이 파고들었기에 새로운 관점을 발견하게 될 것이다.

_ **이지량**(제일기획 Regional Strategic 디렉터)

나이키, 스타벅스 그리고 이케아. 누구나 사랑할 수 있는 대중성과 독창적이고 트렌디한 정체성을 동시에 갖고 있는 요물 브랜드들이다. 이 '요물 리스트'에 나는 이 책을 추가하고자 한다. 1년 차 마케터부터 임원에 이르기까지 골고루 사랑할 수밖에 없는 이 신박한 실무 지침서는, 대한민국 사람이라면 한 번쯤 궁금했을 법한 재미난 질문에 답을 찾아가는 과정에서 다양한 영감과 통찰을 선사한다. 브랜드 마케팅의 본질을 껌 씹는 것만큼 쉽게 알고자 한다면 지금 당장 이 책을 펼치자.

_ 이예나(㈜호텔롯데 시니어사업팀 브랜드 매니저)

모험하듯 소비자의 심리를 탐구하는 재기발랄한 여정. 이 책이 가는 길은 빠른 지름길이 아닌 예상치 못한 놀라움과 즐거움이 있는 우회로에 가깝다. 반복되는 업무에 지쳤거나 풀리지 않는 과제에 몰두하고 있는 광고, 마케팅 실무자라면 꼭 읽어보길 권한다.

_ 오현정(한양대학교 ERICA 광고홍보학과 교수)

평생을 정답이라고 여겼던 것들이 자고 일어나면 옛것이 되어버리는 세상. 저자는 결코 본인의 생각을 '정답'이라 강요하지 않는다. 전작 『Change The Question』에서 정답을 구하기 위한 '올바른 질문'을 얘기했다면, 신작 『왜 우리는 더 이상 껌을 씹지 않을까?』에서는 마케팅, 광고의 유일한 본질인 '소비자의 마음'을 이해하는 방법을 이야기한다. 정답이 없는 세상, 정답을 구하고자 하는 모든 마케터에게, 진심을 담아 강력 추천한다.

_ 강성진(펑타이 코리아 Division Head)